社会保険改革の法理と将来像

河野正輝・良永彌太郎・阿部和光・石橋敏郎 編

法律文化社

は し が き
――本書の課題意識と構成――

　医療保険、年金保険などの社会保険は、健康で安心な暮らしを支えるためにすべての人々にとって無くてはならない、社会保障の文字どおり主柱をなす制度である。しかしその社会保険制度が今日さまざまな問題を抱えており、しかもそれらの解決は、問題の構造上、必ずしも容易でないものが少なくない。

　たとえば一方では、パート・請負等であることを理由に被用者保険（組合健保、厚生年金等）から適用除外されるという非正規雇用労働者の問題や、国民健康保険制度の保険料を払えず被保険者証に代わる被保険者資格証明書の交付を受けて事実上医療へのアクセスを制限されている低所得者の問題、不安定雇用が継続して無年金または低年金となる恐れのある中・高年者の問題などの解決が受給者の側から求められており、その一方で、保険料拠出者（年金保険のみでなく医療保険、介護保険を含め）の側からは、急激な少子高齢社会の進行により保険料負担が重くなるのに、その負担に見合った質と量を伴う給付が必ずしも保証されていない問題の解決が求められ、さらに加えて公共の利益の観点からも、年金記録の喪失・改ざん等の問題を繰り返さないよう社会保険のガバナンスを確立することや、制度の持続可能性を長期的に確保すること、要するに社会保険制度に対する信頼回復とセイフティ・ネット機能の向上を図ること等、さまざまな事態の打開が求められている。

　とりわけ少子高齢化、非正規雇用労働者の増大、家族形態や女性の就業形態の多様化などの社会・経済的環境の変化は、社会保険制度がこれまで依拠してきた労使関係や家族像などの社会的諸条件そのものが失われつつあることを意味しており、こうした変化への対応は単なる部分的な手直しでは済まされないのである。

　したがって今日求められていることは、年金保険、医療保険といった各制度の再編・再設計の検討から、さらに介護保険、労災・雇用保険を含めて各制度に共通する社会保険という仕組みのオーバーホールまで含めて、課題は大きく

重くなっているとみなければならない。

　こうした問題に私たちが直面するのは、しかしこのたびが初めてなのではない。ふりかえれば、福祉国家の危機に最初に見舞われたのは1973年の第1次オイルショックを契機とした1980年代の経済停滞（スタグフレーション）の時代であった。そのさい、危機の処方箋として採られた政策の基本理念は、イギリスのサッチャー政権、アメリカのレーガン政権によって推し進められた新自由主義＝新保守主義の理念であったことは周知のとおりである。社会保険制度に関して言えば、その処方箋は保険原理を強化すること、すなわち拠出と給付の間の対価性を強化し、できるだけ保険者自治を回復し、サービスの提供は民営化方式（privatization）によること等であった。要するに政府の役割は小さくし、社会保険はその「保険性」を再構築することであったといえるであろう。

　しかし、それから一世代後に、世界はふたたび福祉国家の危機に見舞われた。それは今もまだ進行しているように思われる。この2度目の危機は、少子高齢社会の進行による保険料負担の増加、経済のグローバリゼーションを背景とする非正規雇用の増大、失業の増加と長期化などの変化を要因として始まった。このような変化に対応してEU諸国の社会保険制度では相次いで改革が進められており、たとえば、①正規雇用労働者と非正規雇用労働者との間の差別取り扱いの是正、②性または家庭における地位による差別取り扱いの改善、および③労使の保険料による財政運営から社会保険料の租税代替化への移行など、重要な改革が進められている。

　とりわけ注目されることは、第2の危機において採られた政策理念が第1の危機のそれとは異なっているということである。すなわち、もはや「小さい政府」「保険原理の強化」「民営化」の一点張りではなく、民営化等の要素を伴いつつも、福祉（welfare）からワークフェア（workfare）へ、所得の補填から労働市場への再統合（reintegration）へ、さらに社会的包摂（social inclusion）へといったレトリックや理念に示唆されるとおり、少なくともEUの先進諸国においてはさまざまな政策の変形を伴いつつ、危機への新しい社会的対応が模索され続けているのである。

　このように福祉国家の2度の危機において政策理念は、社会保険における「保

険性」を強化する方向性から、保険性を維持しつつも社会保険の「社会性」に社会的包摂等の新しい要素を加えることにより、保険性と社会性との新たな均衡をとる方向性へ転換していることに注目したい。

本書の課題意識は、かくしてEU諸国における「第三の道」以降の新たな「社会性」の発展を明らかにし、その具体的な改革の特徴を抽出すること、そしてそれらを参考にして、わが国の諸条件のもとで社会保険の将来像を構想することである。このように、新しい「社会性」の萌芽を見出して、その発展の方向を明らかにしようとすることは、保険集団の編成、財政方式、管理運営方式等について、時代と国を超えて何かある普遍的な原理ないし構造を見出そうとすることではない。また、いま年金制度をどうすべきか、医療はどうあるべきかといった当面する問題の解決策を提言しようとするものでもない。

本書の具体的な検討作業としては、まずは大きく性格の異なる2つの作業に分けられる。その1つは、社会保険制度をかたちづくる技術的な概念・区分を、被保険者、保険者、保険事故、給付水準、管理運営等に分解して、それぞれの概念・区分のこれまでの沿革、改正経緯を洗い出して問題点を発掘する作業である。もう1つは、各個別の技術的概念・区分ではなく全体としての社会保険の概念と社会保険における「社会性」の発展を析出して長期的な将来像を得ようとする試みである。

本書の構成は4部、14章から成っている。上記の2つの作業のうち、全体としての社会保険の概念と社会保険における「社会性」の発展を探り長期的な将来像を描くという作業は、I部の1章「社会保険の概念」、2章「社会保険の形成と展開」、III部の10章「社会保険の将来像」、11章「社会保障の将来像」およびIV部の12章「EU諸国における社会保険改革の動向と基本理念」において試みられている。したがってこのテーマに関心のある読者は以上の各章を先に通読することをお勧めしたい。もう一方の各個別の技術的な概念・区別の詳細な分析は、II部の3章「社会保険の適用範囲（権利主体）」から9章「社会保険と社会扶助」までの各章において試みられている。したがって、この作業に関心のある向きは、以上の各章から入るのもよいかもしれない。なお、IV部の13章「国際条約における社会保険の位置付け」および14章「諸外国の社

会保険改革の特徴」は、わが国の社会保険制度を検討する際に参照した国際規範や諸外国の社会保険改革の特徴を取り上げたものである。

　この2、3年の間に社会保険の将来像に関わるすぐれた研究成果が相次いで公にされ、社会保険の研究が新しい関心を呼びつつある。たとえば、主として個別の社会保険制度を対象とするものとして、江口隆裕『変貌する世界と日本の年金――年金の基本原理から考える』(法律文化社、2008年)、伊藤周平『介護保険法と権利保障』(法律文化社、2008年)、井原辰雄『医療保障の法政策』(福村出版、2009年)、新田秀樹『国民健康保険の保険者』(信山社、2009年)、また社会保険の全体像にまたがるものとして、脇田滋・井上英夫・木下秀雄編著『若者の雇用・社会保障』(日本評論社、2008年)、菊地馨実編著『自立支援と社会保障』(日本加除出版、2008年)、駒村康平・菊池馨実編著『希望の社会保障改革』(旬報社、2009年)、堀勝洋『社会保障・社会福祉の原理・法・政策』(ミネルヴァ書房、2009年)、そして社会保険の法的構造を対象とするものとして、倉田聡『社会保険の構造分析――社会保障における「連帯」のかたち』(北海道大学出版会、2009年)等がそれである。

　最近年のこれらの主要著作のほか、社会保険に関して多くの研究成果がこれまでに蓄積されている。それらの1つひとつをここに掲げることはできないが、本書はそれらの蓄積に多くを負うものである。しかし本書の前記2つの作業が、その課題意識どおりにはたして遂行できているかどうかは、読者の判断と批判に委ねるほかはない。本書が社会保険改革の検討にいささかでも寄与するところがあれば、望外の喜びである。

　　2010年1月

　　　　　　　　　　　　　　　　　　　　　　　編者を代表して

　　　　　　　　　　　　　　　　　　　　　　　　　河野　正輝

目　　次

はしがき

I　社会保険の概念と法理の形成

第1章　社会保険の概念──────河野正輝　2

  1　社会保険の定義　2

  2　社会保険の保険性と社会性　3

    1　社会保険における保険性（3）　2　社会保険における社会性としての扶養的要素（3）

  3　ビスマルクモデルとベヴァリッジモデルにおける保険性と社会性　4

    1　ビスマルクモデル（4）　2　ベヴァリッジモデル（6）

  4　わが国の「皆保険皆年金」における社会性　7

    1　「皆保険皆年金」の特徴（7）　2　「皆保険皆年金」における社会性（9）

  5　社会保険における社会性の発展　10

    1　扶養的要素の拡大（10）　2　社会保険における社会性の新たな次元（11）　3　社会性の発展にともなう新たな法的課題（12）

第2章　社会保険の形成と展開──────阿部和光　14

  1　わが国における社会保険の形成　14

    1　社会保険の形成と展開の時期区分（14）　2　社会保障の前史的時代の社会保険（14）　3　社会保障の基礎形成期の社会保険──敗戦から1950年代まで（16）　4　社会保障の整備拡充期の社会保険──1960年前後から1970年代まで（17）

  2　日本型社会保険の法政策的諸原則　19

    1　皆保険・皆年金体制＝日本型社会保険の原型的モデル（19）　2　皆保険・皆年金体制と社会保険政策の諸原則（20）

  3　皆保険・皆年金体制の展開　22

    1　社会保障再編期の社会保険の展開（1980年代～2000年代まで）（22）

           2　老人保健制度の創設 (22)　　3　退職者医療制度と財政調整 (24)
           4　基礎年金の創設と財政調整 (24)　　5　介護保険と財政調整 (26)
           6　高齢者医療制度と財政調整 (28)　　7　日本型社会保険の転換期 (28)

Ⅱ　社会保険改革と新しい法理の展開

第3章　社会保険の適用範囲（権利主体）————阿部和光　32

   1　日本型社会保険と人的適用範囲　32
      1　人的適用範囲の意義 (32)　　2　被用者保険の被保険者資格 (33)
      3　人的適用範囲の問題点 (34)
   2　日本型社会保険の展開と人的適用範囲　35
      1　医療保険の展開と被保険者 (35)　　2　公的年金の展開と被保険者 (36)　　3　パート労働者への被用者保険適用拡大の試み (36)
   3　被保険者資格とジェンダー問題　37
      1　被用者保険と女性 (37)　　2　第3号被保険者の問題 (37)
   4　外国人の被保険者資格（社会保障の権利主体性）　38
      1　外国人と被用者保険 (38)　　2　外国人と国民健康保険・介護保険 (38)　　3　外国人と国民年金 (38)
   5　社会保険の被保険者資格と社会的排除　39
      1　社会保険と社会的排除 (39)　　2　医療保険と社会的排除 (40)　　3　介護保険と社会的排除 (41)　　4　年金と社会的排除 (41)　　5　労災保険・雇用保険と社会的排除 (41)　　6　外国人と社会的排除 (42)
   6　社会保険の権利主体（人的適用範囲）からみた社会保険改革の方向性　42

第4章　社会保険の給付事由————石田道彦　45

   1　給付事由の意義と課題　45
   2　社会保険の給付事由　46
      1　給付事由の特性 (46)　　2　社会保険の各給付事由 (47)
   3　社会経済システムの変動と社会的リスク　51

1　新しい社会的リスクと社会保険（51）　2　疾病・介護予防と社会保険（52）　3　子育て支援費用の社会保険化（53）

第5章　社会保険の実施体制

5-1　保険者自治と国家責任─────────井原辰雄　56
1　本稿の射程　56
2　保険者自治の範囲　57
3　社会保険各法における国家の義務　58
4　保険者自治と国の財政責任　61

5-2　医療機関・介護事業者の指定と評価─────西田和弘　64
1　指定・監督・評価の関係　64
2　医療機関・介護事業者の指定　64
　　1　指定の法的性質（64）　2　二重指定制（66）　3　医療計画および介護保険事業計画との調整（67）　4　開設許可・認可基準と指定基準（68）
3　医療機関・介護事業者の評価　69
　　1　評価導入の経緯（69）　2　評価の法的根拠（70）　3　評価の効果（71）　4　評価の将来像（71）

5-3　診療報酬・介護報酬の審査支払体制─────石田道彦　74
1　診療報酬・介護報酬の審査支払　74
2　診療報酬の審査支払体制　74
　　1　審査支払事務の委託（74）　2　審査支払機関の機能（75）
3　介護給付費の審査支払体制　76
　　1　指定事業者等に対する介護給付費の支払い（76）　2　国民健康保険団体連合会における審査（77）
4　審査支払体制における新たな動向　78
　　1　規制改革による審査体制の見直し（78）　2　レセプト請求のオンライン化，診療報酬の支払方式の変化（79）
5　今後の課題　79

第6章　保険給付の範囲と水準

6-1　医療保険給付 ─────────────── 笠木映里　82
　1　はじめに──医療保険給付の「範囲」「水準」とは　82
　2　今次医療制度改革と医療保険給付の「範囲」「水準」　84
　　1　2006年度医療制度改革の概要（84）　2　医療保険給付の「範囲」「水準」への影響（85）　3　2006年改革により提起される問題（87）

6-2　介護保険給付 ─────────────── 石橋敏郎　90
　1　介護サービスの社会保険化　90
　2　介護保険給付の内容　91
　　1　現物給付と金銭給付（91）　2　保険給付の種類（92）
　3　介護保険給付の水準　93
　　1　介護サービスの基準、支給限度額、要介護認定による水準格差（93）　2　介護サービスの基盤整備（95）　3　リハビリテーションにおける医療保険と介護保険の水準格差（97）

6-3　年金保険給付 ─────────────── 田中秀一郎　99
　1　年金給付の範囲と水準をめぐるわが国の展開とその到達点　99
　　1　報酬比例制の老齢年金給付の範囲とその水準（99）　2　老齢基礎年金給付の範囲とその水準（101）　3　障害年金給付の範囲とその水準（101）
　2　年金給付の範囲と水準をめぐる課題　103
　　1　報酬比例制の老齢年金（103）　2　老齢基礎年金（104）　3　障害年金（104）　4　最低保障年金を導入する必要性とその選択肢（104）

6-4　雇用保険給付 ─────────────── 丸谷浩介　108
　1　雇用失業の変容と雇用保険の目的　108
　2　雇用継続としての給付範囲と水準　109
　3　失業時生活保障の範囲と水準　110
　　1　求職者給付のセーフティネット機能（110）　2　正当な理由のない自己都合退職への給付制限（111）　3　所定給付日数（112）　4　給

付水準の考え方（113）
    4 再就職支援給付の範囲と水準　113

6-5　労災保険給付──────────良永彌太郎　116
    1 保険給付の範囲と水準　116
    2 労災保険給付の発展　116
    3 労災保険給付の新しい変容　119
        1 介護補償給付（120）　　2 二次健康診断等給付（121）
    4 労災保険給付の将来とその課題　122

第7章　費用の負担

7-1　費用負担と財政──────────良永彌太郎　125
    1 社会保険給付費用の負担関係の変容　125
    2 給付財源の性格　131
        1 被保険者が負担する保険料（131）　　2 被用者保険における使用者負担（133）　　3 公費負担（135）
    3 費用負担関係の変容と新しい法理　135

7-2　負担の免除事由・免除基準・免除の効果──────星野秀治　142
    1 社会保険における負担の免除　142
    2 免除事由・免除基準の概要と動向　143
        1 保険料の免除という問題の位置づけ（143）　　2 免除事由（144）
        3 免除基準（144）　　4 社会的属性による免除（144）
    3 給付に対する効果──「社会的属性による免除」とその効果を中心に　145
    4 社会保障の将来像と社会保険における免除　147

第8章　履行確保の手段

8-1　社会保険における不服申立てと権利擁護──────西田和弘　149
    1 社会保険における不服申立ての趣旨・目的　149
    2 特別の不服審査機関　150

3　審査過程における当事者参加　152
　　　4　二審制と前置主義　153
　　　5　不服申立ての課題と将来像　153
　　　6　社会保険における権利擁護　154
　　　　　1　権利擁護概念とその仕組み（154）　2　社会保険における権利擁護（155）　3　社会保険法理としての権利擁護（157）

8-2　介護保険の苦情解決—————————高倉統一　159
　　　1　社会福祉と苦情手続　159
　　　2　定義、正式の標準、個人的権利の論点　160
　　　　　1　定義（160）　2　苦情解決機関（160）　3　受理（161）　4　調査・改善指導（163）　5　結果報告（164）
　　　3　権利の実地化と内なる力の強化　165

8-3　社会保険における義務と履行強制—————丸谷浩介　167
　　　1　社会保険の性質と義務　167
　　　2　被用者保険の義務　168
　　　　　1　届出義務と被保険者資格（168）　2　届出義務の懈怠と労働契約（168）
　　　3　履行強制　170
　　　　　1　直接的な履行強制（170）　2　保険給付方法の変更——間接的な履行強制（171）

第9章　社会保険と社会扶助—————————石橋敏郎　173
　　　1　社会保険と社会扶助の接近・融合　173
　　　2　日本における社会保険のなかの保険原理と扶助原理の変容　175
　　　　　1　医療保険における保険原理と扶助原理（175）　2　介護保険における保険原理と扶助原理（178）　3　年金保険における保険原理と扶助原理（180）　4　雇用保険における保険原理と扶養原理（181）
　　　3　社会保険と社会扶助の新たな連携　183

1 イギリス (183)　　2 フランス (184)　　3 ドイツ (185)
    4 ワークフェア (Workfare) とベーシック・インカム (Basic Income)　187
    5 社会保険と社会扶助の将来　190

Ⅲ　社会保険の将来像

第10章　社会保険の将来像

10-1　社会保険の将来と社会保障──全体像────河野正輝　196
    1 全体像に関わる3つの基本的課題　196
    2 従来の社会保険における時代遅れの概念・区分　197
        1 人的適用範囲に関する区分 (197)　　2 給付事由（社会的リスク）に関する区分 (197)　　3 労使拠出制のありかた (198)　　4 制度体系に関する区分──社会保険と社会扶助 (198)
    3 皆保険・皆年金体制の再構築へ向けて
            ──時代遅れの概念・区分の見直し　199
        1 人的適用範囲および被保険者集団の再編成 (199)　　2 給付事由としての失業と障害の見直し (200)　　3 労使拠出制の再構成 (200)
    4 社会保険と労働市場への包摂　201
        1 所得保障と就労促進の連携のアポリア (201)　　2 包摂のプロセスにおける原則の確立 (202)　　3 ベーシック・インカム論からの批判 (203)

10-2　所得保障における社会保険の将来像────石橋敏郎　206
    1 年金部門における最近の改革　206
    2 所得保障領域における社会保険の将来像　209
        1 扶養原理の拡大 (209)　　2 保険原理の強化 (210)　　3 公的扶助への転落防止策 (210)
    3 所得保障における社会保険　211

10-3　医療保障における社会保険の将来像―――石田道彦　214
　1　近時の動向と検討課題　214
　2　保険者と費用負担のあり方　215
　　　1　保険者間の財政調整（215）　　2　一本化方式の課題（216）
　3　医療保険の給付　217
　　　1　診療報酬制度（217）　　2　混合診療（218）　　3　疾病予防（219）
　4　医療提供体制における保険者の役割　219

10-4　福祉サービスにおける社会保険の将来像―――阿部和光　223
　1　介護保険の今日的課題　223
　2　介護保険の保険者と保険集団の範囲の拡大　224
　3　介護保険の被保険者の範囲の拡大　225
　　　1　有識者会議の中間報告（225）　　2　普遍的介護保険構想（225）
　　　3　障害者の福祉ニーズの多様性と障害者権利条約（225）
　4　新予防給付と地域支援事業　226
　　　1　新予防給付の意義（226）　　2　地域支援事業の意義（227）　　3　予防給付と地域支援事業の課題と展望（227）
　5　介護保険における金銭給付の役割　228
　　　1　家族介護手当の導入（228）　　2　ダイレクト・ペイメントの活用（228）

第11章　社会保障の将来像―――ジェフ・ファンランゲンドンク　231
　1　時代遅れの諸構造を取り除くこと　231
　　　2　ビスマルク型社会保険（231）　　3　時代遅れの区分（235）　　4　リスクと原因（238）
　2　新たな社会保障の外観　245
　　　1　2つの部分：基礎的保護と労働保険（247）　　2　2つの部分のうちの基礎的保護（250）　　3　2つの部分のうちの労働者保険（254）

Ⅳ 社会保険法理の国際比較

第12章 EU諸国における社会保険改革の動向と基本理念―――――河野正輝 266

1 改革を促した要因
――社会保険を取り巻く社会・経済的背景と制度的要因 266
1 社会保険を取り巻く社会・経済的背景（266） 2 制度的要因――社会保険の伝統的な概念・区分の限界（267）

2 EU諸国の改革の動向 267
1 非正規雇用労働者に対する社会保険（年金）の適用（267） 2 就業形態・家族形態の多様化等に対応した女性と年金に関する改革（270） 3 少子高齢化への対応――財源（保険料と税）に関する改革（275）

3 EU諸国における改革の基本理念と政策指針 280
1 S.ホワイトによる「第三の道」の基本理念と政策指針（280） 2 J.ファンランゲンドンクによる福祉国家の理念（283） 3 ドイツ、フランス等の社会保険改革の動向と基本理念との関連（284）

第13章 国際条約における社会保険の位置付け―――井原辰雄 288
1 多国間条約等における「社会保険」、「社会保障」 288
2 ILO条約・勧告 289
3 被保険者の保険運営への参加と社会保障協定 292

第14章 諸外国の社会保険改革の特徴
14-1 ドイツにおける年金保険改革―――――――田中秀一郎 295
14-2 フランスの医療保険改革――――――――原田啓一郎 299
14-3 フランス年金改革と高齢者連帯手当――――柴田滋 302
14-4 オランダの2006年医療制度改革における
「社会連帯」について――――――――――井原辰雄 307

14-**5** イギリスの年金改革――――――――平部康子 314
14-**6** アメリカの年金改革――――――――内梓博信 321
14-**7** アメリカの医療――――――――――石田道彦 326
14-**8** スウェーデン年金における保険原理の強化と
　　　　最低保障年金――――――――――柴田滋 331

索　　引

I 社会保険の概念と法理の形成

第1章　社会保険の概念

河野　正輝

1　社会保険の定義

　社会保険は、加入者（被保険者）が将来のリスク（保険事故）に備えて、あらかじめ保険料を拠出しておいて、事故が生じたときに、拠出に基づいて保険者が保険給付を行うという仕組みである。だから、この仕組みをかたちづくる主要素を見れば、保険者、被保険者、保険事故、保険給付、保険料（労使拠出制）等の要素（道具概念）から成り立っているわけである。[1]
　ここで保険料は被保険者1人ひとりのリスク率にかかわりなく定率で、かつ報酬比例の保険料額とされるから、社会保険は危険の分散の機能のみならず、それを超えた所得再分配（一方的な所得移転）の機能をも有するのである。また、保険事故が生じたさい、資力調査をせずに給付を行うから、社会保険は公的扶助の事後的な救貧の機能と対比して、防貧の機能を有するとされる。
　このような集団的な所得再分配と防貧の仕組みは、個人的な自助を超えた社会連帯のうえにはじめて成り立つものであるが、加入者個々人が保険料を自ら拠出して将来に備えるという点で、近代市民社会の生活個人責任原則（自助）の理念にも適合的であるとされる。
　社会保険の特質は、民間（私）保険と対比して説明されるのが一般である。[2] それは社会保険が私保険と同様に偶発的な事故に備えて、多数の加入者が保険料を拠出し、そのプール（基金）をもとに給付する仕組みであるからであり、また歴史的にも、社会保険はもともと民間保険の一源流とされる組織（16世紀のアルプスの村人たちが組織した相互救援の会社や、その後イギリスで産業革命後の熟

練労働者たちが組織した友愛組合など）に端を発しているからである。

　本章でも、まず民間保険との対比で社会保険の特徴（社会性）を理解することとするが、むしろ、その社会性がどのように発展してきたかに注目して述べてみよう。

2　社会保険の保険性と社会性

1　社会保険における保険性
　私保険においてはまず「給付反対給付均等の原則」および「収支相等の原則」が維持されなければならない。前者の「給付反対給付均等の原則」は、いわば掛金（拠出）と保険金（給付）との間の等価交換の原則を言い表している。

　一方、社会保険においては厳密な意味での等価交換は修正され、もはや維持されていない。それでも被保険者の保険料拠出を要件として保険給付の受給権が発生するとされるところに、一応の対価性（または牽連性）が維持されているのである。そこに社会保険における保険性を認めることができるであろう（ちなみに、わが国の後期高齢者医療制度は、その給付に要する財源のわずか1割部分を、その加入者による拠出に求め、残り9割部分は税および現役世代による支援金に依存するものであるが、わずか1割部分に相当するに過ぎない貢献であっても、その拠出がなければ給付受給権は発生し得ないという意味において一定の対価性ないし牽連性を維持しており、この制度も社会保険の範疇に属するといえるわけである）。

2　社会保険における社会性としての扶養的要素
　社会保険の保険料は、報酬比例制の場合、個々の被保険者のリスク率に即応した保険料ではなく拠出能力に応じたそれである。医療保険の保険料を例に台豊の整理にしたがえば、その保険料には概念上、①傷病リスクに応じた危険保険料相当分、②事務費に対応する部分、③高リスク層への移転分、④低所得層への移転分、⑤被扶養者を多く抱える被保険者への移転分などの要素が含まれる。これらの要素のうち私保険と共通する保険的要素は①および②のみで、他は高リスク層、低所得層および多子世帯などを支えるという扶養的要素を表し

ている。社会保険における強制加入の原則は、こうした所得再分配の機能を実現するための不可欠の手段にほかならない。

　拠出の面のみならず給付の面でも、社会保険給付は拠出に見合う対価的な部分のほか、拠出能力の乏しい人にも一定の必要に応じた給付を行う例を容易に見出すことができる（たとえば、医療保険における必要に応じた療養の給付や、年金保険における最低保障給付としての基礎年金など）。そこに扶養原理のもう１つの表れを認めることができるであろう。

3　ビスマルクモデルとベヴァリッジモデルにおける保険性と社会性

　以上のとおり、社会保険の特徴を、私保険の原理に対して社会政策の見地から一定の修正（社会的扶養原理）が加えられたものとして、ひとまず表現しておくことにしよう。しかしながら、社会保険の被保険者集団の範囲、保険料と保険給付の水準などの具体的な制度設計とそこに込められた社会政策的な配慮は、国と時代により一様ではありえない。とりわけ近年では先進諸国の社会保険制度の間に一定の収斂が認められる反面、多彩な変化もないわけではない。

　そこで以下では、社会保険における保険性と社会性を理解するために、社会保険の原型としてのビスマルクモデルとベヴァリッジモデルを抽出して比較考察したうえで、そこから時代が下がって1960年代におけるわが国の「皆保険皆年金体制」では保険性と社会性がどのように実現されたかについて、振り返ることとしよう。

1　ビスマルクモデル

(1) ビスマルクモデルの特徴　ビスマルクモデルの特徴は、次の４つに集約される。第１に、財源は労使の保険料拠出によること、および拠出と給付の額は報酬比例であること、第２に、被保険者は男性が生計稼得者となる家族像を対象としており、妻と子はその被扶養者としてカバーされるにとどまること、第3に、保険集団については被用者の職域ごとの複数の制度に分立した制度であること（ちなみに1883年疾病保険法では、地区疾病金庫、工場疾病金庫、建設疾病

金庫、坑夫金庫など7種類に分立した。)、第4に、管理運営については労働組合と使用者団体の同数の代表によって構成される合議体によって運営されること、である。

　第1の特徴である労使拠出制について補足すれば、創設当初の労使の保険料負担割合は、1883年疾病保険法では、労働者3分の2、使用者3分の1とされ、1889年障害・老齢保険法では、ライヒ、使用者、労働者の3者負担とされるとともにライヒが定額制で負担する部分（ちなみに年金保険収入に占めるライヒ補助金比率は1891年に5.9％、その後徐々に上昇して1905年に18.8％であった。）を除いて、労使折半負担とされた。[4] 要するに、ビスマルクモデルにおける社会保険の適用対象者は保険料拠出能力のある工業熟練労働者であって、その政策目的は熟練労働者を社会主義的労働者運動から切り離すことにあった。したがって適用対象から外された人たちの方が、より困窮し抑圧された状態にあったと指摘されている。つまり働けない人の貧困の解消に焦点を当てた制度ではなかったのである。[5]

　なお、労使代表による管理運営方式に、自主的管理という特徴が認められることは周知のとおりである。しかし一方で労働者が法律上加入すべき保険主体は特定されており、既存の社会的な組織や労働組合がこの保険主体の1つとなることは排除されていた。その点は、イギリスで任意に組織された既存の共済組織である友愛組合（friendly society）が1911年国民保険法の疾病保険の「認可組合（approved society）」として公認され、国民保険法上の給付主体となったこと、さらに労働組合自身も認可組合としての資格を認められ国民保険法上の給付をおこなったことと対照的である。この点に着目した木下秀雄の指摘は示唆的で興味深い。[6]

　(2) **ビスマルクモデルにおける社会性**　　上記の1883年疾病保険法の創設によって歴史上初めて、強制加入方式で、かつ加入者個人の健康状態や扶養家族の有無・多寡を問わない報酬比例の保険料という方式が導入されたのである。ビスマルクによるこの強制加入・報酬比例保険料は、工業熟練労働者という一定集団内に限られた仕組みではあれ、私保険の原則を修正して社会的な扶養の要素を確立するという画期的な意義を持った。使用者による保険料拠出は、使用者から被用者への垂直的再分配であるとともに、報酬比例保険料は、高所得

層から低所得層への再分配の要素をもつという点で、社会保険における社会性（社会的扶養原理）の揺るぎない形を創り上げたのであった。

2 ベヴァリッジモデル

(1) **ベヴァリッジモデルの特徴** 1942年のベヴァリッジ報告書に基づき制定されたイギリスの1946年国民保険法は、同じ社会保険方式を採りつつも、ビスマルクモデルとは異なって次のような特徴を持っている。[7]

①目的から見た特徴──貧困の解消　ベヴァリッジ報告に従ってイギリスの国民保険は窮乏に対する戦いのための施策と位置づけされ、その給付水準はナショナル・ミニマムを保障する定額給付とされた。貧困の解消という目的は、ビスマルクモデルを採るドイツ、フランス等の社会保険が報酬比例給付による従前所得保障を目指したと考えられることと比べて、対照的である。

②適用範囲から見た特徴──包括性・普遍性　イギリスの国民保険は事故のカバー範囲からみても、人的適用範囲からみても、包括的・普遍的であることを特徴とする。保険事故の面では、老齢、障害、死亡、傷病、出産、失業、労働災害といった稼得能力の低下・喪失を招くほとんどすべてのリスクを、1つの制度でカバーすることとされた。人的適用範囲の面では、被用者を職域ごとに分立させず、自営業者、公務員等を含めて単一の制度に加入させることとされた。

③拠出と給付の牽連性から見た特徴──均一性　国民保険の目的が貧困を解消するナショナル・ミニマムの保障に置かれたことは前述のとおりであるが、その目的設定の背景には、ナショナル・ミニマム以上の生活については国家が行うのではなく個人が自由に自助努力で確保すべきと考えられたこと、また老後に格差があるべきではないとする平等主義の考えかたがあったことが指摘されている。[8]そのナショナル・ミニマムを社会保険の技術を用いて実現しようとした方式が均一拠出・均一給付であって、この均一拠出によるナショナル・ミニマムの保障という方式にベヴァリッジモデルにおける平等主義の特徴が集約されているといえる。

(2) **ベヴァリッジモデルにおける社会性**　何よりも被保険者の範囲を被用者に

限定せず、リスク率・拠出能力の異なるすべての国民を適用範囲として強制加入を実現した、その包括性・普遍性のなかに扶養的要素の浸透を認めるべきであろう。これと関連して、社会保険の管理運営が職域別の労使の代表によって運営される金庫ないし基金方式によらず、公的責任の担い手として国がすべて管理する方式とされたことにも注目してよい。また国民保険の財源はベヴァリッジ報告において労使の保険料のほか国庫負担の投入が提言され、国と労使の３者による負担方式はサッチャー政権の登場まで長く採られた。

つぎに、均一拠出・均一給付方式には、給付反対給付均等という私保険の原則に対する配慮が見て取れるのであるが、しかし均一給付制において定額の給付が世帯規模に応じて定められたことからすると、そこに給付反対給付均等の原則に対する部分的修正も認められる。ただし、均一拠出（定額保険料）方式自体はやはり逆進的なので、その水準の設定いかんでは低所得者に重い負担を課すことになることは否定できない。このため、均一給付（定額給付）は実際には低い水準に低迷し、ベヴァリッジ・プランはその構想通りには実現しなかったことも事実である。

このように考えると、ベヴァリッジモデルにおける社会性（扶養的要素）は、ビスマルクモデルが一定の被用者集団内において報酬比例保険料による所得再分配を実現したのに対して、均一拠出制の限界はあれ、すべての国民を対象に所得再分配の範囲を拡大しようとしたところに、その社会性の発展を認めることができるであろう。

4　わが国の「皆保険皆年金」における社会性

1　「皆保険皆年金」の特徴

わが国の社会保険立法は、工場法の適用を受けた一定職域の労働者を対象とする健康保険法（1922年）を嚆矢として、船員保険法（1939年）、労働者年金保険法（1941年）などの労働者保険立法の制定に始まる。それらは、雇用労働者を適用対象として、労使による保険料拠出を財源に、報酬比例の拠出と給付を行うというビスマルク型社会保険をモデルとして制定されたものであった（第

２章参照)。それらの立法に加えて1938年には農山村の住民を対象とする国民健康保険法が制定されているが、それはわが国独自の独創的な制度であったといわれる。[10]

わが国の社会保険の骨格はこのように戦前に形成され、そして敗戦後に拡充整備された。しかし、1950年代に入って、既存の医療保険、年金保険から取り残されている人々がそれぞれ3000万人以上存在したこと、これらの人々の生活条件の改善は経済成長戦略の観点からも必要であったことなどから、国民健康保険法の抜本改正(1953年)および国民年金法の制定(1954年)によって、いわゆる国民皆保険・皆年金体制が推進されたのである。

この皆保険・皆年金体制の特徴は、次の３点に集約できる。

①適用範囲から見た特徴——保険事故別の分立および職域別・企業規模別の分立　皆保険・皆年金体制は、周知のとおり、保険事故別に傷病（医療保険）、老齢・障害・死亡（年金保険）、失業（失業保険）、労働災害（労災補償保険）に分立して制度化された。また、その人的適用範囲においても被用者保険はさらに細かく職域別・企業規模別に分立して制度化された。５人未満使用の零細事業所の被用者および非正規雇用の被用者については自営業者等を主たる対象として制度設計された国民健康保険・国民年金制度がその受け皿になるという形がとられた。こうした職域別・企業規模別の分立は、所得再分配機能の働く範囲を、極端な場合、企業従業員内の狭い範囲に限定したという意味で、そこにはいわば社会保険の企業内福利化ともいうべき限界が宿ったのである。

この点が皆保険・皆年金体制とはいえ、包括性・普遍性を特徴とするベヴァリッジモデルと決定的に異なるところであった。

②制度体系から見た特徴——職域保険と地域保険の二元化　医療保険は、先述のとおり、被用者とその被扶養者を対象とする職域保険（健康保険）と、主として自営業者等の非被用者を対象とする地域保険（国民健康保険）に大きく二元化され、年金保険においてもほぼ同様の適用範囲に二元化された。それと同時に、拠出と給付の方式・水準も二元化され、たとえば年金保険では、被用者には報酬比例制の給付と保険料、非被用者には定額制の給付と保険料を基本とするというように、保険料負担、給付水準も異なる扱いとされた。

③最低保障から見た特徴――経過的・補完的な無拠出制給付の導入　国民年金法の制定時に年金的利益をすべての国民に均霑するという趣旨から、保険料徴収の開始時にすでに保険事故が発生している人々など年金給付の受給権に結びつかない人々について、無拠出制の経過的福祉年金給付等の制度が導入された。

そのための財源の補填を含めて、財源基盤の弱い制度にたいして相当の国庫負担が投入されたこと、あわせて保険料率の決定、保険医療機関の指定、診療報酬の決定等、皆保険皆年金の管理運営に関わる主要事項が国の所管事項とされたことも、わが国の特徴といえる。

なお、国民健康保険において生活保護の被保護者が強制適用対象から除外された（周知のとおり、国民年金では被保護者も強制適用対象に含められたうえで保険料が免除された）から、皆保険皆年金とはいえ被保護者の取り扱いにおいて両保険の間に不統一が残された。

このように見てくると、わが国の社会保険は当初ビスマルク型をモデルとして始められたとはいえ、皆保険・皆年金体制として形成されたものはベヴァリッジ型を加味したハイブリッド型となった点に特徴を見出すことができるであろう。

2　「皆保険皆年金」における社会性

以上の叙述に示されているとおり、わが国の社会保険には、次の諸点に保険原理を修正する取扱いが見出される。

第1は、リスク率・拠出能力の異なる周辺集団まで被保険者集団を拡大して、所得再分配をはかったことである。ただしベヴァリッジモデルとは異なり、保険集団は企業規模別に分立したこと、さらに零細事業所の被用者および非正規雇用の被用者が自営業者等の非被用者を主たる対象とする制度に吸収される形が採られたことから、所得再分配は細かく分立した被保険者集団内部でしか働かないという限界もあった。第2に、国庫負担の投入・拡大によって、保険原理は大幅に修正された。それは狭い保険集団内部の所得再分配という限界をある程度改善するものであった。第3に、拠出制を基本原則とする国民年金にお

いて保険料免除と無拠出制給付を導入したことは、扶養原理の質的な意味で新たな展開を意味した。ただし保険料免除によって与えられた利益は、被保険者資格や年金受給資格期間の面にとどまっていて、給付額の面までは及ばず、免除期間については給付額が減額されるというものであった。

5　社会保険における社会性の発展

　以上において、社会保険の原型としてのビスマルクモデルとベヴァリッジモデルの特徴を抽出して、2つの社会保険モデルにおける社会性の展開をたどり、ひるがえって、ハイブリッド型の1つとしてのわが国の社会保険における社会性の展開を鳥瞰してきた（ちなみに、フランスの社会保険は一般社会拠出金の導入とその拠出金率の引き上げによって、ハイブリッド型への移行が顕著であるとされる[11]が、先進諸国の社会保険は大なり小なりハイブリッドの長所を生かしつつ、その国なりの社会性を模索しているといえるであろう[12]）。

　以下では、社会保険における社会性の近年の発展に着目して、それが社会保険における「社会性」概念の再考を迫るものであることを述べよう。

1　扶養的要素の拡大

　社会保険の近年の改正動向を見ると、一方では、個人責任の強化、拠出と給付の対価性の立て直し（いわば保険原理の強化）といった動向が看取されるであろう。わが国でも、被保険者へ必要な情報を提供しつつ、保険料の徴収体制の強化、保険料の拠出義務違反にたいする制裁の強化を図る動きなどが見られる。しかし他方では、社会的正当性への配慮を反映した扶養的要素の再検討と拡大とみられる動向も見出される。たとえば、①現役世代と高齢世代間の連帯（後期高齢者医療保険における支援金等）、②子育て世帯と子のいない世帯間の連帯（育児休業給付の拡大、育児休業期間の保険料免除等）、③非正規と正規雇用労働者間の連帯（被用者年金一元化法案におけるパート労働者への適用拡大の動き等）、さらには④最低保障年金としての基礎年金（国庫負担部分）の引き上げなどがそれである。

　もとより、これらの動きは社会保険の概念それ自体の再考を迫るものではな

い。しかし社会保険の社会的側面は、以上の扶養的要素の拡大とは性質を異にする新たな展開を示しており、それは社会性に関する従来の理解に再考を求めるものと言って過言ではない。

2　社会保険における社会性の新たな次元

(1) **予防へのシフト**　私保険と異なる社会保険の社会性を表す新たな現象の1つは、保険事故の発生を予防する予防給付へのシフト、および義務付け給付の形式をとらない、保険者の任意による予防的保険事業の拡大を挙げることができる。それは事故発生後の所得喪失・出費増に主として対応するものとして観念されてきた従来の社会保険の守備範囲に修正を加えるものといえる。

わが国の具体例としては、医療保険における特定健診と特定保健指導、労災補償保険における第二次健康診断等給付、雇用保険における雇用継続給付と雇用安定事業（雇用調整助成金等）および介護保険における予防給付と地域支援事業などが挙げられる。

(2) **労働市場および地域社会生活への参加促進**　社会保険における社会性のもう1つの新たな展開は、従来の消極的な所得喪失の補填からさらに進んで積極的な雇用と地域社会生活への参加促進をめざす保険給付・保険事業にみとめられる。それは既存の社会性としての扶養的要素のなかには含まれていなかった新たな要素の出現というべきものである。

具体的に、社会保険の中で行われる社会的包摂（ソーシャル・インクルージョン）の先駆的な一事例として、スウェーデンにおける障害年金改革が挙げられる。この改革が社会性の新展開を示唆していると考えられる点は、まず、①1999年の年金改正で障害年金は老齢年金から切断され健康保険制度に繰り入れられると同時に、障害年金（基礎年金および報酬比例制の付加年金）の受給資格者にたいして、従来から存在した常時介護加算、育児加算の支給に加えて、移動困難者に社会参加型の自動車手当（自動車購入費と整備費）の支給およびリハビリテーション／再編入施策（rehabilitation/reintegration measures　職業リハビリテーションに参加する者へのリハビリテーション購入費を含めた施策）の提供を行うところまで拡大されたことである。次いで、②2003年改正により、障害年金体系は所得

比例給付と最低保障給付に二分され、前者の所得比例給付は発障年齢に応じて、活動保障給付（activity compensation　発障が19～29歳の者を対象とする）と疾病給付（sickness compensation　発障が30～64歳までの者を対象とする）に再編された。これによってスウェーデンでは障害年金の名も概念も消滅することとなったとされる[13]。

　目をわが国の社会保険に移して、その中で新たな社会性の萌芽としてわずかに見出すことができるのは、雇用保険における就職促進給付、教育訓練給付および雇用安定事業・能力開発事業であろう。

3　社会性の発展にともなう新たな法的課題

　スウェーデンの障害年金の例にみられるように、わが国でも社会保険における社会性が所得再分配の面のみならず、社会参加促進の次元にまで広がることが求められることとなるであろう。そして、それにつれて年金保険、雇用保険、医療保険などの社会保険法における給付要件・給付内容と障害者雇用促進法、職業安定法、高年齢者雇用安定法ならびに障害者自立支援法等における労働市場や地域社会生活への参加促進サービスとの一体的総合的かつ実効性のある調整がこれまで以上に求められるようになるであろう（Ⅲ部第10章参照）。その限りで医療保険や年金保険の社会「保険」としての自己完結性は今後さらに変容していくと考えなければならない。

　また、社会保険が予防と社会参加促進へシフトするにつれて、これまで以上に被保険者（かつサービス利用者）の自己決定の尊重が重要となることは明らかである。とりわけ適職選択の権利およびどこに誰と住むか（居住様式・生活様式）につき選択の自由を保障することが要諦となるであろう。したがってまた被保険者の自己決定を支援する権利擁護サービスの必要性と重要性も増すであろう。また、たとえば雇用保険における所得保障はこれを保険者としての国の責務としつつ、就職促進等の雇用サービスについては失業者の居住する地方公共団体の責務とすべきであるというように、社会保険の役割が予防と社会参加促進まで広がるにつれて、保険者としての国・地方公共団体等の役割と社会参加促進サービスの責任主体としての国・地方公共団体等の役割分担のあり方につ

いても、改めて吟味されなければならなくなるであろう。

1) 社会保険の道具概念については、河野正輝「社会保障法の目的理念と法体系」『社会福祉法の新展開』（有斐閣、2006年）10頁以下所収を参照。
2) 私保険と対比して社会保険の特質を説明しているものとして、最近の著作では、堀勝洋『社会保障法総論〔第2版〕』（東京大学出版会、2004年）39頁以下、岩村正彦『社会保障法Ⅰ』（弘文堂、2001年）40頁以下、西村健一郎『社会保障法』（有斐閣、2003年）26頁以下、島崎謙治「社会保険の原理と意義」河野正輝・中島誠・西田和弘編著『社会保障論』（法律文化社、2007年）194頁以下などを参照。なお、ドイツにおける社会保険概念の伝統的な理解とその変遷については、倉田聡『社会保険の構造分析　社会保障における「連帯」のかたち』（北海道大学出版会、2009年）66頁以下を参照。
3) 台豊「社会保障の組織と財政」河野正輝・江口隆裕編著『レクチャー社会保障法』（法律文化社、2009年）27頁以下参照。
4) 木下秀雄『ビスマルク労働者保険法成立史』（有斐閣、1997年）223頁。
5) 木下・前掲書（注4）127、181、207、210頁参照。
6) 木下・前掲書（注4）208頁。
7) 詳しくは、堀勝洋「国民保険――年金、失業給付、傷病給付」武川正吾・塩野谷祐一編『先進国の社会保障1　イギリス』（東京大学出版会、1999年）133-136頁、および一圓光彌「所得保障」仲村優一・一番ケ瀬康子編『世界の社会福祉4　イギリス』旬報社、1999年、340-353頁を参照。
8) 堀・前掲論文（注7）135頁。
9) 一圓・前掲論文（注7）340頁。
10) 島崎謙治「わが国の医療保険制度の歴史と展開」遠藤久夫・池上直己編著『医療保険・診療報酬制度』（勁草書房、2005年）1-53頁、とくに8頁以下を参照。堤修三「社会保険の意義と根拠」堤修三・品田充儀編著『市民生活における社会保険』（放送大学教育振興会、2008年）19頁以下参照。
11) Jean-Claude Barbier and Bruno Théret, The French System of Social Protection: Path Dependencies and Societal Coherence, in Neil Gilbert, Rebecca A. Van Voorhis eds., Changing Patterns of Social Protection, Transaction Publishers, 2003, pp.155-158.
12) D.Pieters, Social Security: An Introduction to the Basic Principles, Kluber Law International, 2006, p. 8.
13) 高藤昭『障害をもつ人と社会保障法』（明石書店、2009年）251頁以下参照。

第2章 社会保険の形成と展開

阿部　和光

1　わが国における社会保険の形成

1　社会保険の形成と展開の時期区分

　わが国の社会保障の発展を時期的に区分すると、(a)社会保障の前史的時期（1911年健康保険法の制定から第二次大戦終結まで）、(b)社会保障の基礎形成期（1945年から皆保険・皆年金の成立まで）、(c)社会保障の整備・拡充期（1960年代の皆保険・皆年金の実現から1970年代の高度成長の終焉まで）、(d)社会保障の制度再編期（オイルショック以降の経済の安定（低）成長と高齢社会の進展に対応するための制度改革進行中の今日まで）となる。制度再編期は、1980年代から90年代は日本型社会保険が大きく変容する時期であり、2000年代の今日は、社会保障構造改革とも称されるほど制度の大きな改革が続いている。2009年9月、自民党・公明党連立内閣から民主党を中心とした社民党、国民新党の3党連立内閣へ政権交代があり、社会保障そして社会保険もまた制度改革が予測される社会的政治的状況になった。わが国の社会保障の中心を構成する社会保険の変容と将来像を考えるには、社会保険の形成過程を振り返り、日本型社会保険の特質と位置を確認しておく必要がある。

2　社会保障の前史的時代の社会保険

　(1)　戦前の社会保険の展開　　社会保険の最初の立法は、第一次世界大戦後の1922（大正11）年健康保険法であった。同法は、工場法または鉱業法の適用を受ける工場・事業所を強制適用事業として、保険者は政府と健康保険組合、保

険事故は療病・死亡、分娩で、業務上外を含み、保険料は労使折半であった。賃金労働者の保護を目的としたが、工場・鉱業の現場労働者を対象とし、当初は、それ以外の労働者を含まず、被保険者の被扶養家族にも適用されなかった。1938（昭和13）年制定の職員健康保険法は賃金労働者（俸給者）に医療給付を行った。

　1938（昭和13）年に農山村漁民の医療費負担の軽減を図るために、国民健康保険法が制定された。保険者は市町村（普通国民健康保険組合）とその他の特別国民健康保険組合の2つの種類であった。当初は任意設立・任意加入であったが、1942（昭和17）年に、市町村に組合設立を強制し、組合員を強制加入させる法改正がなされた。

　1939（昭和14）年制定の船員保険法は、船員を被保険者として疾病、負傷、廃疾、脱退、死亡の保険事故に対して、医療給付、養老年金、廃疾年金、死亡手当金などの給付を行うもので、わが国初の総合的な社会保険であった。同年に健康保険法は法改正により家族給付を開始した。さらに1942（昭和17）年に健康保険法は職員健康保険を統合し、家族給付（5割給付）を法定化した。

　1941（昭和16）年、労働者年金保険法が労働力の保全と生産力の拡充を図るために制定された。保険給付は養老年金、遺族年金、廃疾年金などであった。1944（昭和19）年、労働者年金法は適用範囲を拡大し、法律名を「厚生年金保険法」と改称した。厚生年金保険法の適用対象事業所数は従来の約6万から約13万に、被保険者数は約346万人から約844万人に激増した[2]。

　1931（昭和6）年に労働者災害扶助責任保険法が制定された。被保険者は使用者で、使用者の労災扶助義務を保険化した。保険者に対する労働者の直接請求権を認めたので、社会保険の役割を担う要素もあったが、補償対象事業も給付内容も限られ、今日の労災保険からはほど遠いものであった。

(2)　**戦前の社会保険の特徴**　　戦前の社会保険は労働者保護の職域保険であった。保険料は労使折半としたが、業務上の傷病も健康保険法の給付対象としたが、これには当時から批判があった[3]。

　国民健康保険は地域保険であり、沿革的には今日の非被用者医療保険であるが、医療保障としての効果は十分に発揮されなかった。

また、戦時中の厚生立法は戦争政策の一環であり、その目的は労働力の保全・健民健兵の育成であり、労働者年金（厚生年金）のように戦費調達にも利用された。社会保険本来の目的である労働者および一般国民の保護の役割を十分に果たすことはできなかった。失業保険法は立法化にいたらず、労災保険も今日的な形での社会保険立法としては制定されないまま戦後を迎えたのである。

3 社会保障の基礎形成期の社会保険──敗戦から1950年代まで

(1) 社会保険の応急的補充と改善　戦後わが国は日本国憲法を制定し、生存権（憲法25条）に基づき社会保障の実現を国家の責務として宣言して、福祉国家の道を歩むことを明らかにした。社会保障制度の創設のために、国は社会保障制度審議会を設置し、同審議会は1950（昭和25）年、「社会保障に関する勧告」で社会保障制度の青写真を示した。勧告が描いた社会保障制度の青写真は、社会保険、国家扶助、社会福祉、公衆衛生・医療の4部門で構成され、制度の中心に社会保険を据え、補完的な制度として公的扶助（国家扶助）を位置づけた。この勧告の描いた制度設計によって、社会保険中心主義をわが国社会保障の基本政策にすることが定まった。

しかし、社会保障制度創設の方向性は明らかになったが、敗戦直後には戦争による被害が経済、社会、政治の全分野に及び、社会保障を整備・実現する財政力も政治力もなかった。戦争被害を受け、困窮した国民生活に対する緊急措置として公的扶助（生活保護法）や福祉立法で対応するとともに、既存の社会保険の応急的改善に取り組むにとどまった。公務員関係で1948（昭和23）年の国家公務員共済組合法の制定、医療保険関係では、同年の国民健康保険法改正（市町村公営原則）、1949（昭和24）年健康保険法改正（一部負担制度復活）、1953（昭和28）年、日雇労働者健康保険法の制定、私立学校教職員共済組合法の制定、1956（昭和31）年公共企業体等職員共済組合法の制定、1958（昭和33）年農林漁業団体職員共済組合法の制定などが行われた。

(2) 労働保険の制定　戦後近代的労働関係を確立するために、労働組合法等の労働立法が整備される中で、1946（昭和21）年、失業保険法と労働者災害補償保険法が制定された。労災保険法は保険者を政府とし製造業、運輸・サービ

ス業、卸売・小売の事業者で常時5人以上の従業員を雇用する事業所に強制適用し、その他の事業所は任意適用とした。失業保険の保険給付は賃金日額の40％ないし70％を180日まで支給し、費用は国庫（保険給付費の3分の1）と労使折半の保険料であった。労災保険法は1947（昭和22）年制定の労働基準法の災害補償責任を担保するために制定され、保険給付は労基法の災害補償と同一であった。

敗戦後10年余の時代は、歴史的には日本経済が戦争による落ち込みから復興し、1960年代の高度経済成長期を迎え社会保障制度を本格的に整備する「国民皆保険・皆年金体制」に向けて、個々の社会保険立法を改善・補充する準備段階であった。

4 社会保障の整備拡充期の社会保険──1960年前後から1970年代まで

(1) **国民皆保険の実現**　1950（昭和25）年社会保障制度審議会の社会保障に関する勧告が、社会保障制度の中心に社会保険を据えたので、わが国が皆保険・皆年金体制の制度化に向ったのは必然的方向であった。日本経済が戦争による落ち込みから回復し、さらに高度経済成長期へ踏み出して経済大国への道を歩み始める1950年代後半に、政府は皆保険・皆年金を政策的スローガンに掲げ、その制度化に着手した。

1956（昭和31）年、鳩山内閣が「昭和35年までに全国民を包含する総合的な医療計画を勧める」ことを明らかにし、1958（昭和33）年に国民健康保険法案が国会で可決・成立した。この新国民健康保険法によって、1961（昭和36）年4月から、既存の被用者保険に加入する被用者等以外の者を、原則として国民健康保険に強制加入させて皆保険体制が実現した。[4]

(2) **国民皆年金の実現**　国民年金制度創設の社会的背景には、人口の高齢化の進展と高齢社会の到来の予測およびわが国の伝統的家族制度の崩壊が挙げられる。公的年金の未適用者が圧倒的に多く、被用者年金の適用者数は1955（昭和30）年段階で、1300万人超で全就業人口の約29％に過ぎなかった。残りの約7割の農民、商工業者、無業者、零細企業の被用者等は無年金に放置されていた。[5] そのため国民皆年金は全国民的要請であり、1950（昭和25）年社会保障勧

告を実行する上でも、皆年金は取り組むべき政治課題であった。

1959（昭和34）年、国民年金法が成立し、法制度上は国民皆年金体制が実現した。国民年金の被保険者は国内に居住する20歳以上60歳未満の日本国民（旧国年7条）とし、老齢年金は原則として25年の加入期間を必要とした。制度創設時にすでに保険事故が生じている者は、拠出制年金の原則からは対象外である。そこで経過的・補完的制度として無拠出制の福祉年金を創設し、公平の観点からできるだけ多くの国民に公的年金適用が及ぶように配慮した。しかし被保険者資格に被用者年金にはない国籍条項を設け、定住外国人を適用から除外したのは後日に問題を残した。

また、被用者年金と国民年金の基本的枠組みとする皆年金体制は人的適用範囲の普遍性をかろうじて実現したが、分立した縦割りの年金制度では転職すると複数の年金のいずれでも受給要件を充足せず、無年金となる者が多く生じるので、1961（昭和36）年「通算年金通則法及び関係法律の一部改正法」を制定した。各年金制度の加入期間を合算して20年（被用者年金のみの場合）ないし25年（国民年金を含む場合）以上になれば、通算年金を受給できることにした。

(3) **社会保険の給付水準の拡充**　皆保険・皆年金体制により、医療保険・年金保険は全国民を適用対象とするが、給付水準は低く保険制度相互間に格差があった。このような状況のなかで、社会保障制度審議会は1962（昭和37）年に「社会保障制度の総合調整に関する基本方策についての答申および社会保障制度の推進に関する勧告」で、1950年勧告以降の諸問題を再検討し、制度拡充の具体策を提起した。1960年代の高度経済成長の影響で、社会保険の給付水準も次第に拡充していった。国民健康保険の療養の給付は5割給付であったが、1963（昭和38）年に世帯主について、1968（昭和43）年に世帯員について保険給付を7割に引き上げた。1973（昭和48）年に、健康保険の被扶養者給付を5割から7割へ引き上げ、高額療養費制度が創設された。1974（昭和49）年には、老人福祉法の改正によって老人医療費無料制度がつくられた。

厚生年金の給付水準は1965（昭和40）年に1万円年金、1969（昭和44）年に2万円年金、1973（昭和48）年に5万円年金、1976（昭和51）年に9万円年金と引き上げられ、1973（昭和48）年には物価の上昇に応じて年金額を引き上げる物

価スライド制が導入された。

　労働保険では、1960（昭和35）年に障害補償に年金給付が導入され、1965（昭和40）年に遺族補償にも年金給付が採用された。労災補償は労基法の災害補償から次第に乖離し、労災保険は社会保障化の性格を強めていった。労災保険の適用対象も拡大され、1960（昭和35）年に１人親方の特別加入が認められ、1969（昭和44）年には５人未満事業所も強制適用とした。1973（昭和48）年には通勤災害を労災保険給付の対象とし、1976（昭和51）年には給付水準を改善するとともに、労働福祉事業を創設した。

　失業保険法は、1974（昭和49）年に廃止され、新たに雇用保険法が制定された。雇用保険は失業保険の消極的失業政策から、求職者給付、就職支援給付、雇用安定等４事業などによる積極的雇用政策に転換した。

2　日本型社会保険の法政策的諸原則

1　皆保険・皆年金体制＝日本型社会保険の原型的モデル

　社会保険の制度設計は国よって同一ではない。社会保険の母国ドイツのように、労働保険を中心としたビスマルク・モデルもあれば、国民保険を中心に据えたイギリスのベヴァリッジ・モデルもある。ビスマルク・モデルでは被用者を中心に社会保険を制度化する。日本も被用者保険をとる点でビスマルク型に似ているが、皆保険・皆年金体制で自営者等を含む全国民を原則的に社会保険に強制加入させるところに、日本型社会保険の独自性がある。また、イギリス社会保障は、社会保障を経済的保障として構成し、医療は社会保障の前提条件と位置づけて、無拠出制（税方式）の国民保健サービス（NHS）で医療給付を行う。社会保険方式と税方式の違いはあるが、医療給付の普遍性は、理念的にはわが国の皆保険と共通する。所得保障は国民保険で普遍的・包括的にすべての国民を対象とするのがベヴァリッジ・モデルであるが、わが国では被用者年金と非被用者年金の２本建てであり、さらに被用者年金は職域ごとに保険制度が異なるので、ビスマルク・モデルに近い。

　1960年前後の時期に成立した皆保険・皆年金体制は、戦後のわが国社会保険

制度形成の一応の到達点であり、今日に至る出発点であると言う意味で、日本型社会保険の原型モデルである。国民を平等に社会保険で生活の安定を企図する皆保険・皆年金体制は、理念的には卓越しているが、理念とそれを現実化した諸制度との間に大きな落差があり、様々な矛盾を内包していた。その矛盾が高度経済成長を経て、安定成長（低成長）と急激な少子高齢化の厳しい環境にさらされ、日本型社会保険が変容を迫られながら21世紀初頭に至っている。

2　皆保険・皆年金体制と社会保険政策の諸原則

(1)　**被用者保険と非被用者保険**　日本型社会保険の制度設計は正規・常用労働者を中心に被用者保険を組織し、自営者層や非正規・非常用労働者を非被用者保険に包摂した。連帯の基礎を労働者と地域住民に求め、労働者の連帯を正規・常用に制限し、非正規労働者を地域住民の連帯に委ねる政策であった。被用者保険と非被用者保険の間にも格差があるが、被用者保険の間でも、民間労働者と公務員、民間でも大企業労働者と中小零細企業労働者のそれぞれの間に多様な重層的格差がある。格差は給付水準、保険料等の費用負担などに典型的に現れる。所得階層ごとに異なる多数の保険集団の設立は、社会保険のリスク分散機能および連帯と所得再分配機能を脆弱化させる。所得水準の低い層を組織する非被用者保険の財政は赤字構造となり、国庫負担（税）の増額が不可避となる。[6]

(2)　**強制加入と任意加入**　強制加入原則は皆保険・皆年金政策に不可欠である。しかし被用者保険の強制加入対象は正規（常用）労働者で、非正規労働者（非常用労働者）は加入を強制されず、むしろ排除され被用者保険の連帯の対象とされない。任意団体であれば加入資格も団体自治に委ねられるが、社会保険政策として被保険者資格を法定するので、構造的赤字体質は保険者の運営責任というよりも社会保険政策主体である国の立法による制度設計の当否の問題である。任意加入は保険制度からの排除であり、たとえば国民年金では専業主婦や学生の多くが、無年金となる危険を内包していた。

労災保険や失業保険でも、先述したように、任意適用を残しており、労働保険で保護されず放置される労働者を生み出した。

(3) **被扶養者（家族）の地位**　家族は被用者医療保険では被保険者の被扶養者として保険給付を受ける。沿革的に労働者保護立法であった健康保険では、給付対象を家族に拡大し、戦後の社会保障の下でもそれが踏襲された。国民健康保険では世帯員も「被保険者」であるが、世帯主が保険料の支払い義務を負い、実質上世帯単位で扱われる。社会保険における家族の扱いは、社会における家族の実態が反映されるところに、生活保障としての社会保障の特性がある。[7] 家族形態の変容が、社会保険の被扶養家族の扱いにも変化をもたらす（たとえば、3号被保険者問題、老齢厚生年金等の分割など）。

(4) **保険事故の包括性**　保険事故は傷病、障害、老齢、死亡（遺族・母子・準母子）、労災、失業など伝統的な保険事故（リスク）が法定された。これらの保険事故は当時の1952（昭和27）年 ILO 社会保障（最低基準）条約（第102号）の水準を満たしている。保険事故は社会保険の定型性から限定的・固定的に把握されがちである。[8] 社会経済環境の変動と人々の生活実態の変化により社会保険で保障すべき事故の種類も態様も変化するので、保険事故は社会変動による社会的ニーズの変化に柔軟に対応して見直し、改善していく必要がある。

(5) **給付の水準**　医療給付水準は理念的には医療ニーズを充足する「必要な医療」ないし「最適医療」である。[9] 皆保険の理念は給付面で特徴的であり、「限りなく統一化ないし一元化の方向」を目指した。[10] 療養の給付は現物給付を基本とし、その費用は保険給付と一部自己負担で賄われるが、医療サービスの実質的内容は厚生（労働）大臣の定める療養担当規則と社会保険診療報酬基準・薬価基準に左右される。

　所得保障給付は法政策として「従前所得」の保障が一応の前提にされており、傷病手当金が標準報酬日額の6割（政管健保）とされ、失業保険給付の賃金基礎日額が6割であったことにも表れている。所得保障の中心の年金制度も政策理念は同様であったが、最低生活保障水準の制度化はなかった。その要因として生活保護法が最低生活を担保していれば、他の制度は最低生活に満たなくても憲法25条違反にはならないとの理解が政策主体にあったのではないかと推測される。[11]

(6) **保険料の労使折半と定額保険料**　被用者保険の保険料は定率の応能負担

で、かつ労使折半が原則である。非被用者保険の保険料は、国民健康保険が応能負担と応益負担の組み合わせによる複雑な方式で決定され、国民年金は定額保険料で完全な応益負担である。応益負担は逆進的に機能し低所得者には負担が過酷になりうる[12]。保険料の減免制度はあるが、必要な医療が受けられない事態が生じうるし、年金では免除によって年金給付額が減少する。社会保障としての社会保険のジレンマである。

被用者保険の保険料の使用者負担は、労働者保護法の沿革に由来するが、社会保険の構造が変化するに伴い、改めて社会的合意が得られる労使拠出の根拠を構築する必要がある。

3　皆保険・皆年金体制の展開

1　社会保障再編期の社会保険の展開（1980年代～2000年代まで）

少子高齢化の急激な進展、経済の高度成長の終焉と低成長への移行、雇用構造の変化など、わが国の社会経済的状況の激変に伴い、皆保険・皆年金体制の原初形態が変容を迫られるのが1980年代以降である。1982（昭和57）年老人保健法による高齢者医療、1985（昭和60）年の年金法改正による基礎年金制度の導入、1997（平成9）年介護保険法制定と2005（平成17）年同法改正、2006（平成18）年高齢者医療制度の創設などの社会保障改革は、皆保険・皆年金体制の原型に修正を加えざるをえなかった。

2　老人保健制度の創設

(1) **高齢社会の進展と老人保健法の制定**　皆保険体制は被用者医療保険と非被用者保険の国民健康保険を基本枠組みとして各種医療保険が分立し、保険集団は5000を超える。保険集団の規模の違いは市町村国保に集約的に表れる。市町村国保の被保険者は自営業者、非正規労働者、退職高齢者、失業者、無業者など、相対的に所得水準が低く、しかも罹病率の高い高齢者を他の保険集団よりも多く含むので、保険財政の収支バランスは期待できない。国保の財政的逼迫は医療保険の制度設計に起因する構造的なものである。

1973（昭和48）年から実施された老人福祉法による老人医療費支給制度（いわゆる老人医療の無料化）は、市町村に高齢者の療養の給付の一部自己負担を一般会計で負担させ、その上、保険者として国保財政の赤字補填を事実上負担させた。そのために、市町村は二重の財政負担に苦しんだ。しかも高齢化の進展による高齢被保険者数の増加と医療の高度化は、老人医療費を右肩上がりに上昇させ国保を直撃し国保財政をいっそう悪化させた。

　各医療保険の保険集団ごとに財政を独立させ、自己完結的ないし独立採算型で高齢者医療を賄うのが困難になった。医療ニーズの高い高齢者が多く所属する国保と現役世代の被保険者で組織する被用者保険とでは、年齢リスク構造の観点からみると不公平感は否めない。国にとっても国保財政の逼迫は、国の国保財政への支援（補助）を増大させるので、行財政改革の観点からも高齢者医療問題に取り組まざるを得ず、1982（昭和57）年、老人保健法が制定された。

　(2)　**老人保健法の内容**　　老人保健事業のうち、医療は医療保険に加入する70歳以上の高齢者を対象とし、実施主体は市町村で、治療中心の給付であった従来の保険医療と異なり、包括医療（予防・治療・リハビリテーション）を行う。医療以外の保健事業（予防と疾病の早期発見の検診や健康教育・相談など）は40歳以上を対象とする。包括医療は画期的な改革であったが、法改正の主要な目的は高齢者医療の財政問題、すなわち、老人医療の有料化（一部自己負担の導入）と老人保健医療の財政面の改革にあり、後者が制度改正の最大の眼目であった。老人保健医療費の負担は公費3割（国2割、都道府県1.5割、市町村1.5割）で、7割を各医療保険が老人医療費拠出金として共同負担する。

　(3)　**老人保健医療の財政調整**　　各医療保険者の老人保健医療への拠出金は各医療保険に加入する高齢者数に応じて負担割合を算定する。医療保険全体の加入高齢者数の平均を超える高齢者の加入する保険者は拠出せず、平均以下の高齢者数が加入する保険者が平均以下の割合に応じて拠出し、平均以上の高齢者数の加入する医療保険が配分を受ける。この方式の特徴は、老人保健医療給付費の7割を各医療保険が制度枠を超えて、医療保険全体で共同負担するところにある。社会保険は各保険集団ごとに独立採算で運営するのが原則であり、社会保険の制度枠を超えて保険者相互が負担の調整をする財政調整システムは、

伝統的な社会保険概念の想定外である[13]。そのような財政調整の法制化は、皆保険・皆年金体制の変容の始まりであった[14]。

　財政調整の必要な要因は、皆保険の制度設計上の不備にあった。一方で被用者保険が現役世代の賃金労働者を被保険者として保険集団を組織し、特に健康保険組合は黒字を累積した。他方で市町村国保は高齢者が多く、かつ相対的に所得水準の低い階層を保険集団に組織し、形式上は社会保険だがリスク分散と所得再配分機能が働かない。保険原理を軽視し社会的扶養原理を重視して制度を設計したので、保険者は赤字構造をコントロールできない。問題解決の選択肢のなかから、制度枠を超えた財政調整がとられ、各医療保険者間の財政負担の「衡平化」を企図したのであった[15]。老人保健医療は国民皆保険の変容ではあるが、原理的には皆保険体制の範疇にある[16]。

3　退職者医療制度と財政調整

　1984（昭和59）年に国民年金法等を改正し、国民年金に退職者医療制度を創設し、高齢退職者（老齢年金受給資格者）は退職者被保険者として、国保の一般被保険者より有利な給付（本人8割給付、家族入院8割給付）に引き上げる。そして、その給付費用は退職者の国保保険料と被用者保険の拠出する療養給付費拠出金で負担される。財政調整機能の側面では老人保健拠出金と同様であるが、被用者保険が退職被保険者とその被扶養者の医療給付費用を負担するので、各医療保険の全体で年齢リスク調整を行う老人保健拠出金とはその性格が基本的に異なる[17]。

4　基礎年金の創設と財政調整

　(1) **1985年国民年金法等改正**　　1985（昭和60）年に国民年金法等が改正され、20歳以上60歳未満の者は被用者も含めてすべて国民年金に加入することになった。国民年金が共通の基礎年金（1階部分）を給付し、被用者年金は報酬比例年金として上乗せ給付（2階部分）をする仕組みに変更した。船員年金は厚生年金に吸収統合した。

　この年金改革の目的は、高齢化の進展と年金財政の逼迫を展望して年金制度

の運営を安定化させることにあった。改正では専業主婦の強制加入による女性の年金権の確立、障害福祉年金の障害基礎年金への統合、20歳前障害者への20歳からの障害基礎年金の支給など、大きな改善もあった。しかし改正の主要な目的は給付と負担の見直しにより、国民年金財政の危機的状況を打開することにあった。旧国民年金の被保険者は、保険料の免除者や未納者が多く、旧制度の最後の1985（昭和60）年度では免除者261.2万人（被保険者の14.8％）であり、保険料の未納率は10.3％であった。[18] 被保険者の保険料を主たる財源とする社会保険としては厳しい財政状況であった。

(2) **基礎年金拠出金と財政調整**　基礎年金の財源は、(a)第1号被保険者の保険料（定額）、(b)基礎年金拠出金（被用者年金の保険者による第2号被保険者と第3号被保険者の保険料）、(c)国庫負担金（基礎年金給付額の3分の1）である。法改正のあった1985（昭和60）年度では、旧国民年金の保険料収入は、約1兆5819億円、年金給付額は2兆7954億円であり、国庫負担約9318億円を控除しても、単年度の保険料収入で年金給付を賄えない。[19] 年金給付は当該年度の保険料収入だけで賄うのではないが、赤字は年々累積していくので、旧国民年金の財政構造は改善の見込みのない状態であった。

他方、旧厚生年金の1985（昭和60）年度の保険料収入は、約7兆5053億円、保険給付額は約6兆2274億円で、国庫負担の約9135億円を控除すると、当該年度の保険給付を保険料収入で賄ってなお約2兆円の余剰が出る。[20]

旧国民年金の財政的苦境を打開するため、財政調整の方策として基礎年金制度を導入し、公的年金制度の部分的統合を図った。基礎年金制度が実施された1986（昭和61）年度では、新国民年金の保険料収入と新厚生年金の基礎年金拠出金の合計は約4兆1542億円で、新国民年金給付額（基礎年金給付額と旧拠出制年金給付額の合算額）から国庫負担を除いた額は約2兆3843億円超である。旧国民年金の時代には2兆円近い赤字（1985年度）であったが、基礎年金制度を開始した1986年度では約2兆円弱の黒字である。[21] 基礎年金制度による財政調整の効果は極めて大きい。

被用者年金の基礎年金拠出金は、老人医療等拠出金と異なり、別な社会保険制度からの援助金ではない。基礎年金部分で各被用者年金と国民年金が統合さ

れ1つの制度を構成したので、形式的には財政調整ではない。しかし、赤字保険と黒字保険を部分的に結合させて、実質的には被用者年金が国民年金の赤字を補填し支える機能を果たす。その効果は上記の基礎年金実施前後の国民年金の収支の変化を比較すれば、明らかである。基礎年金制度の経済的機能は財政調整システムそのものである[22]。しかも複数の社会保険を別の保険制度として独立性を保持させながら部分的に統合するので、老人保健医療とは異なる財政調整方式である。これも日本型社会保険の変容形態のひとつである。

(3) **3号被保険者と財政調整** 1985年改正国民年金法は第3号被保険者制度を創設し、その保険料を被用者年金の保険者が基礎年金拠出金として負担することにした。その政策目的は、被扶養配偶者には所得がないので、保険料を被用者年金の保険者が負担することで女性の年金権保障を実質化し、無年金者の増大を防止することにあった。3号被保険者制度は給付面では個人単位としたが、負担面（保険料）では、世帯単位として扱う労働者保護法の沿革の残滓、換言すれば「企業の労務管理的性格の反映」と見ることができようか[23]。また、財政調整の実際的効果からいえば、3号被保険者は1000万人を超えたので、その保険料相当分の基礎年金拠出金は財政調整の効果をより高めることにもなった。しかし3号被保険者の保険料問題は公平性をめぐり、今日までその当否が大きな論争点となっている。

5 介護保険と財政調整

(1) **介護サービスの社会保険化** わが国の急激な高齢化の進展に伴って急増する要介護高齢者の介護問題に対処するために、1997（平成9）年介護保険法が制定され、2000（平成12）年から実施された。介護保険は被保険者を65歳以上の者（第1号）と40歳以上65歳未満の者（第2号）とし、保険者を市町村とした（一部組合、広域連合でもよい）。介護サービスの社会保険化は、従来の福祉制度に大きな変革をもたらしたが、その政策目的は次の点を指摘できる。(i)介護サービスの財源確保、(ii)措置（公費負担）によるサービス供給から契約利用への転換による利用者のサービス選択権の保障、(iii)サービス供給量の拡大（サービス供給主体の多元化・規制緩和による介護サービスの市場化の促進）、(iv)医療と介護

の守備範囲の分担による医療費抑制、(v)施設生活から在宅生活への転換、などである。法施行後10年を経て、介護保険はまだ所期の目的を十分に果たしているとはいえないが、今後増大していく介護費用を調達する有効な方法であることは否めない。他方、さらなる高齢化の進展により高騰し続ける介護保険費用に対して、保険料の引き上げにも限界があり、2005（平成17）年には、介護保険法改正で予防を重視する方向を打ち出した。[24]

(2) **介護保険の費用**　介護保険の費用の制度設計は、保険給付費から利用者の一部負担金（1割）を除いた額の公費と保険料で50％ずつ負担し、公費は国25％（うち5％は市町村への調整交付金）都道府県と市町村が12.5％ずつ負担する。保険料は1号被保険者と2号被保険者の人口構成比で各枠が決められる（例：1号17％、2号33％）。1号被保険者の保険料は各保険者が徴収し、第2号被保険者の保険料は医療保険料に合算して徴収され、社会保険診療報酬支払基金に介護給付費納付金として一括納付される。被用者医療保険では、保険者が介護保険料率を定めて労使折半で負担し、保険者は2号被保険者とその被扶養配偶者の分を合算して支払基金に納付する。国民健康保険の保険者は、国保と同様に2号介護保険料を算定し、その半額を基金に納付し、残りの半額を国が負担する。

(3) **介護保険と財政調整**　介護保険の給付費用負担の特徴は2号被保険者の保険料が社会保険診療報酬支払基金に納入され、各保険者の介護給付費に応じて介護給付費交付金として配分される。2号被保険者の保険料は介護給付費の30数％で、1号被保険者の保険料の約2倍ほどである。2号被保険者は居住地域の介護保険に加入するが、その保険料は全国単位で年齢リスク構造調整に利用されるので、国民皆年金体制の社会保険論からみると大きな変容である。2号被保険者の保険料の労使折半もさらに被扶養配偶者の保険料を保険者が負担するのも、新たな根拠づけを要する変容である。

　介護保険は福祉サービスにとって一大変革であり、その影響は2000（平成12）年社会福祉構造改革による支援費支給制度、さらに2005（平成17）年障害者自立支援法の制定へと連動していった。しかし、2009（平成21）年9月成立の民主党連立内閣は、障害者権利条約の批准も視野に入れ自立支援法を廃止し、

障害者基本法の抜本改正、障がい者総合福祉法（仮称）および障害者差別禁止法などを制定するための検討を始めている。

6　高齢者医療制度と財政調整

2006（平成18）年、老人保健法の改正として、「高齢者の医療の確保に関する法律」が制定され、2008（平成20）年4月から実施された。同法により創設された後期高齢者医療制度は、保険者を都道府県単位の広域連合として、75歳以上の後期高齢者の医療を行う。後期高齢者は保険料を納付し、療養の給付には1割の一部自己負担がある。後期高齢者医療給付の費用は公費で約5割、各医療保険の保険者が拠出する後期高齢者支援金で約4割、残り1割を後期高齢者の保険料で賄う。後期高齢者医療制度は老人保健に近似するようであるが、国民皆保険体制から完全に逸脱すると評される[25]。

前期高齢者は各医療保険に加入して医療を受けるが、各医療保険で前期高齢者加入率が偏在するので、保険者相互の負担の平準化のため、各保険の前期高齢者の加入率が全国平均を下回る保険者が前期高齢者納付金を拠出し、上回る保険者は加入率に応じて、前期高齢者交付金を受ける。実際には前期高齢者の約8割が国保被保険者であるので、国保を援助する財政調整である。

後期高齢者支援金・前期高齢者交付金の財源は各医療保険において（特定）保険料として徴収するが、他の制度を支援する目的の保険料であるから、実質的には税の性格を有する。

7　日本型社会保険の転換期

社会保険制度は各保険集団で自己完結的に運営するのが本来の形であるが、日本型社会保険は保険原理が十全に機能するのが困難な制度設計であり、その歪みが少子高齢化、産業構造と経済の変動などの影響で拡大し、各保険制度の枠を超えた財政調整をせざるをえなくなったのである。財政調整の方式を時系列的にみると(i)老人保健医療費拠出金型、(ii)退職者医療費拠出金型、(iii)基礎年金拠出金型、(iv)介護給付費交付金型、(v)後期高齢者支援金・前期高齢者交付金型となる。これらは多様な形態をとっているが、当初の消極的調整から、次第

に積極的な調整方式へ変化している。このような財政調整のシステムの変遷は、日本型社会保険の制度設計の矛盾が社会経済状況の変化に伴い増幅し、もはや消極的な財政調整では対応できなくなったことを示している。

したがって、社会保険の連帯の基盤である保険集団の規模・範囲、保険の管理運営（保険者自治と被保険者）、保険の事故と給付、保険の費用負担の在り方の再検討は、わが国の社会保険制度および社会保障の喫緊の課題である。未曾有の少子高齢化が進行している今日において、わが国は社会保障における社会保険の妥当性を再検討し、より望ましい日本型社会保険の再構築をめざす転換期に位置している。[26]

1) 戦後の社会保障制度の展開の時期区分については、荒木誠之『生活保障法理の展開』（法律文化社、1999年）32頁以下。
2) 厚生省20年史編集委員会編『厚生省20年史』（厚生問題研究会、1960年）280頁。
3) 佐口卓『日本社会保険制度史』（勁草書房、1977年）130頁以下。
4) 旧国法について、制定時から皆保険に至る国保法の形成と展開に即して、精密で深い洞察を加えた最近の研究に、新田秀樹『国民健康保険の保険者』（信山社、2009年）がある。
5) 厚生省20年史編集委員会編・前掲書（注2）508頁。
6) 近藤文二『社会保険』（岩波書店、1963年）387頁以下は、国民健康保険における国庫負担の増大は国保が「社会事業化」するとの危惧を指摘する。
7) 世帯概念の授益的側面と負担的側面の具体的分析の必要性を指摘する論稿として、木下秀雄「社会保障と家族」日本社会保障法学会編『講座社会保障法1　21世紀の社会保障法』（法律文化社、2001年）210頁。
8) 河野正輝「諸外国における社会保険改革と基本理念」熊本学園大学紀要・社会関係研究13巻2号（2008年）3頁は、社会保険改革を促す制度的要因の1つに保険事故の限定的・固定的把握を挙げる。
9) 堀勝洋「社会保障の給付」日本社会保障法学会編・前掲書（注7）133頁。
10) 倉田聡『社会保険の構造分析——社会保障における「連帯」のかたち』（北海道大学出版会、2009年）285頁。
11) 堀・前掲論文（注9）131頁。
12) 近藤・前掲書（注6）383頁は、貧困層ほど相対的に大きな保険料負担を強いられると指摘している。
13) 財政調整の定義については、西村健一郎『社会保障法』（有斐閣、2003年）145頁参照。
14) 阿部和光「社会保険の法的検討の意義」社会保障法21号（2006年）102頁。
15) 井原辰雄は現行の財政調整制度を各保険者のコントロールの及ばない被保険者の所得

格差、年齢リスクの調整、保険者間の財政負担の衡平化に資すると評する。井原『医療保険の法政策』（福村出版、2009年）59頁。
16) 倉田・前掲書（注10）289頁以下。
17) 江口隆裕『社会保障の基本原理を考える』（有斐閣、1996年）76頁。
18) 『昭和62年保険と年金の動向』（厚生統計協会、1987年）169頁・表2、170頁・表4参照。
19) 以下の国民年金の保険料収納状況および年金給付状況については前掲書（注18）170頁・表3、171頁・表5参照。
20) 1985（昭和60）年度の厚生年金の収支状況は、前掲書（注18）178頁・表18参照。
21) 1986（昭和61）年度の国民年金の収支状況は、前掲書（注18）170頁・表3、171頁・表5および表6参照。
22) 西村・前掲書（注13）147頁。
23) 江口隆裕はこの問題を年金における給付と負担を世帯として総合的一体的に捉える制度と解している。江口『変貌する世界と日本の年金——年金の基本原理から考える』（法律文化社、2008年）28頁。
24) 伊藤周平『介護保険法と権利保障』（法律文化社、2008年）は介護保険法の制定・施行から5年後の改正まで、多面的に精力的に問題点を指摘する。
25) 倉田・前掲書（注10）291頁。
26) 社会保険を含めて、今後の社会保障の方向性を提言する労作に、駒村康平・菊池馨実編『希望の社会保障改革』（旬報社、2009年）がある。

II 社会保険改革と新しい法理の展開

第3章 社会保険の適用範囲（権利主体）

阿部　和光

1　日本型社会保険と人的適用範囲

1　人的適用範囲の意義

　社会保険の人的適用範囲は、狭義には被保険者であるが、広義ではそれ以外に保険給付の対象となる被扶養家族(遺族)も含まれる。社会保障の法主体は「生活主体としての国民」であるが、「生活手段の局面」(職業など)ではなく、「生活維持主体という側面で人間像をとらえる」[1]。社会保障は人々が生活を維持できない要保障ニーズが生じたときに、社会的給付を行う制度であるが、その給付の手段として社会保険を基本にするのが、日本型社会保険＝皆保険・皆年金体制である。

　社会保険は強制適用を原則とするが、その目的として任意加入では事故発生の危険性の高い者のみが保険に加入する逆選択の防止が挙げられる[2]。皆保険・皆年金体制の下で、強制加入によって職種、居住地、年齢などで被保険者資格が法定され、加入すべき保険団体を被保険者が選択できないし、加入後に保険給付や負担も被保険者の意思で左右できない。人々は社会保障の実現のために社会保険に加入を強制されるので、第1に、社会保険は被保険者にとって強制加入に値する制度であること、第2に、被保険者資格で差別的に扱われないこと、第3に、保険給付により要保障ニーズがカバーされ生活維持が可能な給付水準であること、などが必要である。

2 被用者保険の被保険者資格

　強制適用の対象となる被保険者について、健康保険法は、「適用事業所に使用される者」（健保3条1項）、厚生年金保険法は「適用事業所に使用される70歳未満の者」（厚年9条）と規定する。「使用される者」とは、労基法上の労働者と同様に使用従属関係にある労働者と解されている。そして、臨時的雇用者（日々雇用や雇用期間が2カ月以内の雇用者、4カ月未満の季節雇用者など）は強制適用から除外する（健保3条1項2号～5号、厚年12条2号～5号）。このような適用関係規定の下で、行政実務は、一方で適用範囲を「非」労働者に拡張し、他方では労基法上の労働者ではあるが法の文言を縮小する解釈・運用をしてきた。前者は法人の代表者等であり、後者は非正規労働者の扱いである。

　前者の法人の代表者は労基法上は非労働者（委任契約）であるが、法人との関係では「使用される者」と解して、労基法上の使用従属関係を緩和し、「非従属関係にある者」にも健保法・厚生年金法等の被用者保険の被保険者資格を認める。それは労働法と異なる社会保障法の性質として位置づけられてきた[3]。

　後者の非正規労働者については、労基法上の労働者であるが法律で適用除外し、さらに行政実務の扱いで法の文言を超えて適用除外を拡大して運用する。1980（昭和55）年に厚生省保険局・社会保険庁は都道府県宛文書（いわゆる「内かん」）で、適用対象とする短時間労働者の範囲の基準を明示した。内かんは「常用的使用関係」の有無は、パート労働者の労働日数、労働時間、就労形態、職務内容等を総合的に勘案して認定することとし、1日または1週の所定労働時間および1月の所定労働日数が当該事業所の同種業務の「通常の就労者」の概ね4分の3以上であることを原則とした。以来、実務の取扱はこの内かんの認定基準で判断してきた[4]。

　労災保険は農林水産事業の一部を任意適用とする以外は、アルバイトなど臨時雇用労働者を1人でも使用する事業場には強制適用される。労働保険のもう1つの制度である雇用保険は、被保険者資格として年齢、労働時間、雇用期間の要件を設けて、雇用労働者を適用除外する（雇保6条1項、1項の2、3項、38条の2）。

3 人的適用範囲の問題点

わが国社会保障は社会保険中心主義をとり、医療保険と年金保険の分野で、「誰もが加入できる制度」を実現した。労働保護立法の一環として歴史的に先行して発展した被用者保険を社会保障の中核に編入し、被用者保険でカバーできない「者」の受け皿を非被用者保険（国民健康保険、国民年金）にすることによって、迅速かつ簡便に皆保険・皆年金を実現した。家に喩えれば、「建て増し」方式の増築であり、その結果、日本型社会保険制度は細部に多くの欠陥を残しており、それが時の経過と社会経済的変動に伴い典型的には次のような欠陥が顕在化してきた。

①被用者保険も各領域（医療、年金）ごとに多数の保険団体を組織したので、当然制度間格差が生まれる。国民健康保険では市町村（基礎自治体）が保険者であるため、負担（保険料）と給付の両方で地域間格差が生じる。

②被用者保険は正規労働者中心に保険集団を組織し、非正規労働者の多くが法律上、さらに行政実務の運用上、被用者保険から適用を除外される。

③被扶養配偶者は被用者医療保険では、被保険者の家族療養費給付の対象である。被用者年金保険では加給年金によって世帯単位で経済的に保障されるが、国民年金では当初任意加入であったので被扶養配偶者が中高年で離婚すると無年金となった。また20歳となった学生も任意加入であったため、学生障害者無年金問題が発生した。[5] 前者については1985（昭和60）年法改正で、後者は2001（平成3）年法改正で改善されたが、任意加入制のもたらした不利益が完全に払拭されてはいない。

④外国人について、戦後の被用者保険は国籍条項を設けなかったので、外国人も被用者保険の被保険者資格を認められた。しかし国民年金は国籍条項を設け、国民健康保険も被保険者を基礎自治体の住民とするため、一定の制限があった。外国人は非正規労働者であることが多く、被用者保険の適用を除外されると国民年金や国民健康保険の適用が制限され、内国人とは異なり構造的に無年金にならざるを得なかった。

2 日本型社会保険の展開と人的適用範囲

1 医療保険の展開と被保険者

　医療保険の制度的枠組みの大きな変更は、1972（昭和47）年老人福祉法改正による高齢者医療の無料化を経て、1982（昭和57）年老人保健法を制定したことに始まる。老人医療を別枠として、前者は高齢者の医療給付の自己負担分を市町村が一般財源で負担し、後者は一部自己負担を復活させ、高齢者医療費を各医療保険で共同負担する財政調整を導入した（老人保健医療費拠出金等）。これは各医療保険の高齢者加入割合に大きな違いがあり、そのため医療費負担に著しい格差が生じ不公平であるとして、各保険者が高齢者の加入割合に応じて高齢者医療費を負担し公平を図る財政調整であった。

　老人保健制度は老人保健医療の利用資格を70歳以上の医療保険加入者としたので、医療保険の人的適用面では従来と変らなかった。

　その後、国民医療費は増大し続け、老人医療費拠出金は健康保険等被用者保険の財政を次第に圧迫し、従前の累積黒字を減少させ赤字に転化する健康保険組合が増加するに伴い、[6] 被用者保険の老人保健医療制度に対する不満が強くなった。2006（平成18）年に老人保健法に代って制定された高齢者医療確保法は2008（平成20）年４月から実施され、75歳以上の後期高齢者は各都道府県単位の広域連合を保険者とする制度に被保険者として加入し、保険料を負担し医療を受けたときに一部自己負担（１割）を支払うことになった。

　後期高齢者医療給付費は公費５割、各医療保険者の後期高齢者支援金４割、後期高齢者の保険料１割で負担する制度設計である。後期高齢者支援金の財源は65歳未満の各医療保険の被保険者から特定保険料として徴収するが、税の性格が強い負担金である。いわば後期高齢者医療を現役世代が連帯して負担するので、従来の保険者医療費拠出金による財政調整とは性格が異なる。現役世代の社会連帯的保険料の性格を有する。65歳以上75歳未満の前期高齢者については、医療保険に加入し、前期高齢者の加入率によって財政調整を行う。後期高齢者には保険料負担の困難な者も多く、2009（平成21）年９月に成立した民主

党連立政権は後期高齢者医療制度の廃止を含めて検討課題としている[7]。

2　公的年金の展開と被保険者

1985年法改正は皆年金体制実施時からの職域別縦割りの年金制度を、二階建ての年金構造に変更した。国民年金の被保険者は3種類あり、第1号被保険者は20歳以上60歳未満の2号、3号被保険者を除く者である。第2号被保険者は厚生年金、共済組合の加入者で、第3号被保険者は2号被保険者の被扶養配偶者である。この改正によって、被用者の被扶養配偶者の無年金問題も、制度上は解消し基礎年金を取得できるようになり女性の年金権も最低限の確立をみた。

この年金制度改革は日本型社会保険モデルの大変革であった。改正の狙いは年金給付水準の抑制と保険料の段階的引き上げであった。同時に低所得階層が多い自営者・非正規労働者などを被保険者とする旧国民年金が、未納者・未加入者の増加で国民年金の空洞化＝年金財源の危機に陥っていたので、被用者年金の基礎年金拠出金で補填することにあった。被用者年金と国民年金を基礎年金で部分的に統合して、確実に保険料を徴収できる被用者年金が基礎年金拠出金によって援助するので実質的な財政調整である。

3　パート労働者への被用者保険適用拡大の試み

パート労働者の増大は「労働者」を被用者保険の適用除外とすることに批判がたかまり、2007（平成19）年通常国会に自公連立政権（当時）は「被用者年金制度の一元化を図るために厚生年金等の一部を改正する法律案」を提出した。改正案が新たに被用者保険の適用対象としたのは、通常の就労者の1週当たりの勤労時間の4分の3未満の者のうち、(i) 1週間の所定労働時間が20時間以上で、(ii) 1年以上の継続就労の見込みがあり、(iii)標準報酬月額の最低ランクの9万8千円以上の者であった。しかしパート労働者は労働時間が短時間であっても労働者性があり、「常用」と「(短)時間」とは、概念が両立しうることを看過していること、非正規労働者を被用者保険から排除している今日的課題を解決するにはほど遠い改正案であった[8]。ちなみに、この改正案は衆議院で継続審議となったまま、自公連立から民主党連立政権へ移行した。

3 被保険者資格とジェンダー問題

1 被用者保険と女性
　パート労働者を含む非正規労働者の割合は女性が多いので、社会保険にも基底的には男女の雇用差別が影響する。非正規労働者が被用者保険の適用除外となることも、女性労働者への影響が大きい。被用者年金が女性労働者に適用されても、男女間の賃金格差は年金の給付水準に反映するので、根本的な解決には男女の雇用差別の解消が必要である。離婚時の夫の被用者年金の分割は夫婦間の平等を図るにとどまるもので、年金における男女間差別がすべて解決されるものではない。

2 第3号被保険者の問題
　ジェンダーの視点から論争されるのは、国民年金の第3号被保険者問題である。3号被保険者の国民年金の保険料は、被用者保険の保険者が2号被保険者と一括して、基礎年金拠出金として国民年金会計に納付する。3号被保険者が自分自身の保険料を負担しないので、共働き家庭の妻である2号被保険者や自営業者の妻である1号被保険者と比較して不平等ではないか、との批判が生じている。[9]しかし3号被保険者が保険料負担を免責されているのは、法的レベル（憲法14条違反となるという意味で）では不平等ではない。被用者保険の保険者が3号被保険者の保険料を負担することは、他の被保険者の保険料負担にも給付面でもまったく影響がない。女性の職場進出を阻害し、労働市場に対して年金は中立的な必要があるとの批判もあるが、必ずしもそのような因果関係があるとはいえないし、年金制度は労働市場に中立的であるべきだという法的根拠もない。[10]被用者保険の保険者が3号被保険者の保険料を負担するのは、2号被保険者の家族（配偶者）への援助（賃金の家族手当的性格）であり、被扶養配偶者の未納を防ぐ年金政策における選択肢の1つである。法的な問題は生じないが、年金制度は人々に不公平感を与えず、信頼され支持されることも必要条件であるから、年金制度の設計にあたり上記の批判も考慮されるべき重要な論点であ

る。

4 外国人の被保険者資格(社会保障の権利主体性)

1 外国人と被用者保険
　戦後の被用者保険は国籍条項を設けていない。労働保険にも法制上国籍条項はないが、入管法は外国人に単純労働を認めないため、在留資格がなくなり当該業務終了後は帰国しなければならないので、外国人には「失業」の概念がないと解されている。しかし現実には単純労働目的で入国し、滞在期間を超えて在留する「不法滞在外国人」は、失業をしても雇用保険が適用されないので、深刻な問題であると指摘されている[11]。定住外国人は社会の構成員であり、生活実態は内国人と同様であるから、「不法滞在」を理由に社会保険の適用を排除すべきではない。

2 外国人と国民健康保険・介護保険
　国民健康保険は憲法25条の具体化であることから「国民を対象とする」と解し、かつ地域住民の社会連帯意識にたつ地域保険であることを根拠に、例外的な場合以外は適用対象外にしていた。しかし1981(昭和56)年の難民条約の批准に伴い、1982(昭和57)年難民条約関係整備法によって社会保障法上の国籍条項を廃止した(ただし、生活保護法は国籍条項が廃止されなかった)。そのため、国民健康保険も介護保険も外国人に適用される。
　国民健康保険と介護保険は保険者を原則的には市区町村、被保険者を住民とする点で同様であり、外国人に対する適用は同じ扱いである。外国人登録を受けた外国人で1年以上居住したか、入国目的と生活実態から1年以上の滞在が認められる者には両法を適用する。しかし不法滞在者には適用しないのが行政上の扱いである。

3 外国人と国民年金
　国民年金法は制定当初から明文で国籍条項があったが、上述のように国連の

難民条約の締結に伴い国籍条項が撤廃された。しかし整備法附則5項は国籍条項廃止の効果を不遡及と規定し、定住外国人の過去の未加入期間の不利益は回復されなかった。そのため、障害（福祉）年金、老齢（福祉）年金をめぐり、国籍条項の違憲性・違法性を争う訴訟が発生している[12]。国籍条項の廃止によって、難民および定住外国人の年金権問題が、将来的にすべて解決したわけではない。難民や国籍条項の廃止により初めて国民年金が適用される定住外国人に、すでに要保障事故＝保険事故（老齢・障害）が発生している者や拠出期間を充足できない年齢の者に、拠出期間の短縮措置や無拠出年金（福祉年金）制度を用意しなければ、これらの者は将来に向かって老齢年金の受給の機会がない。1985年国民年金法の改正で、拠出制国民年金の実施時期（1961年4月）までの間に、国籍条項がなければ国民年金に加入できた期間を空期間として算入できる措置がとられた。一定の改善であるが十分ではない。形式的に国籍条項を廃止しただけでは、定住外国人に対しても（難民に対しても）実質的に内外人平等待遇、年金権・社会保障権が保障されたとはいえない。

　社会保障の法理においては「国籍の有無という形式的要件よりも共同体の一員として生活しているという社会経済的事実に着目して適用対象を画することが本来の姿である。つまり社会保障権の享有主体を国籍を有する者に限る根拠は理論的に見ても乏しい」のである[13]。同様に憲法学でも外国人の生活実態に即して生存権の享有主体性を肯定する見解が有力であり、今日の国際人権規約などの国際人権保障の水準および日本国憲法の国際協調主義（98条）からも、社会保障において内外人平等原則が制度設計と法の解釈・運用の基本ルールであることを再確認しなければならない[14]。

5　社会保険の被保険者資格と社会的排除

1　社会保険と社会的排除

　近年、「社会的排除」が重要な社会問題となっている。「社会的排除の主要な側面は、制度からの排除」である[15]。皆保険・皆年金体制は理念的にはすべての国民を制度に包摂（インクルージョン）し、貧困の予防が可能であるはずである。

しかし社会保険が積極的排除ないし消極的排除により制度に包摂（インクルージョン）しない者は、社会保険の貧困予防機能が及ばず、さらに貧困化・孤立化を深めていく。

社会保険の人的適用範囲については、本来、制度に包摂すべき者を適用除外により保険集団から排除した場合に、除外に対する十分な代替的保障システムがなければ、最終的には公的扶助の対象となる。そして最後のセイフティ・ネットの生活保護からも排除されると、究極の社会的孤立状態に放置される。

2　医療保険と社会的排除

非正規労働者の多くが被用者保険の適用を除外され、労働者でありながら非被用者保険を適用されている。非正規労働者の雇用の不安定は社会保険の被保険者資格にも反映し、労働者の保険制度からも排除される。皆保険を担保する受け皿である国民健康保険は、自営者、失業者、無業者、非正規労働者などの低所得層を多く含み、保険財政は赤字構造である。しかも保険料徴収手段として滞納者から被保険者証を返還させ、被保険者資格証明書を交付し事実上の無保険者を生み出している。社会保険の扶養原理よりも保険原理を優先させ、医療保障の目的・理念である健康保障を後退させ、低所得者の社会的排除をもたらす。子ども（中学生以下）と被爆者に対する無保険状態を放置できずに、短期被保険者証を交付する法改正をしたが本質的な解決ではない。

後期高齢者医療制度は高齢者集団のみで保険集団をつくっても、リスク分散機能が働かず社会保険として合理的な制度ではない。むしろリスクの高い後期高齢者を1つの集団にまとめ、高齢者医療費の高さを際立たせ、世代間の連帯を弱めることになり、後期高齢者の受診抑制と負担強化につながることが危惧される。後期高齢者医療制度も保険料滞納者に対する被保険者証の不交付＝資格証明書交付制度を設けており、保険料の滞納が事実上の無保険状態を生み出し、社会的排除を強めるおそれがある。

生活保護受給者は当初から、国民健康保険の適用を除外され、医療保険制度から排除されている（国保6条6項）。保険料負担能力がないことが根拠であるが、介護保険の1号被保険者は被保護者も被保険者とし、保険料は生活保護で

負担する。被保護者も次の理由から、介護保険と同じ方式で国民健康保険に包摂するのが望ましい。(i)医療は最低保障ではなく最適保障の制度であり、生活困窮かどうかとは関係なく等しく保障すべきである。(ii)生活保護医療では保護の要否判定や手続が煩雑で時間がかかるが、医療保険は被保険者証で迅速に医療が受けられる。(iii)生活保護による医療はスティグマを伴いがちで受診の抑制になりやすく、被保護者は社会的に排除されがちになる。

外国人に対する医療も改善されてきたが、依然として不法滞在者は医療保険から排除され、健康不安を抱え孤立し社会的に排除されている。

3 介護保険と社会的排除

介護保険の2号被保険者は加齢に起因する特定疾病以外の原因で障害状態になった場合には、介護保険を利用できない（介保7条3項2号）。介護保険料を負担しながら特定疾病以外の難病や交通事故などで障害状態になっても、介護保険を利用できない。介護保険に強制加入させられながら、事実上制度からの排除に等しく、制度設計として不合理である。

4 年金と社会的排除

老齢基礎年金など拠出制年金は、長期の保険料拠出期間の未充足、加入前に発生した事故（20歳前の障害者の障害基礎年金は例外）、保険料の未納・未加入などによって無年金者が生じやすい。こうした無年金者は公的年金が税方式であれば生じないので、拠出制年金の制度に内在する弱点である。拠出制年金には無拠出年金の併設、拠出期間の廃止や短縮など、弱点を補強するシステムが必要である。そうしなければ、拠出制年金は制度から排除される人々の発生を防止することができない。[16]

5 労災保険・雇用保険と社会的排除

労災保険はすべての労働者を適用対象とし包摂的であるのに対して、雇用保険は適用除外を定めているので、非正規労働者で加入を認められず制度から排除される者が生じる。さらに新規学卒の未就業者、家業を廃業した自営業者な

どのように、雇用保険未加入者は失業状態にあっても雇用保険の適用はない。また雇用保険の保険給付受給者も、失業が長期化すれば給付期間の終了により給付を打ち切られる。長期の失業に雇用保険は対応できず、その後は生活保護以外のセイフティ・ネットはない。しかし生活保護は労働能力があると保護行政による保護の要否判定は厳しく、失業者は社会保障から事実上排除される危険にさらされる。雇用保険と生活保護の谷間をカバーする制度（たとえば、無拠出の失業給付・失業扶助など）がないため、失業者は制度から排除され、孤立を深めていく。

6 外国人と社会的排除

1981（昭和56）年の難民条約の批准に伴い国籍条項が撤廃され、社会保険立法においても内外人平等待遇原則が法的な原則として確立した。しかし拠出制年金は過去の国籍条項による適用除外のもたらした不利益が解消されず、将来に向かって平等待遇原則の保障が実質的に確保されない。外国人は労働力としても生活主体としても社会の構成員であるから、拠出制年金の弱点を制度的に補完して、等しく社会保険および社会保障給付によって生活が保障され、社会的な排除ではなく包摂・統合をしなければならない。

6 社会保険の権利主体（人的適用範囲）からみた社会保険改革の方向性

戦後の日本型社会保険は皆保険・皆年金体制の下に、被用者保険と非被用者保険の二本立てで制度設計をした。非正規労働者の増大を契機として、この二本立ての社会保険の制度設計の矛盾が拡大してきた。被用者と自営者の社会保険制度は社会保障の理念からは、分離よりも統合の方向が相応しい。被用者と自営者を峻別し、多岐にわたる制度間格差は、社会構成員相互の連帯意識を弱める方向に機能する。財政調整と社会保険への公費の投入は、非被用者保険が被保険者の保険料のみでは運営できない実態を示している。社会保険のシステムは社会保障実現の手段であるから、その長所を生かし短所は保険原理を弱める修正措置を設けなければ、社会保険制度は保険原理によって社会的排除を合

理化する装置となり社会保障機能を低下させることになる。医療保険も年金保険も、リスク分散・調整のためには、全国単一の社会保険集団を形成するのが合理的かつ効率的である。管理運営面で都道府県レベルを単位にするのが合理的であっても、リスク調整・財政調整は全国レベルで行う必要がある。そうした改革を一挙に断行するのは、これまでの制度の既得権による利害が複雑に絡まり困難を伴い現実的ではない。しかし、今後の社会保険改革は将来的には統一的制度となる方向を見据えて、その着地点に近づくプロセスとして位置づけられる改革を実施していくことが望まれる。

1) 荒木誠之『社会保障の法的構造』(有斐閣、1983年) 67-68頁。
2) 西村健一郎『社会保障法』(有斐閣、2003年) 27頁、岩村正彦『社会保障法Ⅰ』(有斐閣、2001年) 42頁。
3) 広島高裁岡山支部判昭和38年9月30日高裁民集16巻7号514頁、清正寛「被用者保険法における被保険者概念の一考察」法学志林102巻2号 (2005年) 10頁以下、倉田聡『社会保険の構造分析――社会保障における「連帯」のかたち』(北海道大学出版会、2009年) 108頁以下。
4) 1980 (昭和55) 年6月6日付け厚生省保険局保健課長・社会保険庁医療保険部健康保険課長・同庁年金保険部厚生年金保険課長の連名の都道府県民生主管部 (局) 保険課 (部) 長宛の内かん、台豊「被用者保険法における短時間労働者の取扱について 1980年厚生省内かんに関する一考察」季刊社会保障研究38巻4号 (2003年) 308頁以下。
5) 田中明彦「国民年金制度の歴史的制度と学生無年金障害者訴訟 (1) (2)」賃金と社会保障1934号 (2005年) 4頁以下、1935号 (2005年) 18頁以下。
6) 赤字の健康保険組合数とその割合の変化は、次の通り。2005年472組合 (30.2%) →2006年502組合 (32.6%) →2007年680組合 (44.8%) →2008年1030組合 (68.8%) →2009年見込み1360 (91.6%)。健康保険組合連合会 http://www.kenporen.com/m_state/03.html#2
7) 民主党マニフェスト2009 (2009年7月27日) は、後期高齢者医療制度の廃止と医師の1.5倍増加を掲げている。
8) 阿部和光「パート労働者への厚生年金保険の適用拡大」季刊労働法218号 (2007年) 128頁以下、なお倉田・前掲書 (注3) 114頁以下。
9) 論点を整理したものに、竹中康之「公的年金と女性」『講座社会保障法2 所得保障法』(法律文化社、2001年) 142頁以下、堀勝洋『年金制度の再構築』(東洋経済新報社、1997年) 68頁以下。
10) 倉田聡「短期・断続的労働者の労働保険・社会保険」『講座21世紀の労働法2 労働市場の機構とルール』(有斐閣、2000年) 277頁。ただし、倉田は3号被保険者の正当化論は制度移行時のもので、労働市場の変化 (3号被保険者の減少など) によっても適用で

きる普遍性はないとする（同上280頁）。
11) 高藤昭『外国人と社会保障』（明石書店、2001年）107-108頁。
12) 塩見（第1次）訴訟・最一小判平元・3・2判時1363号68頁、塩見（第2次）訴訟・最三小判平13・3・13判自215号94頁、その後、在日コリアン無年金訴訟が京都、大阪、福岡で提起された。
13) 河野正輝『社会福祉の権利構造』（有斐閣、1991年）262頁。
14) 芦部信喜（高橋和之補訂）『憲法〔第3版〕』（岩波書店、2002年）91頁、佐藤孝治「憲法秩序と国際人権」『講座国際人権法1』（信山社、2006年）39頁。中井伊都子「国際人権規約における社会権の権利性」『講座国際人権法2』（信山社、2006年）416-417頁。
15) 岩田正美『社会的排除』（有斐閣、2008年）136頁以下、同「社会的排除と日本の社会福祉」社会福祉学50巻2号（2009年）89頁以下。
16) 2007（平成19）年4月段階で70歳までに保険料を納付しても25年の拠出期間を満たさず無年金となる者は、60歳未満で45万人、60歳–64歳で31万人、65歳以上で42万人（計118万人）いる。社会保険庁調査（公表資料）「無年金者数について」（平成19年12月12日）参照。

第4章 社会保険の給付事由

石田　道彦

1　給付事由の意義と課題

　いかなる事態を社会保険の給付事由とするかは、社会保障制度の構築期においてはきわめて重要な課題であった。労働者に生じた傷病、労働災害、死亡、老齢などの事態は、西欧諸国において社会保険立法の成立をうながし、わが国でもこれらの事態を給付事由とする社会保険立法が制定されることとなった。

　傷病・出産、障害、生計維持者の死亡、老齢、失業、労働災害、要介護などは、被保険者やその家族が何らかの給付を必要とする状態（要保障事由）であり、保険給付の支給の契機となる事態である[1]。社会経済的な環境の変化や社会保障制度の発展に対応して、社会保険の給付事由とその範囲にはさまざまな変化が生じることになった[2]。人口の高齢化や家族による扶養機能の縮小を背景に、介護保険法が制定され、要介護状態が新たな給付事由として位置づけられることになったことは、このような変化を示す一例である。

　本章の前半2では、社会保険の給付事由にみられるいくつかの共通の特性を確認した上で各給付事由とその変容を検討する。後半3では、現在進行しているさまざまな社会変動が社会保険の給付事由に与える影響について検討する。

2　社会保険の給付事由

1　給付事由の特性

　社会保険におけるいくつかの給付事由は共通の特性を有している。ここでは、偶発性、労働能力または生活能力の減退、社会的危険の範囲をとりあげる。

　(1) **偶発性**　社会保険は、被保険者が事前に保険料を拠出することにより共同で不測の事態に備える制度である。傷病、障害、生計維持者の死亡などの給付事由については、保険集団内において一定の確率でそのような事態が生じるという予測が成り立つと同時に、その発生が偶発的なものであることが求められる。ここで偶発的とは、その事態が人為的に引き起こされたものではなく、発生の時期について予測できないものであることを意味している。[3]

　給付事由発生の偶発性は保険制度を成り立たせる基本的な前提であるため、[4]これを脅かす行為に対しては厳格な対応がとられる。第1に問題となるのは給付事由が生じた後に（あるいはその可能性が具体化した後に）保険制度に加入する行為（いわゆる「逆選択」）である。もっとも、社会保険では一般に強制加入の仕組みがとられており、逆選択が生じる可能性は限定されている。[5]第2に問題となるのは、被保険者や受給資格者による故意の事故招致である。これを防止するため、社会保険各法は保険給付の支給停止等の措置を定めている（健保116条・117条、国年69条・70条・71条等）。

　(2) **労働能力または生活能力の減退・喪失**　傷病、障害、老齢などによる労働能力の減退・喪失は、労働者の収入を中断・減少させ、労働者とその家族の生活を困難にする。初期の社会保険は、これらの事態に遭遇した労働者とその家族の保護を目的としていた。このため、労働者のみを対象とした初期の立法では、保険給付の対象となる傷病や障害が労働能力の減退・喪失の観点から把握されることとなり、直接、労働能力に影響を及ぼさない疾病などに対しては保険給付が支給されることはなかった。[6]その後、国民健康保険法、国民年金法の制定により、社会保険の適用対象が被用者以外の者にまで拡大すると、生活能力の減退、喪失をもたらす事態についても保険給付が支給されることとなっ

た。こうした変化に対応して、被用者保険制度においても、被保険者の健康を保持、増進する上で必要があれば、労働能力の減退に結びつかない疾病も保険給付の対象に含めることとなった。

(3) **社会的危険の範囲**　傷病、障害、生計維持者の死亡などの事態は、労働者とその家族の経済的な安定をおびやかすだけでなく、社会全体に及ぼす影響が軽視できないものであるため、社会保険立法による保護が行われるようになったという経緯を有している（「社会的危険」）。社会保険立法の創設期には、労働者の経済的安定を重視し、自然災害や盗難、火災などによる物的損害についても給付の対象とすべきであるとの見解もみられた。しかしながら、保険給付は、労働者から強制的に徴収された保険料や事業主の拠出金、政府の負担金などを財源としていることから、社会保険立法による保護が及ぶべき範囲には一定の限界が存在するとの見解が当時から支配的であった。このため、私的責任の範囲にとどまると考えられる事態にまで給付事由を拡大させることは困難であると理解された。その後の社会保険立法の整備、展開にともない、各給付事由の範囲にはさまざまな変動がみられるようになったが、社会保険は個人の努力によって回避困難な人的損害を対象とし、自然災害などによる物的損害はその対象としないという基本的な枠組みは維持されている。

2　社会保険の各給付事由

(1) **負傷および疾病**　負傷および疾病（以下、傷病）は、専門的な医療サービスの提供を必要とする事態であるとともに、その療養のために特別の出費や収入の減少をもたらす事態である。このため、医療保険制度では、医療サービスの提供に関わる給付と労働不能に対する所得保障給付（傷病手当金）が支給されることとなった。

医療サービスの提供に関わる各種の給付（療養の給付等）は、傷病によって損なわれた生活能力の回復を目的としている。給付事由である傷病に関して法律上の定義はみられないが、「一般に医師又は歯科医師として診療の必要があると認められる疾病又は負傷」が生じた事態を指すと考えられる（療養担当規則12条）。このため、給付事由としての傷病の発生の有無は医師の判断に委ね

られている。

傷病による労働不能に対する所得保障給付として、被用者保険制度では傷病手当金が支給される。傷病手当金の給付事由は、傷病に起因して所得の停止を伴う労務不能状態であり（健保99条等）、保険者は支給の可否を被保険者の従前の労働状況をもとに判断する。このため、傷病が軽度であっても、従前の労務につくことができなければ労務不能と判断される場合がある。

なお、傷病と同様に医療サービスを必要とする事態として分娩・出産がある。正常な分娩・出産は傷病には該当しないため、療養の給付の対象から除外されている。しかしながら、分娩・出産は、傷病と同様に、医師の診療を必要とし、特別な出費を要する事態である。そこで、医療保険各法は、被保険者およびその被扶養者の分娩、出産に対して保険給付（出産育児一時金および出産手当金）を支給している。

(2) **障害** 年金給付の給付事由としての障害は、身体的、精神的な機能喪失のために日常生活に支障が生じた状態およびそれが原因で就業不能となった状態である。

諸外国の年金制度における障害の認定判断においては、①従前の職業への就業可能性、②一般的な労働市場における就業可能性、③身心機能の欠損の程度、という3つのアプローチが存在するとされている。[10] わが国の年金制度では③のアプローチ、すなわち、障害等級表に基づき、おもに身体的な欠損の程度によって就業不能を判断する方式が採用されている。この認定方式では、実際の稼得能力の喪失と関連づけられることなく、障害の程度が判断されることになる。このため、障害年金の受給者の中には、年金給付の支給を受けながら就労し、収入を得る者が存在する一方、身心機能の欠損の程度が軽度であると判断され、十分な所得保障がなされないまま、就労できない者が存在するとの問題点が指摘されている。[11]

(3) **死亡** 生計維持者である被保険者が死亡した場合に、公的年金制度から遺族（配偶者、子など）に対して所得保障給付として遺族年金が支給される。「生計維持者の死亡」は、男性を主な稼ぎ手とする家族モデルを前提としている。わが国の公的年金制度においても遺族年金の受給資格者は女性と子を中心に構

成されており、寡夫が遺族年金を受給する機会は限定されている。

先進諸国の年金制度では、女性の就業機会の拡大とともに遺族年金の給付対象や給付期間を縮小する傾向がみられる。わが国においても、若年の遺族（30歳未満の妻）については遺族厚生年金の支給期間を5年に限定するという形で、この傾向が具体化されることなった（厚年63条1項5号）。

(4) **老齢**　年金給付の給付事由である老齢は所定の年齢を超えた生存である。傷病のように突発的、偶発的な事態ではなく、その到来が予測可能な事態である。しかしながら、稼得能力を失った後、どの程度の期間にわたって生活費を必要とするかが予測できないという特質を有している。この長生きのリスクに対応するために、社会保険による対応が求められることになる[12]。

公的年金制度では加齢による稼得能力の減退を前提に所得保障給付を支給している。老齢による稼得能力の減退は高齢者に一律に生じるものではなく、職種や個人の能力によって大きな相違がある。それにもかかわらず、公的年金制度では、実際の稼得能力の減退を示す事態（退職）を給付の支給要件とするのではなく、一定年齢への到達に基づいて老齢年金の支給を開始するという仕組みをとった[13]。このような支給要件の設定は、定年制という社会経済上の仕組みの下で、大半の労働者は一定の年齢に到達すると職業生活から引退し、収入の減少が生じることを反映したものである。

老齢年金の支給開始要件が、実際の稼得能力の減退と直接関連づけられずに設定されたため、公的年金制度には次のような仕組みが取り入れられることとなった。第1に、国民年金では、老齢年金の繰り上げ、繰り下げ支給の制度が導入された。これは、個人が自らの状況に応じて年金給付の支給を調整する仕組みといえる。第2に、人口構造の変化や年金財政の状況に対応して支給開始年齢を一律に引き上げる余地が残されることとなった。わが国では、1994年の年金法改正により厚生年金の支給開始年齢が段階的に60歳から65歳に引上げる措置がとられた。

(5) **失業**　給付事由としての失業は、労働の意思と能力をもつにもかかわらず、雇用を通じて稼得を得ることができない状態である。このように社会経済的な要因に基づいて発生する側面が強いことから、失業は他の給付事由とは

異なる次のような特性を有している。第1に、社会保険の給付事由の大半は給付事由発生の偶発性を前提としているのに対して、雇用保険の給付事由である失業には、自己都合退職など被保険者の意思に基づく失業状態も含まれる。ただし、基本手当の支給にあたっては、受給資格者が離職しているだけでなく、労働の意思と能力を有することが求められる。受給資格者がこれらの条件を満たしているかを判断するために、公共職業安定所による失業の認定という手続が採用されている。

　第2に、労働者の失業という事態は、景気の変動という社会経済上の要因によって大きく変動する側面を有しており、他の保険制度にみられるように、一定の保険集団を基礎に事故の発生確率を予測することが困難である。このため、厚生労働大臣が一定の範囲内で機動的に保険料率の改定を行なう仕組みがとられている（労働保険徴収法12条）。

　(6) **業務災害・通勤災害**　　労災保険給付の給付事由は、業務上の負傷、疾病、障害又は死亡である。業務災害の認定は専門技術的な判断や認定の斉一性が求められるため、労働基準監督署が担当する。業務災害の認定では、業務起因性の有無に基づいて判断がなされる。この業務起因性については、認定処分の取消しを求めた行政訴訟において裁判所が独自の判断を行った事例がこれまでに数多く存在する。とりわけ、過重な労働に起因する脳血管・心臓疾患（いわゆる過労死）の業務起因性の判断に関しては、判決において従前の認定基準に基づく労働基準監督署の認定判断が覆されることとなり、行政の認定基準が数度にわたって見直されることなった。

　1973年の労災保険法改正により、労災保険の給付事由には通勤災害が加えられた。企業の都市集中、通勤の遠距離化などにより通勤途上災害が増加し、業務災害と同様の保護を労働者に与える必要性が高まったためである。また、同法の改正当時、すでに諸外国では通勤災害は業務上災害のひとつとして位置づけられており、通勤災害保護制度の創設はILO121号条約などの国際的動向に対応するという意義も有していた。その後、2006年の労災保険法改正では、就業形態の多様化、単身赴任者の増加に対応して、通勤災害の範囲について拡充が図られている。

(7) **介護**　家族による扶養機能の縮小や要介護期間の長期化などを背景に1997年に介護保険制度が創設され、社会保険の新たな給付事由として要介護状態が位置づけられることとなった。介護保険の給付事由は、加齢に伴って生ずる心身の変化に起因する疾病等による要介護状態とされており、介護保険給付の対象はおもに65歳以上の高齢者（第1号被保険者）である。

新たな給付事由としての要介護状態の設定は、従来、私的責任（家族扶養）の範囲に属すると考えられていた高齢者介護が新たな社会的危険として広く認識されるようになったことを示している。それと同時に、医療保険の給付事由の一部（療養）が傷病の概念から分離されて、新たな給付事由として位置づけられるようになったという側面も有している。

3　社会経済システムの変動と社会的リスク

1　新しい社会的リスクと社会保険

西欧諸国の社会保険立法は、男性の労働者が主な稼ぎ手となってその家族を扶養するモデルを想定し、こうした労働者が遭遇する不測の事態に対応することを念頭において構築されてきた[14]。そこでは、おもに男性労働者の所得を中断させる事態（失業、傷病、老齢、労働災害など）が社会保険給付の対象とされていた。わが国の社会保険制度もこうしたモデルに基づいて一定の展開を遂げたとみることができる。

ところが、こうしたモデルの社会経済的前提は、その後、大きく変化することになった。雇用は第三次産業を中心とした形態に移行するとともに、女性の就業率の向上、雇用・就業形態の多様化が進行した結果、伝統的な社会保険では十分に対応できない所得保障の必要性が生じることになった。職業生活と家事・育児との不調和による所得の低下、非正規労働がもたらす低賃金労働のリスク、ひとり親になるリスクなどである。これらは、老齢、傷病などの「古典的な」社会的リスクに対して新しい社会的リスクとよばれる[15]。こうしたリスクの大半は社会保険の給付事由としてとらえることが困難な事態であるため、社会保険以外の社会保障施策の対象として検討されることが多い。しかし、部分

的には社会保険による対応が試みられている。ここでは雇用保険の雇用継続給付を取り上げる。

60歳代前半の労働者が就業を維持する場合、退職などにより60歳を境に所得が低下する傾向があり、所得保障を図る必要が生じていた。また、育児休業、介護休業を取得した労働者についても所得保障の必要性が生じていた。雇用保険では、上記の事態について「失業に準じた状態」という新たな給付事由を設け、雇用継続給付による所得保障を行うこととした（雇保61条等）。同給付の創設は、これらの状態では労働機会の喪失は生じていないものの、そのまま放置すれば失業に結びつく可能性が高いとの判断に基づいている。これらの「失業に準じた状態」は、雇用を通じて所得を得た状態と、完全な失業状態、家族扶養（育児、介護）、職業生活からの引退（老齢年金）との中間に位置する事態として位置づけることができる。「失業に準じた状態」に対する保険給付は、従来の失業概念を拡大することにより、社会保険が新しい社会的リスクへの対応を試みた例といえる。

2 疾病・介護予防と社会保険

保健医療分野では以前から予防の重要性が説かれており、疾病予防のための諸施策は公衆衛生施策を通じて実施されてきた。社会保険は一定の明確性や定型性をもった事態を給付事由としてとらえてきたことから、社会保険による予防施策の実施には困難が伴うと考えられてきた。以上の理解の背景には、予防を必要とする事態を明確に規定することは困難であるとともに、こうした事態に対していったん保険給付の支給を開始すると給付範囲が無制限に拡大するという危惧があったと考えられる。

ところが、近年、医療保険、介護保険において予防的な施策が導入されるようになった。医療保険制度では、医療費適正化計画の一環として特定健診・特定保健指導が実施されることとなり（高齢医療20条・24条）、健保組合などの保険者に対して、40歳から74歳の医療保険加入者を対象とした特定健康診査と特定保健指導の実施が義務付けられることとなった。また、介護保険制度では、2005年の法改正により「新予防給付」が創設され、地域包括センターによる介

護予防事業が実施されることとなった。

　このように社会保険において予防が重視されるようになった背景には、医療費において高い割合を示す慢性疾患への対応が求められるようになったという事情がある。糖尿病や肥満症、高血圧症などの慢性疾患については、初期の段階で生活習慣の改善を行えば、重篤な症状への移行を防止することが可能である。また、被保険者の既往症や生活習慣を精査することによって、保険集団内で高いリスクをもつ者の存在をある程度特定することが可能となっている。現在のところ、これらの予防施策は保険者による保健事業の形式で実施されているが、労災保険における二次健康診断等給付のように、そのまま放置すれば更に深刻な事態となる可能性のある一定の事態を給付事由として保険給付を提供することも可能であろう。

3　子育て支援費用の社会保険化

　社会保険制度は、医療、年金などの社会保障財源を安定的に調達する手段として定着している。近年、このような社会保険の機能に着目し、育児費用や保育サービス費用など子育て支援給付の費用調達の仕組みとして社会保険制度を活用すべきであるとの見解が示されている[19]。しかしながら、強制加入、強制徴収の仕組みをとる社会保険では、保険集団の構成員相互に受益可能性のあることが制度を成立させる重要な条件となる。育児費用のように、偶発性を欠く事態に対する保険給付の支給は、負担と給付の関係を一方的なものとするため、保険集団の構成員に広く負担を求めることが困難となるであろう[20]。社会保険による子育て支援が有力な選択肢となり得なかった要因には、以上のような問題点があると考える。これに対しては、出産育児一時金や若年障害者に対する障害基礎年金のように、偶発性、相互性を欠く事態に対して保険給付を支給する例が現に存在するとの反論が予想される。しかしながら、これらの事態は、偶発的な給付事由（傷病や障害など）との近接性が高く、同一の保険給付で対処することについて社会的な合意が成立しやすい。出産や育児のように当事者の意思が強く介在する事態のみを給付事由とした社会保険制度の創設には、相当の困難があるといわざるを得ない。

1) 具体的な保険給付の支給の契機となる事態については、民間保険の用語法にならい「保険事故」の語を用いることが一般的である。岩村正彦『社会保障法Ⅰ』（弘文堂、2001年）56頁参照。ところが、現在の社会保険法制において保険給付の対象となる事態の中には、突発的・偶発的なニュアンスの強い「保険事故」の語になじまない事態が多く含まれるようになっている。本章では社会保険法の一部で採用されている「給付事由」の語を用いる（健保57・116条、介保21条等）。
2) 社会保障法におけるリスクの変容を検討した論考として、加藤智章「社会保障法とリスク」長谷部恭男編『リスク学入門3　法律からみたリスク』（岩波書店、2007年）121頁以下、樋口富男「社会保障の国際的動向と展望　事故概念の変遷について」石本忠義他編『社会保障の変容と展望』（勁草書房、1985年）33頁以下参照。
3) 『健康保険法の解釈と運用〔第11版〕』（法研、2003年）99頁参照。
4) 給付事由の発生に関して当事者の意思が介在する要素が強く、偶発性の低い事態（離婚による生計の喪失など）については、社会手当など社会保険以外の保障方法が選択されてきた。
5) 被用者保険制度では、逆選択を防止する趣旨に基づいて任意継続被保険者資格取得の申請期間は限定されている（健保37条等）。健康保険の日雇特例被保険者が保険給付の支給を受けようとする場合にも事前の保険料納付が求められる（健保129条以下）。
6) 疾病に関しては、黒子、白毛、多汗症、吃音などの例が挙げられている。前掲書（注3）450頁参照。
7) 前掲書（注3）698-699頁参照。1985年の基礎年金制度の創設により、障害厚生年金が障害基礎年金の上乗せ給付として再構成されたことから、障害厚生年金における障害等級1級及び2級は日常生活の制限の程度に着目した基準となった。これに対し、厚生年金保険の独自給付である3級の障害厚生年金では、労働能力の制限の度合に着目してその範囲が定められている。『厚生年金保険法解説』（法研、1996年）743-744頁参照。
8) Karl Pribram, "Social Insurance in Erurope and Social Security in the United States: A Comparative Analysis," Inernational Labor Review, Vol. 36, 1939, pp. 742-743.
9) 清水玄『社会保険論』（有光社、1940年）36頁。
10) 樋口富男「所得保障制度における事故の概念　老齢、障害、失業を中心として」季刊社会保障研究20巻1号（1984年）41頁以下参照。
11) 百瀬優「障害者に対する所得保障制度」季刊社会保障研究44巻2号（2008年）171頁。①や②のアプローチを採用した年金制度（職域別の年金制度）では、障害年金支給の判断にあたって、受給資格者の残存能力の下での就労可能性が問題となる。このため、失業者（とりわけ健康上の理由による長期の失業者）に対しても障害年金の支給がなされる。福島豪「ドイツ障害年金の法的構造」（1）～（3・完）法学雑誌53巻1号87頁、2号78頁、3号88頁（2006～07年）。
12) このように老齢年金のリスクと障害年金、遺族年金のリスクとは特性が異なるため、障害年金、遺族年金についてマクロ年金スライドを導入することには疑問が示されている。江口隆裕『変貌する世界と日本の年金――年金の基本原理から考える』（法律文化社、2008年）230頁。

13) 各公務員共済年金の年金給付は退職を支給要件としている（国家公務員共済組合法76条等）。
14) Hans F. Zacher, Social Insurance and Human Rights, in Ming-Cheng Kuo et al.(eds.), Reform and Perspectives on Social Insurance: Lessons from the East and West, Kluwer Law International, 2002, p. 7.
15) 大沢真理『現代日本の生活保障システム』（岩波書店、2007年）11頁。
16) 雇用保険は65歳未満の被保険者を基本手当の支給対象としている。老齢厚生年金（経過措置）と基本手当の支給が重複する場合には、基本手当の支給が終了するまで老齢厚生年金の支給は停止される（厚年法附則7条の4第1項）。
17) これらの状態では労働機会の喪失は生じていないものの、そのまま放置すれば失業に結びつく可能性が高いとの判断に基づいている。労働省職業安定局雇用保険課編『改正雇用保険制度の理論』（財形福祉協会、1995年）150頁参照。
18) ギュンター・シュミット（布川日佐史訳）「労働の未来」季刊労働法194号（2000年）17頁以下における「移行労働市場」の考え方を参考にした。
19) 代表的なものとして、鈴木眞理子編『育児保険構想』（筒井書房、2002年）。
20) 堤修三『社会保障の構造転換』（社会保険研究所、2004年）78頁以下、島崎謙治「児童手当および児童扶養手当の理念・沿革・課題」国立社会保障・人口問題研究所編『子育て世帯の社会保障』（東京大学出版会、2005年）100頁以下参照。

第5章　社会保険の実施体制

5-1　保険者自治と国家責任

井原　辰雄

1　本稿の射程

　本稿の課題は、「保険者自治」と「国家責任」との関係について論ずることである。両者の関係について論ずるために、本稿において、それぞれの意味するところを、一応、明らかにしておきたい。

　まず、「保険者自治」についてであるが、「保険者が、その管掌する保険を自律的に運営すること」としておく。

　次に「国家責任」であるが、一般に、国内法上は「国家の不法行為責任と同義。国家が違法に人民の権利を侵害した場合の賠償責任」と説明される[1]。したがって、本稿においては、社会保険各法において、如何なる場合が「国家が違法に人民の権利を侵害した場合」に該当することとなるかが問題となる。そして、違法性の判断基準[2]、「権利侵害」[3]の形態が問題となってくる。しかし、社会保険各法の規定に照らして個々の行政の実施状況を議論することや個々の法律上の規定が憲法との関係でどのように問題となるかを議論することが本稿の目的ではなく、むしろ保険者自治との関係で、それを侵害するような形で国家の作為義務が社会保険各法等にどのように規定されているかを検証し[4]、「保険者」と「国家」の関係を議論することが本稿の目的である。

　本稿において社会保険各法という場合、健康保険法、国民健康保険法、高齢

者の医療の確保に関する法律、介護保険法、国民年金法、厚生年金保険法、雇用保険法及び労働者災害補償保険法を指すものとする。

なお、社会保険各法には、保険の管掌者としての国、政府（地方公共団体を含む。）について規定されているが、保険の管掌者たる国、政府を含めて議論することは、「保険者」と「国家」の関係を議論するという本稿の目的からはずれることとなるので、保険の管掌者たる国、政府については、議論の対象に含めないこととする。

2　保険者自治の範囲

保険者自治を「保険者が、その管掌する保険を自律的に運営すること」であるとしたが、それでは、社会保険においては、具体的にどこまで保険者の自律性が認められるのであろうか。この問に答えるためには、そもそも社会保険とは何かを論じなければならないが、それは、本稿のよくするところではないので、一般的に論じられている社会保険の特徴を列挙するにとどめたい[5]。

まず、社会保険においては、給付反対給付均等の原則が必ずしも守られず、一方的な所得移転の要素を含むため、強制加入が原則である。その裏返しとして、保険者が被保険者を選択できない。

次に、社会保険の目的は国民生活の保障という公共目的の追求にあるとされ、基本的な保険給付の内容が法令により規定され、保険給付の水準も、被保険者のニーズに応じることが少なくない。また、保険料についても、被保険者の事故発生確率ばかりでなく、被保険者の負担能力に応じて定められることが多く、具体的な設定等について法令で定められることが多い。

このように記述される社会保険の特徴を整理すると、社会保険の保険者[6]は、被保険者を選択できない、保険給付の範囲を自由に決定できない、保険料を自由に決定できないものであると言ってよいと考える[7]。

翻って、我が国の社会保険法の体系において、どのように規定されているか見てみることとするが、国民年金法、厚生年金保険法、雇用保険法、労働者災害補償保険法においては、保険者は政府であり、その自律性について見ていく

ことは本稿の目的にそぐわず、また、国民健康保険法、高齢者の医療の確保に関する法律、介護保険法については、以下の点についての基本的な構造が健康保険法と同じと考えることから、健康保険法を例に見ていくと、概略、次のようになっている。

①被保険者については、法定されている。（第3条）

②保険給付については、健康保険組合については付加給付を行うことができるが、それ以外は法定されている。（第52条、第53条）また、保険給付に関連するものとして、診療報酬は、厚生労働大臣が定めることとされている。（第76条）また、療養の給付を行う保険医療機関等も保険者の意思に関わりなく厚生労働大臣により指定される。（第65条）

保険給付ではないが、保険料財源による保険者の事業である保健福祉事業については、保険者の任意事業である。ただし、特定健康診査等については、平成18年度の制度改正により保険者の必須事業となっている。（第150条）

③保険料率については、法定された範囲内で保険者が定める。（第160条）

3　社会保険各法における国家の義務

それでは、社会保険各法上、国家の作為義務はどのように規定されているか見ていくこととする。

(1) **健康保険法**　国庫は、毎年度、予算の範囲内において、健康保険事業の事務の執行に要する費用を負担するほか（第151条）、保険給付に要する費用、前期高齢者納付金、後期高齢者支援金の納付に要する費用について補助する旨が規定されている。（第153条、第154条）

また、厚生労働大臣は、保険者が行う健康保持増進事業に関する指針の公表を行う旨が規定されている。（第150条）

(2) **国民健康保険法**　総則に、一般的な責務規定として、国は、国民健康保険事業の運営が健全に行われるようにつとめなければならない旨が規定されている。（第4条）

また、保険給付に要する費用、前期高齢者納付金、後期高齢者支援金の納付

に要する費用、市町村が行う特定健康診査等に要する費用について国庫負担を行う旨が規定されているほか（第70条、第72条の5）、国民健康保険の財政を調整するため、調整交付金を交付する旨が規定されている。（第72条）[11]

さらに、健康保険法と同様に、保険者が行う健康保持増進事業に関する指針の公表について規定されている。（第82条）

(3) **高齢者の医療の確保に関する法律**　総則に、一般的な責務規定として、国は、国民の高齢期における医療に要する費用の適正化を図るための取組が円滑に実施され、高齢者医療制度の運営が健全に行われるよう必要な各般の措置を講ずるとともに、国民保健の向上及び高齢者の福祉の増進を図るという法律の目的の達成に資するため、医療、公衆衛生、社会福祉その他の関連施策を積極的に推進しなければならない旨が規定されている。（第3条）

また、厚生労働大臣は、国民の高齢期における適切な医療の確保を図る観点から、医療費適正化基本方針及び全国医療費適正化計画の策定・公表を行うとともに（第8条）、全国医療費適正化計画の進捗状況に関する評価及びその結果の公表（第11条）、全国医療費適正化計画等の作成等に資するための調査及び分析（第16条）を行う旨が規定されている。

さらに、厚生労働大臣は、特定健康診査等基本指針の策定・公表（第18条）、後期高齢者医療広域連合が行う健康保持増進事業に関する指針の公表（第125条）を行う旨が規定されている。

また、国は、保険給付に要する費用について国庫負担を行うほか（第93条）、後期高齢者医療の財政を調整するため、調整交付金を交付する旨が規定されている。（第95条）さらに、都道府県の財政安定化基金に対する繰入れについて国庫負担を行う旨が規定されている。（第116条）

(4) **介護保険法**　総則に、一般的な責務規定として、国は、介護保険事業の運営が健全かつ円滑に行われるよう保健医療サービス及び福祉サービスを提供する体制の確保に関する施策その他の必要な各般の措置を講じなければならない旨が規定されている。（第5条）

また、国は、介護給付及び予防給付に要する費用、市町村が行う地域支援事業に要する費用について国庫負担を行う旨が規定されているほか（第121条、第

表 各法における規定の有無

	健康保険法	国民健康保険法	介護保険法	高齢者医療確保法
責務規定	無	有	有	有
医療費適正化基本方針の策定等	無	無	無	有
定率国庫負担	有	有	有	有
財政調整交付金	無	有	有	有
保健事業に対する国庫負担	一部有	一部有	一部有	無
財政安定化基金に対する国庫負担	無	無	有	有
健康保持増進事業等についての指針の作成等	有	有	無	有

122条の２）、介護保険の財政の調整を行うため、調整交付金を交付する旨が規定されている。（第122条）さらに、都道府県の財政安定化基金に対する繰入れについて国庫負担を行う旨が規定されている。（第147条）

　これらを見ると、表のとおり、健康保険法を除き、総則に、健全な事業運営についての国の一般的な責務規定が置かれていることがわかる。健康保険法に一般的な責務規定がないのは、平成18年度の改正前は、政府が保険者である政府管掌健康保険が存在しており、また、健康保険組合は、政府管掌健康保険の代行的性格を有する機関であること[12]から、制度運営と事業運営の責任主体が同一であると考えられるため、わざわざ、国の制度運営についての責務規定を規定する意味がないとも考えられたのではないか。政府が保険者である国民年金法、厚生年金保険法、雇用保険法、労働者災害補償保険法においても責務規定は置かれていない。逆に言えば、平成18年度の改正で、全国健康保険協会を保険者とするのに併せて、健康保険法に国の責務規定を規定すべきであったとも言えるのである。

　定率国庫負担については、すべてにおいて規定されており、財政調整交付金

に対する国庫負担については、健康保険法を除き規定されている。保健事業に対する国庫負担については、高齢者医療確保法を除き、一部の事業について規定されており、健康保持増進事業等についての指針の作成等について、介護保険法を除き規定されている。財政安定化基金については、介護保険法、高齢者医療確保法に規定されている。

　大きく異なるのは、高齢者医療確保法においてのみ、医療費適正化基本方針の策定等について規定されている点である。

　これらのことを踏まえると、社会保険各法上の国の責任は、基本的に、事業指針の作成、すべての保険者に対する国庫負担、複数の保険者が存在する場合の財政調整など財政に関するものに限られていると言える。

4　保険者自治と国の財政責任

　2において見たとおり、現行の我が国の社会保険法の体系の中では、保険者の自律的な運営の余地が限られているが、その中には、必ずしも社会保険であることを理由としないものも含まれていると考える。

　具体的には、診療報酬を国が定めること、保険医療機関を国が指定すること、特定健康診査等の実施を保険者の義務としている点である。それでは、なぜ、このような規定が置かれているのであろうか。それは、国の財政に関する責任が規定されていることに関係があると考える。つまり、保険給付に係る国庫負担が定率負担として規定されており、保険給付額に応じた額を国として負担することが義務となっているため、国として、保険給付の額及びその内容を規制する必要があるというものである。この考え方は、将来の保険給付費をコントロールするという観点から、医療費適正化基本方針、全国医療費適正化計画の策定等を国が行うという論拠にもなるものである[13]。

　次に、特定健康診査等の実施を保険者の義務としていることは、どう説明されるのであろうか。これも、保険者間の財政調整のための国庫負担を行っているため、保健福祉事業の実施状況によって保険者間の保険給付費に差が出て、さらなる財政調整の必要性が生じないよう、保健福祉事業の実施に関する指針

を作成するとともに、保険者に特定健康診査等の実施を義務付けるという説明になるのではないか。

逆の観点から見れば、財政負担という国家責任が存在し、その責任を前提として、国が保険者の保険運営にも介入するということである。しかし、これは、財政負担という国家責任の存在が、常に保険者自治を制限する理由となることを意味しない。定額の国庫負担であれば、保険給付費に負担額が連動せず、保険者の保険運営の在り方が、直接、負担額に影響を及ぼすものではないため、国が保険運営に介入する論拠が希薄となるからである。定額の国庫負担とした場合、保険者としては、その額を踏まえ、医療提供者側と協議を行い、診療報酬の水準、保険料の水準を定めることとなると考えられ、直接、国が、これらを定めることとにはならないと考える。

保険者間の財政調整についても、財政調整制度を設けることと、どこまで国が財政調整のための負担を行うかは別の問題である。保険料を財源とする財政調整の仕組みもあり得、保険者に特定健康診査等の実施を義務付けるかどうかについても、国が一律に決めるのではなく、保険料を財源とする財政調整の仕組みについて決定する際に、保険者間で決めればよいということになる。無論、制度運営の効率性の観点は必要であるが、国としては、保険者間の公平性を確保するため、財政調整制度を設け、保険者がそれに参加することは義務付けるが、その具体的な方法は、保険者間で決定するという仕組みも理論的には可能である。

以上見てきたように、現行の我が国の社会保険法の体系において見られるような財政負担を国の責務とすることは、国がその責務の履行のために、保険者自治に介入することを認めることにもなる。定率の国庫負担から定額の国庫負担への変更は、定額の水準によっては、税財源から保険財源への負担の転嫁につながるものであるが、これは、保険者がより多くの財政についての責任を有することとして、保険者の自律性を高めることでもある。その結果、被保険者によって、保険給付や保険料について差が生じ、不公平になることを否とするのであれば、それが、保険者自治の限界であると考える。

1) 法令用語研究会編『法律用語辞典〔第3版〕』（有斐閣、2006年）。
2) 違法性の判断基準については、当然ながら、社会保険各法の規定が参照されなければならないが、法律の規定自体を問題とするのであれば、その上位規範である憲法の規定が参照されなければならない。また、社会保障の最低基準に関する条約、経済的、社会的及び文化的権利に関する国際規約（社会権規約）など我が国が批准している条約については、国にその実施義務があるが、裁判規範性を有するかどうかについての議論がある。
3) 社会保険各法の規定に違反して行為を行う場合あるいは行わない場合、社会保険各法が憲法に違反している場合、あるいは立法の不作為による場合が考えられる。
4) 社会保障の最低基準に関する条約や社会権規約において、給付水準について規定されており、国家の義務としては、社会保険の給付内容としても、その水準を確保する義務を負っており、条約上の義務に基づく国家の行為と保険者自治が相反するとも言える。また、憲法第25条の要請と保険者自治との関係についても同様のことが言える。
5) 以下の記述は、堀勝洋『社会保障法総論〔第2版〕』（東京大学出版会、2004年）41頁以下の記述を踏まえてのものである。
6) オランダの2006年1月の医療制度改革を見れば、保険者は、必ずしも公的団体に限られるものではないと言ってよいであろう。
7) 健康保険組合ができることについての考察として、新田秀樹「医療保険における保険者と医療機関の直接契約制の導入の可能性　健康保険組合について」名古屋大学法政論集176号（1998年）67頁。
8) 保険者は、極めて限定的な条件の下で、保険医療機関等と契約を結び、厚生労働大臣の認可を受けた上で別段の定めをすることができる。（第76条第3項）
9) 国民年金法、厚生年金保険法、雇用保険法、労働者災害補償保険法においては、保険者は政府であることから、前節と同様に、これらの法律については扱わないこととする。
10) 例えば、保険医療機関等の指定、保険医療機関等に対する監督等の規定が健康保険法に規定されており、権限の不行使などが問題となるが、ここでは、裁量の余地なく、国が行うこととされているものについて取り扱うこととする。
11) このほか、国は、国民健康保険組合に対して国民健康保険の事務の執行に要する費用を負担する旨が規定されている。（第69条）
12) 『健康保険法の解釈と運用〔第11版〕』（法研、2005年）192頁。
13) 確かに、大正11年の健康保険法の制定当初は、国が給付費の10分の1を補助する一方で、診療報酬については、日本医師会等との人頭払いの団体請負契約であり、日本医師会等の自律性の強い制度であったが、国の補助については、被保険者1人当たり2円という上限があり、実質的に定額補助のような形であったと言える。吉原健二・和田勝『日本医療保険制度史』（東洋経済新報社、1999年）第4章参照。

5-2 医療機関・介護事業者の指定と評価

西田　和弘

1 指定・監督・評価の関係

　社会保険の仕組みをとる以上、保険給付の責任は保険者にある。ところが、保険給付には、年金給付や海外療養費の支給、住宅改修費の支給など、保険者・被保険者間の二面関係で行われるものと、サービス提供者を介在にした三面関係で行われるものがある。三面関係で行われる給付は、このほか、指定を行う行政機関の長（厚生労働大臣あるいは地方公共団体の首長）や、審査支払い業務の委託を受ける審査支払機関も関与する。行政機関の長は、指導監査のほか、報告徴収や立入調査、指定取消等の権限を付与されている。これらの権限は、大きくは、制度の適切な運営に対する最終的な責任としての側面と、指定を行ったことに対する事後的・継続的な責任の側面を有すると解される。その目的は法令基準の順守を確保することであり、さらに、よりよいサービスの質の確保のためには、第三者による評価とその公表という手法が用いられる。
　これらのうち、本節では指定および評価に関する主要な法的論点を検討する。

2 医療機関・介護事業者の指定

1 指定の法的性質
　医療機関・介護事業者が、療養の給付や介護給付または予防給付を取り扱うためには「指定」を受けなければならない。医療法や老人福祉法等の許可（病院、有床診療所の場合）または認可（介護施設の場合）あるいは届出（無床診療所、居宅

介護事業者の場合）を前提とした上で、社会保険立法の定める指定基準への合致を要件として、「指定」が行われ、準市場への参入を許される。

医療保険における医療機関の指定の法的性質については、第三者のためにする公法上の契約であるとの行政解釈に対し、学説からは指定拒否が行政処分とされることとの関係などから強い批判が展開されてきた[1]。鹿児島地判平11・6・14（判時1717号78頁）を契機として、指定は契約という効果を生じさせる行政処分であり、その法効果は特許に近いとの学説が定着しつつある[2],[3]。

これに対し、介護保険における事業者の指定の法的性質については、①知事が都道府県内の地域的統一を図るため保険者（市町村）の委任を受けて、介護サービス事業者との間に締結する契約であるとする説[4]と、②医療保険の場合とは異なり、保険者たる市町村は被保険者に対して法的に介護サービス提供の義務を負っていないのであり、指定は、事業者あるいは施設が法の定める設備・人員基準を満たしているか否か（すなわち、これらの事業者あるいは施設が提供する介護サービスが介護保険給付の対象としてふさわしいかどうか）をチェックする確認行為に過ぎないとする説[5]とが対立している。

確かに介護保険では費用の給付の規定が採られ、療養の給付のような現物給付規定ではない。ゆえに、法的見地から見れば、②説が有力といえる。しかし、金銭給付として構成したのは、混合介護を可能にするための法的テクニックに過ぎず[6],[7]、実際には代理受領方式により現物給付と同様になる点をどのように理解するかが問題となる。

この点につき、サービス提供主体が介在する三者間の法律関係を3つに類型化し、医療保険の現物給付と介護保険の「実質的な現物給付」とを区別した上で確認行為とする説がある[8]。代理受領方式の給付を「実質的な現物給付」と位置づけることによって、実態と法解釈の距離を近づけることができよう。

要すれば、二説の対立の主因は、保険医療機関の指定とは異なり、介護保険法上の指定の効果が片務的であるか否か、金銭給付と見るか否かという点にある。これについての裁判例はまだ存在しないが、法解釈上は介護事業者の指定が確認行為であるとしても、今後の立法政策論として、①被保険者から見れば、同じく現物給付に見える医療と介護が、異なる法構造を採ることに妥当性があ

るか、社会保険としての通則的理解は不要であるのかを検討すべきであり[9]、その際に、②保険者機能の強化あるいは保険者が被保険者に対して負うべき責任、そしてその責任の一端としての保険者による被保険者の権利擁護の視点から、保険者が金銭面以外でも事業者をコントロールしうるべきではないかという視点を重視すべきであろう。

2 二重指定制

医療保険法は医療機関の指定のみでなく、それら機関で業務に従事する医師・歯科医師・薬剤師についても、医師法等に基づく医籍等への登録とは別に、保険制度独自の登録を求める（保険医登録等）。一般にこれは二重指定制と呼ばれる。医療では、診療の独立等の観点から、医師等の個人的責任を明確にする必要からなどと説明される[10]。現在はチーム医療が一般的とはいえ、医療はヒエラルヒー構造である。ゆえに、保険診療として妥当適切な診療または調剤を行わしめるために機関のみならず、医師等にも保険診療の順守を別個に求めることは合理性があり、専門性の尊重とも合致する。他方、介護保険では、社会福祉士・介護福祉士法などの専門職法上の登録とは別に、個人について保険制度独自の登録制は採られていない。ただし、介護支援専門員に限っては、介護保険法上に登録に関する規定が置かれている。これは、二重指定制を採っているかのようにも見えるが、医療保険のように契約内容の順守や専門性・独立性の確保という趣旨ではなく、当該資格が介護保険法に基づき付与される資格だからであって、指定事業者とそこに従事する者という関係における登録ではない。介護において二重指定制が採られていないのは、介護がチームケアを前提としていることもあるが、医師のような「絶対的専門職」が存在しないことも理由の１つといえる。しかし、介護支援専門員の権利擁護活動の重視やそのための独立性担保の議論からすれば[11]、介護保険の将来像として、①介護支援専門員が事業者に属さず、単独でも業務を行いうることとして、個人開業医のみなし指定（健保69条）と同様の仕組みを取り入れる方向性、あるいは、②事業者所属は存置しても、居宅介護支援事業者の指定と介護支援専門員の登録を、医療保険の保険医療機関と医師の関係類似の視点で見直す方向性を考えるべきであろ

う。

3　医療計画および介護保険事業計画との調整

　1985年の医療計画によって、医療法上の規制として病床規制が導入された。しかし、医療保険法上の指定との関連付けによって、行政計画と指定による準市場参入の調整が行われるようになった。都道府県知事は医療計画の達成の推進のため特に必要のある場合には、病床過剰地域への医療機関の進出や病床の増加などに関し、その中止を含めた勧告をすることができる（30条の7）。現行法は、勧告不服従の場合に、保険医療機関としての指定を拒否できると明記しているが（健保65条4項2号。平成10年改正による）、それ以前は勧告不服従に対する指定拒否が健康保険法の解釈に基づき行われたので、紛争化した。

　最一小判平17・9・8（訟月52巻4号1194頁）は、当該地域の医療計画の病床数を超える医療機関の指定拒否に関し、医療（医師）誘発需要説に立ち、「限られた保険財源で運営する健康保険制度において、医療費の適正化等を図る観点から、医療計画の達成に過剰ないし不必要な医療機関に対し、保険診療を担当させることが『著しく不適当』としてその指定を拒否することは合理的でやむを得ない」と判示した。

　介護保険でも入居型の利用定員のあるものは介護保険事業支援計画または介護保険事業計画に照らして指定しないことができる（介保70条3項4項、78条の2第5項4号など）。ただし、同じく定員のある指定介護老人福祉施設の指定には介護保険事業計画または支援計画との整合性を要求する規定はない。老人福祉法上の特別養護老人ホームであることが前提条件で、社会福祉法人設置のホームは老人福祉法上の認可を要することとされており（老福15条4項）、都道府県知事は県老人福祉計画に照らして、認可しないことができるため（同6項）、それが事前規制になっているからと思われる。

　行政計画との調整による量的規制は、必要量の確保を前提に、競争原理が期待できないものに対し、保険制度の健全運営（特に財政面）の視点から行われている。しかし、量的規制による新規参入抑制は、被保険者の選択権を制約するばかりか、競争が働きにくいことでサービス提供者の質確保・向上の阻害要

因ともなりうる。よって、量的規制の責任として、その規制を行う者の質確保・向上支援の責任は一層重くなるものと解される。近年の事業者規制・監督行政の強化や評価の推進は、こうした責任論の視点からも分析する必要がある。

4 開設許可・認可基準と指定基準

前述のように、医療法や老人福祉法等の許可等を前提に指定基準に合致した者に対し、「指定」が行われる。指定制に関して、医療法や老人福祉法等の開設許可・認可基準と医療保険・介護保険の指定基準は同一でよいか、あるいは後者を前者よりもより厳格にしていくべきかは重要な論点である。[12] その場合、医療法等の定める最低基準よりも高い基準を求める考え方と保険制度の適切な運営を阻害する者を排除するという考え方がありうる。前者はいわば指定の積極的要件、後者は消極的要件ということになる。

現行法は、指定にあたって指定拒否事由を法定している。これは適切な保険制度の運営に障害となる者を参入させない趣旨の消極的要件といえるが、介護保険が絶対的拒否事由（「指定してはならない」ただし、福祉系と医療系とで異なる。医療系は医療保険の相対的拒否事由類似の事由となっている（介保70条2項、86条2項など））と相対的拒否事由（「指定しないことができる」）を法定するのに対し、医療保険では相対的拒否事由のみである（健保65条3項3号4号など）。その内容および相違の妥当性を精査する必要はあるが、ここでは触れない。

この消極的要件については、量的および質的な視点からの変容が見られる。量的には、先述のとおり、医療計画に従わない医療機関には指定を拒否できるとの行政解釈およびその制度化（健保法平成10年改正）によって、是非はともかく、需給調整的な観点から、新たな指定基準が設けられたといえる（ただし、都道府県知事の勧告が介在するため、当該勧告拒否者は「社会保険制度にとって質的に不適切」という理解も可能である）。質的には、平成18年の介護保険法改正で、指定の欠格事由・取消要件の追加、連座制、更新制の導入など消極的要件の強化が行われ、医療保険でも同時期に、指定要件、指定および登録取消要件の厳格化（健保65条、80条、81条）が行われたことである。

他方、積極的要件としては、設備、人員、運営面でこれを設けることが可能

だが、現行法では政省令においても、一部負担金の授受や介護支援専門員に関することなど、保険制度独自の規定を除けば、医療法等の最低基準を上回る指定要件は見当たらない。現在の制度では、これは準市場参入後の診療報酬・介護報酬で対応されるが、社会保険給付として被保険者に保障すべきサービスの質を最低限度でよしとするか否かの検討が必要であろう。例えば、報酬加算によって医療機関等の診療体制が概ね底上げされた状況下で、それを行っていない者の減算に転ずる方法をとるのではなく、指定またはその更新にあたって積極的要件とすることは可能であろう。第三者評価の浸透に伴って、その評価基準の一部を積極的要件とする方法も考えられる。

3　医療機関・介護事業者の評価

1　評価導入の経緯

　今日、多様な分野で自己評価および第三者評価による質の評価が行われている。医療分野では、1995年に厚生労働省ほか、サービス提供者団体（日本医師会など）、保険者団体（健康保険組合連合会など）が基本財産を出捐して、㈶日本医療機能評価機構を設立し、病院機能評価を行っている。この背景には、医療過誤訴訟の増加とそれを個々の医師の診療の質の問題としてではなく、チーム医療を踏まえた病院機能の質の問題として捉える考えがある。これに対し、福祉分野では、介護保険法、社会福祉法の施行、障害関係法の改正により、福祉サービスが措置から契約へ移行していく過程で、サービス利用者の自立支援と権利擁護の要請が高まり、その質の向上を目指すこととなった。社会福祉法は、経営者に質評価その他の措置実施の努力義務、国にその支援の努力義務を課し（社福78条）、介護保険も事業者による自己評価を努力義務化した（介保73条1項など）。このように、福祉においては事業者自身による評価を求める一方、その支援義務規定あるいは一般的包括的責務規定（介保5条）に基づき、行政が福祉サービス事業者の第三者評価制度を推進したという経緯がある。[13]

　しかし、社会保険給付ゆえに医療や福祉での評価制度が不可欠なのであろうか。質の向上は企業活動・社会活動に常に求められるものである。特にそれが

サービスである場合には、質の評価とそれに基づく改善が社会から強く要請される。これは、製品・商品と異なり、サービスの質の判断が難しく、かりに質が低くても交換になじまないからである。

2　評価の法的根拠

社会福祉法78条1項は、社会福祉事業の経営者に良質かつ適切なサービスのための自己評価およびその他の措置を講ずる努力義務を定め、同2項は福祉サービスの質を公正かつ適切に評価するための措置を採るよう国に義務付ける。介護保険法87条1項なども、事業者に自己評価およびその他の措置を講ずることの努力義務を定め、省令基準で自己評価を義務付ける。平成17年改正（平成18年4月施行分）で創設された地域密着型サービスについては、小規模多機能型居宅介護と認知症対応型共同生活介護（グループホーム）には第三者評価（省令基準上は「外部の者による評価」）と結果公表も義務付けられている。

同改正で、「情報開示の標準化」も導入された。これは、事業者が、介護サービスの内容等の一定の情報を都道府県知事に報告し、一定の調査を経て公表するものであって（115条の35以下）、独立第三者が客観的に質の評価を行うというものではない。[14] むしろ、利用者の選択権保障のための情報公開といってよい。ただし、介護サービス提供を開始しようとするときには、第三者による評価の実施状況等を報告することとなっている（介保規則140条の45および別表第1）。

医療保険各法においては、評価に関する規定はなく、その委任を受けた療養担当規則をみても、妥当適切・懇切丁寧に行うこととはあっても、その妥当性をはかる方法は考慮されていない。医療法上は、医療は良質かつ適切なものであることを要し（医療1条の2）、国および自治体はそのための体制確保の努力義務がある（医療1条の3）。医師等や医療法人にも「良質かつ適切な医療」や「質向上」が求められている（医療1条の4第1項、40条の2）。ゆえに、医療保険法には、自己評価や第三者評価に関する直接的な規定は存在せず、前記病院機能評価を受ける（受審）義務もまったくないが、医療法と相まって、質の向上を図る構造となっており、その方法は、事実上、医療機関等に委ねられている。

3　評価の効果

評価は一般的に、サービスの質改善の契機となり、その情報が公開されることにより、被保険者にとってもサービス選択の一助となる。

先述のように、医療保険においては、「評価」は明確には位置づけられていないが、医療法上または健康保険法上メリットを与える方法がとられている。病院機能評価を受けた場合、緩和ケアの特定入院料および基本診療料の加算、医療法人の理事長要件の緩和が認められ（医療46条の3第1項但書および平成14年4月1日医政発第0401017号参照）、医療法上の広告が可能となる（平成19年3月30日厚労省告示108号）（平成20年4月1日時点）。介護保険については、このような報酬等との結びつけは今のところ見られない。

4　評価の将来像

以上のように、①サービスの質評価自体は、サービス（現物給付）であるがゆえに強く要請される性質のものであって、社会保険法理の1つとして位置づけられるものではない。②現在は、介護保険で社会福祉事業に該当する場合に、社会福祉法に基づく質評価その他の措置実施努力義務が及び、介護保険独自としては、地域密着型サービスを除けば、省令基準による自己評価実施義務のほかは第三者評価とは目的の異なる情報公開制度があるに過ぎない。医療保険については、医療保険法としては明文の規定を持たず、報酬とのわずかな連動部分でのみ社会保険に組み込まれるにとどまる。また、③サービスの改善あるいはよりよいサービスを目指すことを目的とする以上、(i)行政自身が評価主体となることはその有する指導監査権限との関係で望ましいものとはいえず、(ii)行政による支援にはなじむが、強制にはなじまない。

しかし、被保険者等の要保障状態への適切な給付は、社会保険各法の趣旨・目的に合致するものであり、その場合の適切とは監督行政により確保される最低限の質は当然として、よりよい質をも含まれると解すべきである（健保2条には質の向上を図ることが明記されている）。そこで、立法政策の見地から、評価を社会保険法にいかに位置づけうるかの方向性を探ってみたい。これには大きく五つの方向性が考えられる。1つは、社会保険としての独自の評価は必要な

いとして、社会サービスとしての観点から、医療法や社会福祉法で自己評価・第三者評価を義務付ける方向性、2つ目に、介護保険に顕著なように、法令上に自己評価等に関する義務規定を設け、順守すべき公法上の契約内容とすること、3つ目に、報酬との関連付けを積極的に行うことで、間接的に義務的なものとし、社会保険法に事実上組み込む方向性。4つ目に、指定の要件として第三者評価の受審または認定を位置づける方向性がある。ただし、まったくの新規参入者の場合は、人員・設備等のハード面での評価は可能としても、プロセス部分(現実の医療・介護サービスの提供過程)の判断ができないので、5つ目に、一定期間内に自己評価・第三者評価を行わない事業者等の指定更新自体を認めないか、あるいは、更新自体は認めても、保険者機能の強化を重視して、当該評価を実施しない事業者等を保険者が指定更新時に個別的に拒否できるとする方向性もあり得る。もちろん、これらはあくまでも立法政策としての方向性を示すに過ぎず、それにより生ずる法的問題や実現可能性を詳細に検討する必要がある[15]。自己評価・第三者評価を何らかの形で義務的実施とするならば、それに要する費用を社会保険財政から負担することも考慮しなければならない。

1) 田村和之「保険医療機関の指定の法的性質」『社会保障判例百選〔第3版〕』(有斐閣、2000年)50頁など。
2) 稲森公嘉「本件判批」賃社1307号(2001年)73頁。中野妙子「本件判批」ジュリ1199号(2001年)110頁など。
3) 本件最高裁判決(最一小判平17・9・8判時1920号29頁)も「指定拒否」を行政処分と捉えているが、指定=契約の枠組みは維持し、法解釈により指定拒否の処分性を導いている。この点につき、前掲稲森2001年は、処分性を肯定する結論と(過去の)裁判例の判示とを巧みに接合させたものと評する。
4) 佐藤進・河野正輝編『介護保険法』(法律文化社、1997年)124頁(橋本宏子執筆部分)。他に契約説に立つものとして、本沢巳代子『介護保険——ドイツの先例に学ぶ』(日本評論社、1996年)169頁、増田幸弘「介護提供体制の組織と構造」日本社会保障学会編『講座社会保障法4 医療保障法・介護保障法』(法律文化社、2001年)194頁など。法的性質について直接言及するものではないが、医療機関の指定と同様の性質および効果と解する立場であろう。
5) 西村健一郎『社会保障法』(有斐閣、2003年)310頁。菊池馨実『社会保障の法理念』(有斐閣、2000年)202頁も「介護保険は、実務的にはともかく法的見地から見た場合、医療保険における療養の給付などと異なり、第一義的には介護費用の保障システムにとどま(る)」とする。遠藤浩・神田裕二「介護保険法案の作成をめぐって」法制研究66

巻 4 号（2000年）1802頁も参照。
6) 介護保険では、保険給付と私費によるサービス購入を併用できる。医療保険では保険外併用療養費の支給を除き、混合診療は認められないが、これについて争いがある（東京地判平19・11・7判時1996号 3 頁は混合診療禁止は根拠を欠き違法としたが、控訴審の東京高判平21・9・29判例集未登載は適法と判断した）。
7) 新田秀樹「介護保険制度における市町村の責任」法政論集179号（1999年）47頁。ただし、新田は法的テクニックに過ぎないとしても、保険者の法的責任の変化は理論的には大きいとしていることから、②説に立つものと思われる。
8) 堀勝洋『社会保障・社会福祉の原理・法・政策』（ミネルヴァ書房、2009年）97-101頁。
9) 混合介護に現れるように、介護給付の水準はそもそも必要十分を満たすものとして設定されていないがゆえの「実質的現物給付」の側面があるので、給付水準論まで含めた検討が必要であり、容易ではない。
10) 『健康保険法の解釈と運用』（法研、2005年）474-476頁。加藤智章ほか『社会保障法〔第 4 版〕』（有斐閣、2009年）159頁。
11) 河野正輝『社会福祉法の新展開』（有斐閣、2006年）204頁以下。
12) 倉田聡「医療保険法の現状と課題」日本社会保障法学会編『講座社会保障法 4　医療保障法・介護保障法』（法律文化社、2001年）53-55頁は、この論点および指定権限の保険者への委譲について、一定の方向性を示す。
13) 経緯や意義・目的等について、西田和弘・西元晃・久木元司「医療・福祉サービスにおける第三者評価システムの比較検討」鹿児島大学法学論集36巻 2 号（2002年）2-12頁参照。
14) 公表対象は職員体制、利用料金などの事実情報である基本情報と介護サービスに関するマニュアルの有無などの調査情報からなる。前者は事業所報告内容がそのまま公表される。
15) 井原辰雄『医療保障の法政策』（福村出版、2009年）85-87頁は、この点について一定の検討を行っている。

5-3 診療報酬・介護報酬の審査支払体制

石田　道彦

1 診療報酬・介護報酬の審査支払

　医療保険の法律関係では、保険者 - 被保険者の保険関係に加えて保険医療機関及び保険医、審査支払機関が給付関係の当事者として現れることになる。保険医療機関に対して診療報酬が支払われる際には、保険医療機関が作成した診療報酬明細書（レセプト）をもとに、保険医療機関で行われた診療行為が保険診療として適切であったかが審査される。診療報酬の審査支払は医療保険の運営において重要な事務の1つであり、わが国では、都道府県単位で設立された審査支払機関にこの機能を委ねる仕組みが採用されてきた。1997年に創設された介護保険制度においても、保険者である市町村が国民健康保険団体連合会に介護給付費の審査支払いを委託する仕組みがとられている。本節では、診療報酬及び介護報酬の審査支払体制の構造を確認し、今後の課題を検討する。

2 診療報酬の審査支払体制

1 審査支払事務の委託

　医療保険制度では、診療報酬請求の審査支払を社会保険診療報酬支払基金と国民健康保険団体連合会に委ねる仕組みが採用されてきた。社会保険診療報酬支払基金は、被用者保険における診療報酬請求の審査支払を目的として設立された民間法人である。[1] 国民健康保険団体連合会（以下、国保連合会）は、国民健康保険の保険者が都道府県単位で設立した公法人であり、国民健康保険の診療

報酬請求に関わる審査支払業務を担当する。

　これらの審査支払機関には審査委員会が設置されており、審査委員となった医師がレセプトの審査を担当する[2]。審査委員は、診療担当者を代表する者、保険者を代表する者、学識経験者から構成されており、関係団体の推薦を基に都道府県知事が委嘱を行う。

　審査支払機関が創設された当時は、大半の保険者にとって複雑で膨大な件数のレセプトの審査を担当することは困難であり、審査支払機関への委託は審査を迅速に行う上で有用な仕組みであった。このため、診療報酬の審査について審査支払機関への委託を原則とする旨の通知が出され、審査支払機関がこれらの事務を独占して担当する体制が構築されることとなった。

　審査支払事務の委託は医療保険各法に基づいて行われ、保険者と審査支払機関との間で委託契約が締結される。委託契約の締結の結果、審査支払機関は自ら診療報酬の支払いを行う法律上の義務を負うことになる[3]。

2　審査支払機関の機能

　審査支払機関は、保険医療機関が作成したレセプトに記載された傷病名を診療行為と照合させて診療報酬の審査支払いを行う。審査支払機関は次のような機能を有しているとみることができる。

　第1に、診療報酬請求の妥当性、適切性の審査である。保険医療機関による診療報酬請求が算定されるためには、レセプトに記載された診療内容が、診療報酬点数表に収載された診療項目に合致し、療養担当規則の定めに従ったものであることが求められる[4]。審査支払機関には、審査のために必要がある場合に診療担当者に出頭を求め、説明を求める権限が与えられている（社会保険診療報酬支払基金法18条1項、国保89条1項）。社会保険診療報酬支払基金法などの法律に基づき、こうした権限が付与されていることから、審査支払機関はたんに診療報酬請求の形式的な誤りを審査するだけでなく、診療内容の適切性について実質的な審査を行う権限を有すると理解されている[5]。

　医療保険法の構造上、この審査は療養担当規則への適合性という観点から行われる。ただし、療養担当規則の規定の大半は診療の一般的な方針を示したも

のであり、診療内容の適切性について具体的な判断基準を定めた規定は一部のものに限られている[6]。したがって、実際の審査においては保険診療に関わる種々の規範の下で、審査委員である医師がその経験と知識を基に具体的な判断を行う局面が多いと考えられる。診療報酬請求の減点措置が争われた裁判例の中には、保険診療で要請される診療内容とは現代医療の一般的水準に適合したものである旨述べたものがみられるが、これは審査委員会における判断基準を的確に表現したものといえる[7]。

　第2に、審査支払機関における審査は、保険医が提供する医療サービスの内容を医療保険各法が予定した保険給付の範囲内に収めるという機能を有している。医療保険制度は、療養の給付の支給開始および給付内容の決定を保険医の判断に委ねるという仕組みを採用している。ただし、審査の結果、保険診療として適切性を欠くと判断された診療行為は、いわゆる減点措置の対象となる。このため、診療報酬点数表に収載された診療行為であっても、その回数や用法により、適切な保険診療の範囲から逸脱していると判断されることがある[8]。このように、診療報酬の審査支払事務は保険医が提供した保険給付の適正さを事後的に担保する機能を有している[9]。

　第3は、紛争解決手段としての機能である。出来高払い方式による診療報酬の支払いでは、診療報酬請求の審査支払段階において保険医の診療方針と保険者の利害が対立する場合が少なからず生じることになる。前述のように、審査支払機関の審査委員会では、各団体の推薦を受けた医師が専門的観点から審査および再審査を担当する。この仕組みは、保険者、保険医療機関の双方にとって納得しやすい審査結果を導くことに寄与しており、診療報酬請求に関する紛争を一定程度の規模に抑える機能を有していたとみることができる。

3　介護給付費の審査支払体制

1　指定事業者等に対する介護給付費の支払い

　介護保険制度では、いわゆる代理受領方式を通じて、介護給付費が被保険者に代わって指定事業者または指定施設に対して支払われるという方法がとられ

ている。このため、医療保険における診療報酬とは異なり、介護サービスに要した費用は保険給付として指定事業者等に支払われることになる。

　厚生労働大臣が定める介護報酬の算定基準では、介護サービスの内容、要介護・要支援状態の区分、提供時間、事業者・施設の所在地などを勘案して介護サービスの種類ごとに介護報酬の単位が定められており、これを基に事業者や施設に対して支払われる介護給付費の額が算定される[10]。

2　国民健康保険団体連合会における審査

　指定事業者等から介護給付費の請求があった場合には、市町村は厚生労働大臣が定める基準に照らして審査した上で事業者等に対して介護給付費を支払う。市町村はこれらの審査及び支払に関する事務を国保連合会に委託することができるとしており、実際には介護給付費の支払いは国保連合会が担当する（介保41条10項）。

　介護給付費の審査を実施するために、国保連合会には介護給付費審査委員会が設置されている。審査委員会は介護給付等対象サービス担当者を代表する委員、市町村を代表する委員、公益を代表する委員から構成される（介保180条）。指定事業者等から介護給付費の請求がなされた場合、審査委員会は、①都道府県からの事業者情報（事業者が保険指定を受けていることの確認）、②保険者からの受給者情報（受給者の要介護認定および要介護度の確認）、③介護支援事業所からの情報（介護支援専門員が作成した給付管理票の確認）、④事業者からの介護給付費明細書の４つの情報を照らし合わせて審査する。このように、介護給付費の審査では、給付管理票との突合や、当該請求が要介護度別に定められた給付費の上限を上回っていないかなどが主な審査事項となっており、診療報酬の審査と比べて形式面からの審査としての性格が強い。なお、介護給付費の請求については、介護保険法の施行時より電子請求の仕組みが導入されており、請求の大半はオンラインで行われている。

4 審査支払体制における新たな動向

　医療保険の審査支払体制については、①審査支払機関による審査基準のばらつき、②審査業務の非効率性といった問題点が指摘されていた[11]。とくに①の問題を解決するため、社会保険診療報酬支払基金は「審査に関する支部間差異解消のための検討委員会」を設置し、審査基準の統一性を確保する作業を進めてきた。こうした問題点の指摘やその改善策は既存の審査体制を前提としたものであった。ところが、近年になって、既存の審査体制そのもののあり方を見直す動きが生じることとなった。その１つの要因は2000年代に入って活発化した規制改革の動きであり、いま１つはIT技術の導入などによる審査支払事務の効率化である。

1　規制改革による審査体制の見直し

　2001年の小泉政権の発足以降、内閣府に設置された規制改革関連の審議会（総合規制改革会議等）が政策形成に及ぼす影響が強まることとなった。一連の規制改革論では競争原理の活用を基調とした規制改革案が展開され、審査体制の見直しが検討されることとなった。

　規制改革推進の観点からは、第１に、審査支払事務が審査支払機関に完全に委託されていることがまず問題とされた。「規制改革推進３か年計画（改定）」（2002年３月29日閣議決定）では、保険者の本来の機能を発揮させる観点から、レセプトの審査支払いについては、保険者の判断に基づいて①保険者自らが審査する、②審査支払機関へ委託する、③第三者（民間審査機関）へ委託する等の選択を可能にすべきであるとされた。

　これに対応するため、2002年12月には、保険医療機関に対して診療報酬請求の審査事務を審査支払機関に委託するように指導した通知が廃止され[12]、2007年１月から健保組合は調剤薬局との合意により調剤レセプトの直接審査を実施することが可能となった[13]。以上のような運用の見直しの結果、2008年より一部の健保組合では調剤レセプトの直接審査が実施されている。

第2に、保険者が審査支払機関を選択できる仕組みを導入し、受託競争を通じた審査支払業務の効率化が求められた[14]。このため、2006年に医療保険各法の改正がなされ、各保険者は、審査支払事務の委託先として、社会保険診療報酬支払基金または国保連合会のいずれかを選択することが可能となった[15]。

2 レセプト請求のオンライン化、診療報酬の支払方式の変化

審査支払機関への審査支払事務の委託は、出来高払方式を基本とした診療報酬体系の下で、診療報酬請求を効率的に処理することを目的としたものであった。しかしながら、1990年代後半以降、このような審査体制をとる前提条件について変化が進行することとなった。

第1の変化は、レセプト電子化と診療報酬のオンライン請求の普及、拡大である。審査支払機関は、オンライン請求を通じて審査支払業務の効率化を進めることが可能となる。またレセプトの電子化により、高度な医学的審査を必要とするレセプトと単純な計算ミスによるレセプトの振り分けや各種の縦覧点検も容易になるとされている[16]。さらに保険者が、診療報酬請求に関わる医療情報を蓄積し、これらの情報を分析することが可能になるとみられている。

第2は、診療報酬の支払方式の変化である。現在、急性期の入院医療を対象にDPC（Diagnosis Procedure Combination）とよばれる包括払い方式の導入が拡大している[17]。この支払方式では、入院時のおもな診療項目は包括化されるため、審査支払段階では、出来高払いの診療項目（手術、麻酔など）に審査が集中化されることになる。以上のような診療報酬請求に関わる手続上の変革により、審査支払業務の効率化が急速に進行するものと予想されている。

5 今後の課題

審査支払機関による一元的な診療報酬の審査体制は、適正、迅速な支払いを目的とした仕組みとしてわが国の医療保険制度において定着してきた。しかし、今後は、診療報酬の請求手続に関わる技術革新や支払方式の変化により、保険者による直接審査や審査支払機関以外の組織による審査など審査支払体制の多

様化が生じることになるであろう。このため、今後、審査支払機関には、従来とは異なった機能や役割が求められると考える。第1は、紛争解決機関としての役割である。保険者による直接審査の拡大は、保険者と保険医療機関の間の診療報酬請求をめぐる紛争を増加させる可能性が高い。すでに実施されている調剤レセプトの直接審査では、社会保険診療報酬支払基金に紛争解決機関としての役割が期待されている。第2に、医療機関の診療報酬請求から得られた情報をもとに医療情報を分析する組織としての役割である。以上のような課題に対応するために、社会保険診療報酬支払基金と国民健康保険団体連合会の統合など組織面での見直しについても検討課題とされることになるであろう。

1) 社会保険診療報酬支払基金は、1948年の創設時はいわゆる特殊法人であったが、特殊法人等整理合理化計画（2001年12月閣議決定）に基づき、2003年10月より社会保険診療報酬支払基金法に基づいて設立される民間法人となった。
2) 社会保険診療報酬支払基金法16条、国保87条。審査自体は委員の合議という形式はとられていない。
3) 最一小判昭48・12・20民集27巻11号1594頁参照。
4) 健保76条4項、国保45条4項。東京地判昭和58・12・16判時1126号56頁参照。
5) 東京高判昭54・7・19判タ397号75頁参照。
6) 療養担当規則20条4項（混合注射、電解質若しくは血液代用剤の補液など）。
7) 岐阜地判昭59・10・15判時1169号43頁など。
8) 審査支払機関による減点措置は、診療報酬請求権の存否には影響せず、診療報酬請求の一部についての支払拒絶行為とみなされる。京都地判平12・1・20判時1730号68頁、大阪地判昭56・3・23判時998号11頁参照。
9) 笠木映里『公的医療保険の給付範囲——比較法を手がかりとした基礎的考察』（有斐閣、2008年）37頁以下参照。
10) 介護報酬では、医療保険の診療報酬と異なり、地域区分ごとに1単位あたりの単価が設定されている（1単位10円～11.05円）。
11) 総務省「特殊法人に関する行政評価・監視結果に基づく勧告（社会保険診療報酬支払基金）」(2002年1月) 参照。
12) 「健康保険組合における診療報酬の審査及び支払に関する事務の取り扱いについて」平成14年12月25日保発第1225001号。また2005年3月には調剤レセプトについても同様の措置がとられた。「健康保険組合における調剤報酬の審査及び支払に関する事務の取り扱いについて」平成17年3月30日保発0330005号。
13) 「健康保険組合における調剤報酬の審査及び支払に関する事務の取り扱いについて」（平成19年1月10日付保発0110001号）（以下、「平成19年保険局長通知」）。

14)　「規制改革・民間開放推進3か年計画（再改定）」（2006年3月）。
15)　もっとも2009年3月の時点では、保険者が実際に審査支払機関を変更した例はみられない。「規制改革推進のための3か年計画（再改定）」（2009年3月31日閣議決定）では、審査取扱い件数、再審査率の公表など受託競争の促進のための環境整備が必要であるとしている。
16)　吉原健二・和田勝『日本医療保険制度史〔増補改訂版〕』（東洋経済新報社、2008年）533頁及び542頁参照。
17)　DPCでは、診断群分類（傷病等に基づいて決定される）ごとに設定された1日あたりの保険点数に「医療機関別係数」と「入院日数」を乗じて算出された包括評価の部分と一定の出来高払い部分（手術・麻酔・リハビリテーション等）との合計により診療報酬が算出される。
18)　調剤レセプト直接審査の認可の際には、健保組合に対して調剤薬局及び医療機関との間で審査内容について見解の相違が生じた場合の紛争処理ルールの明確化が求められている。健保組合は疑義が生じたレセプトについて社会保険診療報酬支払基金との間で意見を受ける旨の契約を締結することにより、この認可条件を満たすことが可能である。前掲・平成19年保険局長通知参照。

第6章　保険給付の範囲と水準

6-1　医療保険給付

笠木　映里

1　はじめに——医療保険給付の「範囲」「水準」とは

(a)　本節では、社会保険の中で、傷病のリスクを対象とする医療保険の給付の「範囲」および「水準」について、とりわけ現物給付としての医療保険給付に着目して、検討を加える。

(b)　はじめに、現物給付としての医療保険給付の「範囲」「水準」の概要をきわめて簡単に描写し、あわせて、医療保険給付が現物給付の形を取ることに由来するいくつかの特徴と問題の複雑さを指摘しておこう。

　まず、被保険者に対して提供される医療保険給付の内容は、当該給付を提供する医療機関・医師等の専門家等によって実現されるため、社会保険制度とは一応独立して（但し密接な関連性をもって）存在する医療供給体制を規律する様々な法制度と切り離すことができない。医療保険給付の「範囲」「水準」は、抽象的なレベルにおいてではあるが、まず、給付の枠組みとなる医療供給体制によって画されると説明することができよう（①）。

　次いで、具体的な個別の保険給付のレベルでは、医療保険給付は、被保険者たる患者が保険医療機関を選択し、当該保険医療機関において医師等の専門家が診断・治療を行う、といった様々な事実行為を経て具体化され、最終的には審査支払機関による保険医療機関への診療報酬支払によって完成されると見る

ことができる。つまり、個別的な治療の局面では、医療保険給付の「範囲」「水準」は、関係当事者の事実行為を含むプロセスの中で、きわめて動的な態様で決定される。その際、様々な法令の定めや法制度が、それ自体として直接に、あるいは当事者の行動に影響を及ぼすことを通して間接的に、実現される医療保険給付の「範囲」「水準」を規律することになろう（②）。

具体的には、大まかにいって、(i)医療保険給付の対象となる医療行為を列挙すると共に医療機関に支払われる診療報酬の額を決定する診療報酬点数表、(ii)保険診療として適切な医療行為が提供されるよう、医療行為を主として態様の面からコントロールする療養担当規則、(iii)実施された医療行為が保険診療として診療報酬支払の対象となるものかを事後的に審査し、同時に、診療報酬点数表や療養担当規則を解釈適用することを通じて事実上保険給付の範囲を具体化する機能をもつと見ることのできる審査支払制度が、個別の保険給付の範囲・水準を決定している[1]。

最後に、上記のようにして具体化・実現される医療保険給付について、その水準を定型的・割合的に制限する一部負担金制度が存在する（③）。

以上の通り、現物給付としての医療保険給付の「範囲」「水準」について論じる際には、大きくわけて３つの異なる次元での議論を想定することができる。こうした問題状況の複雑さは、医療保険給付の「範囲」「水準」をどのようなものに設定するべきかという、社会保障法学にとってきわめて重要かつ困難な課題を、一層困難・複雑なものとしている。また、逆にいえば、多様な法令・法制度が医療保険給付の「範囲」「水準」の決定に関わっており、かつその関与の態様が複雑なものであるために、大規模な医療制度改革に際して、当該法改正・制度改革が医療保険給付の「範囲」「水準」に重要な影響を及ぼすことが十分に意識されないまま、実現されるという問題がしばしば生じる。

(c) 以上のような問題状況の特徴を概観した上で、本節においては、とりわけ上記の問題——多様な制度改革が医療保険給付の「範囲」「水準」に影響を及ぼすものであることが十分に意識されていないという点——に着目して、特に近年の法改正が医療保険給付の「範囲」「水準」との関係でもつ意味を指摘することを、主たる目的とする。具体的には、2006年度に行われた大規模な医療

制度改革を、医療保険給付の「範囲」「水準」という観点から改めて見直し、議論が必要と思われる点を指摘する。

2　今次医療制度改革と医療保険給付の「範囲」「水準」

1　2006年度医療制度改革の概要

　2006年に行われた直近の医療制度改革については様々な説明や理解が可能であり、本書の別稿の関係箇所においても詳細に論じられる機会があるものと思われるが、さし当たり本稿では、この改革を以下のように要約する。

　まず、(a)都道府県レベルの広域連合を保険者とする後期高齢者医療制度の創設（高齢者の医療の確保に関する法律48条等参照）、都道府県ごとに支部をもつ全国健康保険協会の創設と、支部被保険者（各支部の都道府県に所在する適用事業所に使用される被保険者等）ごとに全国健康保険協会が支部ごとの財政の均衡を考慮して保険料を決定するという制度の導入（健康保険法4条、7条の2、7条の4、160条ほか参照）等により、医療保険の保険者（あるいは、保険料決定の単位・疾病リスクの分散）の規模を、少なくとも地理的には都道府県のレベルに集約しようとする方向性が明確に示された（国民健康保険の保険者についてはさし当たり変更が無いものの、2005年以降、財源における都道府県負担が拡大し、都道府県単位でのリスク分散が進められていると見ることができる。国健法72条の2参照）。

　次に、(b)疾病予防や医療供給体制の効率化を通じた医療費の抑制を目指して、医療費適正化計画（高齢者の医療の確保に関する法律8条以下。2008年度を初年度とする）が創設され、健康増進計画、医療計画等、関連する既存の計画と連携した総合的な施策を実現することが期待されている。これに伴い、医療法上の医療計画に関連する規定にも改正が加えられた（良質な医療を提供する体制の確立を図るための医療法等の一部を改正する法律。平成18年法84号）。また、その際、医療計画の作成を担ってきた都道府県に、医療費適正化計画を中心としたこの新しい医療費抑制施策の担い手としての位置づけが与えられた。

　そして、(a)・(b)を全体として見れば、(c)大まかにいって、保険者の規模と医療費抑制施策の単位とが一致することになり、これによって、都道府県ごとに、

医療費抑制への関心が高まることが期待された[3]。

2　医療保険給付の「範囲」「水準」への影響

(a)　2006年度医療制度改革を以上のように整理した場合、この改革は、**1**で整理した医療保険給付の「範囲」「水準」にいかなる影響を及ぼすものといえるだろうか。

　まず、医療費適正化計画の創設は、前記**1**(b)①のレベルでの医療保険給付の「範囲」「水準」、すなわち、医療供給体制に影響を及ぼす。医療費適正化計画自体は必ずしも医療供給体制を正面から扱うものではないが、この計画の創設に際して、医療供給体制との関係できわめて重要な役割を果たす医療計画（医療法9条以下）の役割が見直され、この医療計画が医療費適正化計画と連携して機能することが期待されたことが特に重要である。

　医療計画は、病床規制等を中心とした医療供給体制のコントロールを通じて、医療保険給付の範囲・水準に重要な影響を及ぼしている。それゆえ、当然ながら、医療保険財政の逼迫を受け、医療保険給付の範囲・水準をコントロールするための手段として、医療計画制度は常に重視されてきた。医療計画による基準病床数と保険医療機関の指定とを関係付けようとする試みがその典型であろう。この点については周知の通り長い議論の蓄積があり、最高裁はこの点について、医療計画における基準病床数を超えることになる保険医療機関の指定は、不必要・過剰な医療費を発生させる可能性があるとの見解を示している[4]。また、同判決を受けて導入された健保法65条4項2号も、同様の関係を肯定するものと理解できる。すなわち、従来から、基準病床数には、少なくとも副次的に、医療費をコントロールする機能が認められると考えられてきたことになる。

　2006年度改正以降、医療計画には、医療費適正化計画との調和・連携の下、医療費の適正化に貢献することが求められる[5]（高齢者医療法9条3項、医療法30条の4第8項）。今回の改正により、医療提供体制確保と医療保険の医療費適正化という2つの政策目的の結びつきは法令上より明確化・強化されたといえよう。

(b)　なお、医療計画については、医療費適正化との結びつきに加えて、この計

画の内容自体にも改善が加えられている。とりわけ、平均在院日数の短縮やより効率的な病院医療の提供を目的として、医療機関の機能分化と連携（30条の4第2項1号、2号）、在宅医療の推進（30条の4第2項6号）等について、新たに定めがおかれることになる。

(c) また、以上の改革と並行して論じられてきた地方分権の文脈においては、従来国によるコントロールが強く及んでいた病床規制について、今後、都道府県の権限の強化が予定されている[6]。地方分権との関係で医療制度についてどのような議論が今後行われるかは明らかではないが[7]、上記のように、医療費適正化計画の創設に際して、この領域における都道府県の権限が従来以上に重視されたことを考慮すれば、分権の議論とは切り離しても、今後、病床規制について、実質的にも都道府県が重要な権限を与えられるに至るのは自然な流れと思われる。

(d) 以上の検討をまとめれば、今後、医療供給体制という抽象的なレベルでの医療保険給付の「範囲」「水準」は、従来以上に、医療費抑制という観点からのコントロールを受けることになると思われる。また、その際にコントロール権限を与えられる主体としては、地方自治体としての都道府県が最も重要な役割を果たすことになるだろう。

(e) 続いて、同じく医療費適正化計画との関係で、診療報酬――すなわち、上記**1**(b)②の意味における医療保険給付の「範囲」「水準」を決定する規範－について都道府県との関係で特別な定めがおかれていることに着目したい。

すなわち、まず、都道府県は、計画の進捗状況や実績にかかる評価の結果、医療費適正化計画に定めた目標の達成のために必要である場合には、診療報酬の決定に際して、意見を述べることができる（厚生労働大臣は診療報酬決定に際してこの意見に配慮しなければならない。高齢者医療確保法13条）。また、厚生労働大臣は、医療の効率的な提供の推進に関して設定された目標を達成し、医療費適正化を推進するために必要があると認めるときには、診療報酬につき、特定の都道府県について他の都道府県と異なる定めをおくことができる（法14条）。

このように、診療報酬については、医療費適正化計画との関係で、①都道府県の意見が診療報酬決定に反映される可能性、②都道府県ごとに異なる診療報

酬が定められる可能性、が新たに認められたことになる。とりわけ、②の点は、診療報酬を通じて画される個別具体的な保険給付の範囲・水準が都道府県ごとに異なるものになる可能性を正面から認めるという意味で非常に新しい発想である。この制度は医療費適正化計画の実績評価のプロセスにからめて導入されたものであるために（医療費適正化計画は2008年度を初年度とする5年計画として作成された）、実際にどのような形で運用されるかは現時点では明らかではなく[8]、今後の動向が注目される[9]。

3 2006年改革により提起される問題

以上検討した通り、2006年の医療制度改革により、(a)医療費適正化という観点から都道府県により医療計画を通じて医療提供体制が強くコントロールされ、その結果保険給付の範囲・水準に影響が及ぶ可能性がある。一方、(b)同じく医療費適正化の観点から、診療報酬という給付範囲を決定する重要な規範について、都道府県の意見が反映され、さらには、都道府県ごとに異なる定めがおかれる可能性が認められた。

以上の論述を全体として振り返れば、直近の医療制度改革により、①医療保険給付の範囲・水準については、従来に比して、(a)都道府県による、(b)医療費適正化の観点からのコントロールが強く及ぶようになると共に、②医療保険制度が、全体として、医療保険給付の範囲・水準が都道府県ごとに異なることを積極的に評価する構造に向かっている、という点を指摘することができるだろう。

論じるべき問題は、医療費適正化という目的の下で実現されてきた上記のような制度を、改めて保険給付の範囲・水準という観点から見直した時、このような制度を正当化できるのかという点である。

1つの可能性は、医療保険の保険者（あるいは、保険料決定の単位・リスク分散の単位）が都道府県単位に収斂していることを背景として、保険者が保険給付の範囲・水準の決定に対して重要な影響力を有すること、さらには、保険者ごとに保険給付の範囲・水準が異なることはむしろ自然なこととして上記のような方向性を肯定することであろう。

もっとも、そもそも現状において少なくとも国保においては依然として市町村を単位としたリスク分散・保険料決定が行われており（また、国保以外の制度に目を向けても、少なくとも名目上は、都道府県が直接に保険者を担当している制度は見あたらない）、さらには、今次改正で十分に医療保険の保険者の担うべき役割が論じられたとは思われない[10]。また、保険者ごとに保険給付の範囲・水準が異なりうることにどのような評価を与えるかについて、今回の改正に際して充実した議論が展開されたとも言い難い（保険者の規模や役割については、本書の3章等を参照）。今次改正が示した都道府県規模の保険者という方向性については今後、あらゆる論点との関係で議論を深化させることが必要と思われるが、上記の検討を前提とすれば、医療保険給付の「範囲」「水準」という論点についても、やはり保険者の役割という論点と関連付けて論じる必要があるだろう。

また、本来、**1**(b)①の医療供給体制という枠組みという抽象的なレベルの「範囲」「水準」と、**1**(b)②の診療報酬等によって画される個別具体的なレベルのそれとを、完全に同列に並べて論じることはできない。両者は、医療保険制度との法的な結びつきの程度（前者は、医療保険制度の前提といえるものの完全に制度の中に取り込まれるわけでもなく、保険医療とは一応独立した関心を有している）や、地方自治体の他の業務との関連性（例えば都道府県による医療供給体制の整備は、自治体による住民に対する公衆衛生サービスの一環と見ることもできる）など、考慮すべき事情の点で異なる点も多数あり、両者を分けて議論することが必要になるだろう。

1) 詳細については、笠木映里『公的医療保険の給付範囲——比較法を手がかりとした基礎的考察』（有斐閣、2008年）を参照。
2) 辻哲夫『日本の医療制度改革がめざすもの』（時事通信社、2008年）、池上直己『医療問題〔第3版〕』（日本経済新聞出版社、2006年）ほかを参照。
3) 辻・前掲書（注2）129-131頁参照。
4) 最一小判平17・9・8判時1920号29頁。
5) 「都道府県における3計画と医療費適正化計画」厚生労働省作成資料、辻・前掲著107頁、池上・前掲書（注2）121頁以下など参照。
6) 参照、地方分権改革推進委員会「第一次勧告」（2008年5月28日）ほか。
7) 地方分権と医療制度改革の関係については、笠木映里「地方分権と社会保障政策の今後」ジュリ1361号（2008年）138頁以下を参照。

8) 参照、辻・前掲書（注2）106頁。
9) 池上・前掲書（注2）132-133頁は、2006年改革後に残された課題を指摘する箇所において、診療報酬決定に関して都道府県の主体性を一定程度認める必要性を主張している。
10) 今次改正により保険者の役割が強化されることを期待する議論として、辻・前掲書（注2）131頁以下。

6-2 介護保険給付

石橋　敏郎

1　介護サービスの社会保険化

　介護サービスを社会保険方式で実施するメリットについて、給付の範囲と水準の関係で言えば、おおまかには次の2つの理由があげられよう。1つは社会保険化によって増大する介護ニーズに対応できるようになったという点である。社会保険方式を導入することで、公費方式の時代に比べ、予算主義から実績に応じた決算主義に移行し、そのことにより、サービスの需要の増大により機動的に対応できる仕組みとなったという評価がそれである。第2は、社会保険方式をとったことで介護サービス受給権が強化されたとする評価である。これまで、介護を含めて福祉サービスの受給についてはその権利の不明確さが指摘されてきた。福祉サービスの提供については、行政庁に明確な履行義務が課されておらず、多くの場合「…することができる」という規定であり、いくつかの義務付け規定がある場合でも、その義務内容は明確には定められていないことが多かった。介護サービスの社会保険化によって、この点が改善されたとする見解がそれである。しかし、介護保険法は利用者に応益負担（1割）を課したために、自己負担分が重いと感じる利用者は自ら受けるサービスの量を減らすという現象も見られているので、一概には言えないところもある。また、介護サービスを社会保険化するということは、個別的なニーズに対応しない定型的な給付とならざるを得ず、社会保険であるがゆえに介護サービスの受給量にも一定の上限が設けられることになるという意見もある。「本来、社会保険というものは、個々人の諸事情や生活状態を考慮せず、一定の基準に従って定

型的な給付を行う冷たい部分があることを認識しておく必要がある。個々人の介護ニーズに十分対応できないことについては、介護について社会保険システムを用いる以上は一定程度覚悟しておかなければならない点であり…」という評価がそれである。しかし、社会保険であるから財源との関係でサービス受給量に一定の枠が設けられるというのではなく、仮に介護サービスを公費方式でやったとしてもありうることである。現に、医療保険は社会保険方式でありながら、介護保険法でいう区分支給限度基準額や種類支給限度基準額といった意味での限度額は設定されていない（もっとも、最近では医療保険でも包括払い、総額請負制といった定額制が導入されようとしている）。サービスの上限枠の問題は、社会保険方式をとることにより生じる問題ではなく、支給要否や程度判定制度の採否と、その標準サービス量の設定の仕方によるところが大きい。

2　介護保険給付の内容

1　現物給付と金銭給付

　介護保険法は、規定の上では「居宅介護サービス費の支給」（40条）となっているので金銭給付の形をとっているが（例外は特例居宅介護サービス費、福祉用具購入、住宅改修）、指定サービス事業者・介護保険施設による代理受領の方法が認められているので（41条6項、48条5項6項）、実際には利用者への現物給付となっている。金銭給付の形式にした理由は、保険給付以外のサービスを自己負担で利用できるようにしたためであると説明されている（医療保険では原則禁止されている混合診療のような利用方法を可能にした）。

　現物給付とするか、金銭給付とするかの決定には、そのサービスの性質の分析はもちろんであるが、これに加えて、「自己決定」という視点からの考察も必要であろう。ここでは、1996年からイギリスの障害者福祉サービスで展開されているダイレクトペイメント（direct payment）について紹介しておこう。これは、介護事業者からのサービスにとどまらず、要介護者が介護者を直接雇用し、サービスにかかった費用を公的に給付するという仕組みである。この制度が採用された趣旨は、イギリス保健省のパンフレットによれば、「受給資格者

に対してもっと柔軟に(flexible)福祉サービスを提供できること」を目的として、「福祉サービスの必要性があると認定された者に対し、現物支給の代わりに現金支給を行う制度」であり、「現物支給の代わりに現金給付を行うことが、利用者が自らの人生に対する選択とコントロールを増大させ、自らの介護がどのように行われるべきかの自己決定を可能にする」と説明されている(Department of Health, Direct Payments, August, 2005)。障害者がサービス事業者や専門職のコントロールから逃れて、自分のケアは自分で決定するという自律を確立するために創設された制度である。

その申請権は、65歳以上の高齢者、16歳以上のすべての障害者および16歳未満の障害児の親権者及び介護サービスに従事する介護者にあり、そして、有資格であるコミュニティケアの利用者は、そのサービスを直接受けることもできれば、ダイレクトペイメントで自らサービスを購入することも、あるいはその両者の併用も可能とされている。[5] ダイレクトペイメント制度と違って、わが国の介護保険制度では、要介護者が介護者を直接雇用することはできず、時間報酬単価の設定や提供するサービスの内容も国の定める範囲と基準内容を逸脱することはできない。日本では支援費制度の導入のときに、ヘルパー利用の上限枠を設けることへの批判があったし、現在も、障害者自立支援法と介護保険法との統合によって支給限度額を設けようとする動きがあるが、イギリスでは、むしろダイレクトペイメント方式を導入して利用者の判断でサービスの量と内容を決める(もちろんアセスメントは受けなければならないが)という方向に動いた点が異なっている。ダイレクトペイメント制度は日本の介護保険制度にも大きな示唆を含むものである。

2 保険給付の種類

保険給付の種類は、要介護状態にある者に対する介護給付、要支援状態にある者に対する予防給付、および要介護状態または要支援状態の軽減または悪化防止に資する保険給付として条例で定めるもの(市町村特別給付)の3つがある(18条)。介護給付については、当初は9種類が規定されていたが、2005(平成17)年の改正により、新たに、施設サービスにおいて食費とホテルコストが自

己負担となったためにその費用の支払いが困難になる低所得者のための費用援助（特定入所者介護サービス費、特例特定入所者介護サービス費）と、地域密着型介護サービス関係費（地域密着型介護サービス費、特例地域密着型介護サービス費）とが追加され、現在では13種類になっている（40条）。予防給付は、11種類である（52条）。

給付内容に関連して、居宅介護サービスの中には配食サービス等が含まれていない（7条5項）。ただし、配食サービスに関して言えば、訪問介護（ホームヘルプサービス）の中には家事援助型も想定されているほか、身体介護型の介護であっても、食事介護をその主要な介護類型として含むことから（社会福祉士及び介護福祉士法2条2項）、その前提としての準備行為等まで給付内容に含まれると解しても差し支えないと思われる。また、保険者たる市町村が独自の判断で配食・移送・寝具乾燥サービスなどを特別給付として行う途が開かれている（62条）。しかし、その費用は被保険者の保険料で賄われるため、実際には、市町村特別給付を実施している市町村は少ない。

3 介護保険給付の水準

1 介護サービスの基準、支給限度額、要介護認定による水準格差

介護サービスの水準については、抽象的には、介護保険法の冒頭に目的規定として示されている。すなわち、要介護者が「尊厳を保持し、その有する能力に応じ自立した日常生活を営むことができるような」水準の給付でなければならないし（1条）、「保険給付の内容は、…可能な限り、その居宅において」それが可能になるように配慮されなければならないとしている（2条）。この規定に沿ったものになっているかどうかは、量的水準、質的水準、その水準を確保する仕組み（基準を定める法形式、第三者評価・情報公開、基盤整備、地域格差など）、利用限度額、一部自己負担などの観点から論じられる必要があろう。ここでは、量的水準、利用限度額、施設基盤整備、医療リハビリとの格差について簡単に述べるにとどめる。

支給限度額に限らず、介護保険法の与えるサービスの水準の設定については

ほぼすべてを厚生労働大臣の定めに委任していることは再考の余地がある(高額介護サービス費の支給(51条)ほか、74条2項、81条2項、88条2項、97条3項、110条2項など)。また、省令中に具体的な基準が明記されていないことが多い。給付水準に関する基本的な事項は法律で定める必要があろう。[7]

医療保険とは異なり、介護保険法の与えるサービスは定額給付である。居宅介護サービスには、一定期間(1ヶ月)ごとに「要介護状態区分に応じた標準的な利用の態様」をもとにした利用限度額(区分支給基準限度額)と、ひとつの種類の居宅介護サービスの利用限度額(種類支給基準限度額)が決められている(43条)。支給限度額の設定次第では、介護保険法の目的たる「尊厳を保持し、その有する能力に応じ自立した日常生活を営むことができるような」水準とはいえない状態も起こりうる。支給限度額は、審議会の意見を聞いたうえで、「その種類ごとの代替性の有無等を勘案して厚生労働大臣が定める」ことになっている(43条1項)。

問題は、現在の支給限度額の範囲内で、最低限のサービスが確保できるかということである。この点についてはいくつかの実証的研究がなされている。もちろん、介護サービスの給付水準は、基本的には、基礎的保障の部分にとどまるといわざるを得ない。医療は、傷病の治癒のためには、それに必要な医療サービス給付量を確保しなければならないし、質の面でも医療水準の到達段階等を踏まえた最高度な技術を与えなくてはならないから、そこには、いわゆる最適(optimum)水準の保障が求められる。[8]これに対して、介護サービスは、最高度の技術的サービスというより、高齢者の自立した生活を維持するという目的を有しており、与えられるサービスの量の面でも専門性の面でも医療とは異なっているからである。しかし、それを踏まえたうえでも、現在の利用限度額制度が憲法や介護保険法の水準規範に適合しているかどうかはやはり検討されなくてはならないであろう。仮に要介護度5の高齢者が在宅で介護を受ける場合、現在の支給限度額は35万8300円であるが、訪問介護を中心としたケアプランを立てて見ると、この金額では不十分だという声を聞く。そのため重度の要介護者を在宅で介護するのは不可能であり、事実上、施設入所に頼らざるを得ない状況が続いている。このような場合、限度額以上のサービスが在宅での介護を

可能にする基礎的部分に当たるとすれば限度額を上げる措置をとらなくてはならないが、もし個人の特殊なニーズ（たとえば認知症）によるものとすれば、これを直ちに自己負担とするのではなく、一定の所得制限のもとに、特別介護扶助（これは現行制度の介護扶助とは異なる）として、新たな補完的給付として創設することもありうる。わが国の介護保険では、公費負担は国民の保険料負担を軽減するという考え方で、保険財源に直接公費が投入されている（5割）。こうした公費負担のあり方ではなく、社会保険の欠点を補い、個別の介護ニーズに対応できる柔軟な給付水準補充システムの確立のために公費負担が導入されることもあってよいのではないかと思われる[9]。

　次に、支給限度額は、要介護度に応じて決められており、例えば在宅サービスであれば、月額4万9700円（要支援1）から月額35万8300円（要介護5）までの開きがある。したがって、どの要介護度に認定されるかによって給付水準が決まることになる。これまで要介護認定については、第1次判定段階では調査員ごとに、第2次判定段階では認定審査会ごとにバラツキがあるという批判があった。そこで、厚生労働省は、従来の82の調査項目について、客観的な回答が難しいと判断された「火の不始末」、「電話の利用」など14項目をはずし、介護の手間をより正確に反映するため、買い物、簡単な調理、集団への不適応など6項目を追加して74項目とし、調査員の調査の時点での状況のみで判断する（そのときの状況なので普段の状況が反映されない）ことに変更した。その上で、1次判定で示された要介護度に要介護認定基準時間（介護の手間を表すものさしとしての時間）を足し引きして最終的な要介護度を決定することになった。介護認定審査会での判断の余地を少なくして、コンピューターでの処理の部分を多くすることで認定のバラツキをなくそうとした新基準は、2009（平成21）年4月から実施されたが、結果的には、従来より軽度に認定されたり、あるいは非該当（自立）と認定される者がかなりの数に上ったため、厚生労働省では、10月から調査項目のうち43項目の内容を変更することになった。

2　介護サービスの基盤整備

　わが国の緊急の課題の1つは、施設及び在宅での十分な介護を実現するだけ

の人的・物的条件が整備されていないことである。介護の分野に社会保険を導入することによって、「需要が供給を生む」という構造になり、サービスの量的拡大がもたらされると説明されてきたが、施設サービスについてはそうなってはいないし（特別養護老人ホーム入所待機者の例）、在宅サービスも家族介護に頼っている現実がある。

　介護保険法は、国に対して、「介護保険事業の運営が健全かつ円滑に行われるよう保健医療サービス及び福祉サービスを提供する体制の確保に関する施策その他の必要な各般の措置を講じなければならない」（5条1項）とし、介護サービス供給のための法的基盤を確保する責務を負わせている。具体的には、厚生労働大臣に対して、保険給付の円滑な実施を図るための基本指針策定責任を負わせたほか（116条）、市町村は、基本指針に即して、3年ごとに5年を1期とする市町村介護保険事業計画を定めるものとし、当該計画には、当該市町村の区域における要介護者等の人数等を勘案して、各年度における介護保険の給付対象となるサービスの種類ごとの見込み、当該見込み量の確保のための方策等を定めることとした（117条）。介護保険は、医療保険における療養の給付（健保43条1項、国保36条1項）などと異なり、基本的には介護費用を保障するシステムであるので、その限りでは従来の措置制度時代よりも国及び市町村などの基盤整備に関する公的責任が後退しているとみられる余地がある。市町村老人保健福祉計画は、地方自治法2条4項の基本構想に即して定められる計画であるので（老人福祉法20条の8）、市町村が自ら実施しなければならない事務（実施しなければ責任を問われる事務）と一応は観念されるが、介護保険事業計画についてはその様な文言はないし、市町村が負うのはあくまでも介護サービスの費用負担責任であって、サービス提供責任ではないと考えられる余地があるからである。しかし、老人保健福祉計画とて法的には、指針や計画の数量の適否はもちろんのこと、計画に定められた数値目標が達成されなかった場合に、その執行を法的に求めることも、あるいは、未達成によってサービスが十分受けられなかったなど何らかの損害が発生したとしても、市町村に損害賠償を求めることは困難であろう。介護保険法が金銭給付方式をとったのは利用限度額を超えたサービスを自己負担で受給できるようにしたためであり、それを理由に基

盤整備責任が薄れると考えることはできない。介護サービスは物的・人的設備なくしては実現しないものであるから、医療と同じように、基盤整備に対する法的責任体制を構築していく必要があろう[12]。

3　リハビリテーションにおける医療保険と介護保険の水準格差

　介護保険制度の創設に伴い、リハビリについては、医療保険が回復期を受け持ち、その後の維持期は介護保険が担当するというすみわけが一応実現した。また、2006（平成18）年4月より、医療保険のリハビリ担当範囲が、これまでの療法別から疾患別体系に再編され、疾患類型ごとに算定日数の上限を定めるという形に変更された（従来の一律180日から、状態に応じて60日から180日に短縮された）。介護保険法では、居宅介護サービス費の支給対象となる居宅サービスの中に、通所リハビリと訪問リハビリが含まれている（41条）。これらはいずれも、主治医が治療の必要の程度について省令で定める基準に適合すると認めた要介護者等について、「その心身の機能の維持回復を図り、日常生活の自立を助けるために行われる理学療法、作業療法その他必要なリハビリテーションを行うこと」と定義されている。省令の基準は「病状が安定期にあり、…心身の機能の維持回復及び日常生活上の自立を図るために、診療に基づき実施される計画的な医学的管理の下における理学療法、作業療法その他リハビリテーションを要すること」である（則8条、11条）。

　しかし、リハビリの給付水準については、医療保険と介護保険とでは大きな格差があることが問題となっている。医療保険では、理学療法士・作業療法士などの専門職によるリハビリが行われているのに対して、介護保険の与えるリハビリは「せいぜいマッサージ師の訪問治療」、「レクレーションまがいのもの」などとも言われている[13]。給付水準にこのような大きな格差がある限り、医療保険のリハビリから介護保険のリハビリへのスムーズな移行は不可能であろう。

1) 高橋紘士・長倉真寿美「介護保険の地域間格差——市町村における居宅介護サービス利用水準の分析から」都市問題研究61巻3号（2009年）18頁。
2) 荒木誠之「介護の社会保険化——その社会保障法学からの考察」同『生活保障法理の展開』（法律文化社、1999年）156頁。

3) 本沢巳代子『公的介護保険——ドイツの先例に学ぶ』(日本評論社、1996年) 149頁。
4) 小川喜道『障害者の自立支援とパーソナル・アシスタンス、ダイレクト・ペイメント——英国障害者福祉の変革』(明石書店、2005年) 24頁以下。
5) 岡部耕典『障害者自立支援法とケアの自律——パーソナルアシスタンスとダイレクトペイメント』(明石書店、2006年) 107頁以下、伊藤周平『介護保険法と権利保障』(法律文化社、2008年) 83頁。
6) 菊池馨実『社会保障の法理念』(有斐閣、2000年) 201頁。
7) 瀧澤仁唱「介護サービスの基準と質」社会保障法19号 (2004年) 51頁。
8) 堀勝洋『社会保障法総論』(東京大学出版会、1994年) 57頁。
9) 本沢巳代子「介護保障法の体系と構造——権利論の視点から」日本社会保障法学会編『講座社会保障法4 医療保障法・介護保障法』(法律文化社、2001年) 150頁。
10) 増田雅暢『わかりやすい介護保険法〔新版〕』(有斐閣、2000年) 8頁。
11) 新田秀樹『社会保障改革の視座』(信山社、2000年) 257-259頁。
12) 木下秀雄「介護保障の権利論」社会保障法11号 (1996年) 177頁。
13) 稲森公嘉「社会保障法と自立——リハビリテーションの給付を中心に」社会保障法22号 (2007年) 64頁以下。稲森公嘉「社会保険におけるリハビリテーション」週刊社会保障2402号 (2006年) 51頁以下。

6-3　年金保険給付

田中秀一郎

1　年金給付の範囲と水準をめぐるわが国の展開とその到達点

　本節では、年金給付の範囲と水準について、老齢年金と障害年金に焦点を絞って取り上げる。老齢年金については、報酬比例制の老齢年金と老齢基礎年金とに分けて論ずることにする。なお、本節における給付の範囲は、支給対象者の範囲として捉える。

1　報酬比例制の老齢年金給付の範囲とその水準

(1)　報酬比例制の老齢年金給付の範囲にかかる支給開始年齢と受給資格期間　　労働者年金保険法の制定時（1941年）、老齢年金の支給開始年齢は当時の55歳定年制を受けて55歳と規定された。その後、1954年法改正では平均余命の著しい伸びに対応するため、支給開始年齢は段階的に55歳から60歳に引き上げられた[1]（女性については労働者として働く者が少なく、厚生年金に加入しても年金の受給資格期間を満たさない者が多かったため、この時点では据え置かれた[2]）。1985年法改正においては、基礎年金（国民年金）と報酬比例年金（厚生年金等）の２階建に改革するとともに、老齢基礎年金と老齢厚生（共済）年金の支給開始年齢を65歳から支給することにした（女性の支給開始年齢は同年法改正によって60歳に引き上げられた）。あわせて、60歳から64歳までの間は、従来の定額部分および報酬比例部分の年金を特別支給の厚生年金として支給することにした。ただし、1994年改正によって特別支給の定額部分の支給開始年齢は60歳から65歳へと段階的に（男性の場合2001年から2013年、女性の場合2006年から2018年にかけて）引き上げられ、

2000年改正によって特別支給の報酬比例部分もまた60歳から65歳へと段階的に（男性の場合2013年から2025年、女性の場合2018年から2030年にかけて）引き上げられた。

受給資格期間については、1941年の制度導入当時には20年（坑内夫は15年）であったが、1985年の法改正によって25年に変更された。

(2) **報酬比例制の老齢年金給付にかかる水準の引上げ**[3]　年金給付水準は、1941年当初、平均報酬月額の3月分（年額）を基本とし、被保険者期間が20年以上ある場合には、20年を超える1年ごとに平均報酬年額の1％を加算していたが、1954年改正では、定額部分と報酬比例部分とに分割して給付することにした[4]。その後、日本は高度経済成長時代に突入し、労働者の賃金は大幅に上昇したものの、年金給付水準は、積立方式だったため低く抑えられていた。そこで、1965年の財政再計算時に年金給付額を1万円（加入期間20年の標準的な老齢年金）へと大幅に引き上げ、1969年には2万円へ、1973年には5万円へと引き上げた。この1973年の法改正においては、①年金給付水準は現役労働者の平均的な賃金のおおむね60％程度をめどとする考え方がはじめて採られるとともに、②名目額に一定率をかけて現在の報酬に見直す賃金再評価と、③年金額の実質価値を維持するための物価スライドが導入された。その後も、年金給付水準は引き上げられ、1980年には約13万円（加入期間30年、妻の加給分含む）になった。このような右肩上がりの年金給付水準の引上げ策は、1985年に年金給付水準の抑制策へと変貌した。

(3) **報酬比例制の老齢年金給付にかかる水準の抑制**　年金給付水準の実質的な抑制としては、以下の5点が挙げられる。まず第1に、1985年法改正に伴う標準年金の考え方の修正が挙げられる。この1985年法改正前までの標準的な老齢年金額は、32年間、支払ったものとして計算していた（男子の平均標準報酬月額の68.1％相当）が、同改正では、標準的な加入期間を40年とし、現役男子の標準報酬月額の69.4％の水準に当たるように計算された。第2の抑制策としては、2000年改正において、年金給付水準の乗率を変更（1000分の7.5→1000分の7.125）して年金給付水準を5％引き下げたことが挙げられる。この引下げによって標準的な年金給付水準は、40年加入で、標準報酬の60％程度を保障することになっ

た。さらに第3の抑制策としては、同じ2000年改正によって65歳以上の老齢年金の賃金スライドが廃止されたことである。そのため、その後の年金額は、物価スライドのみに応じて変動することになった。第4の抑制策としては、2003年から保険料に総報酬制が導入されることに伴い、給与分のみならず、すべての賞与部分にも同率の保険料率をかけることにした。その際、保険料率(17.35％→13.58％)と乗率（1000分の7.125→1000分の5.481）を引き下げ、標準的な年金給付水準は、賞与部分を含めた標準報酬の60％程度を維持することにした。第5の抑制策としては、2004年改正時のマクロ経済スライドの導入が挙げられる。この改正によって、平均余命と人口の動向に応じてスライド上昇率は自動的に抑制されることになった（2009年3月末現在の老齢厚生年金の平均給付月額は、15万8806円）。

2 老齢基礎年金給付の範囲とその水準

(1) **老齢基礎年金給付の範囲** 老齢基礎年金は、1985年の制度導入当初から年金に25年以上加入し、かつ65歳以上の者が社会保険庁長官の裁定を受けて受給権を獲得する給付である。

(2) **老齢基礎年金の給付水準** 老齢基礎年金は、制度導入当初（1985年）、20歳から59歳まで40年間保険料を支払った場合、月額5万円として給付された。この5万円という額は、全国消費実態調査、家計調査、国民生活実態調査、有識者調査を参考に決められたものであり、生活保護基準（2級地）と比較しても見劣りしない程度のものであった。ただ、その後の年金額は必ずしも、これらの指標の動向に沿って改正されてきたわけではない。年金額は、1973年以来、賃金スライドと物価スライドに応じて変動してきたが、2000年改正以降は物価スライドのみに、2004年改正以降はそれに加えてマクロ経済スライドに応じて変動している。現在の満額（40年加入）の老齢基礎年金月額は、6万6008円である（2009年度）。

3 障害年金給付の範囲とその水準

(1) **障害年金給付の範囲に関する障害等級と受給資格期間** まず第1に、1941

年の労働者年金保険法当時は、障害等級という概念がいまだ存在せず、一定の障害状態になったときに障害年金は支給された。1947年改正では、障害等級を初めて2等級に分別し、1954年改正ではさらに障害等級3級にも障害年金を支給することにした。一方、国民年金法上の障害年金は、1959年の国民年金法制定に際して、障害等級1級または2級に該当する場合に支給された。なお、この時点（1959年）での障害等級は、国民年金法では日常生活の制限の度合に、厚生年金保険法では労働能力の制限の度合に着目して規定されていた。1985年の法改正では、障害等級1級および2級については国民年金法上の障害等級に厚生年金法上の障害等級を合わせ、日常生活の制限度合を基準として規定することとし、障害等級3級については従来どおり厚生年金保険法上の規定がそのまま適用された。

障害年金の受給資格期間については、1941年当時、障害になった日以前5年間のうちに3年以上の被保険者期間が必要であった。1947年改正では、その受給資格期間として初診日の属する月の前月までに6月必要とした。一方、国民年金法上の障害年金の受給資格期間については、1959年の国民年金法制定に際して、初診日の属する月の前月までに、①保険料納付済期間が15年以上あること、②保険料納付済期間が5年以上あり、かつそれまでの被保険者期間のうち保険料免除期間を除いた期間の3分の2以上を占めること、あるいは③直近の基準月（1月、4月、7月、10月）の前月まで3年間被保険者であり、かつその期間のすべてが保険料納付済期間または1年6ヶ月を超えない保険料免除期間で満たしていることを要件としていた。1961年には③の3年の要件を1年へと短縮した。その後、1985年の法改正では、厚生年金の受給支格要件から受給資格期間を外し、国民年金においては、被保険者期間のうち3分の1を超える保険料滞納がある場合、障害基礎年金を支給しないことにした。

(2) **障害年金の給付水準** 障害年金の給付水準については、1941年時点では老齢年金と同額であった。1947年の法改正においては、1級年金の場合平均報酬月額の5月分（年額）に相当する額を、2級年金の場合同4月分を支給することとした。1948年法改正では配偶者加算、子の加算を創設し、1954年改正では、障害等級1級の年金額は障害等級2級（老齢年金相当額）の1000円増とし、

障害等級3級の支給額は障害等級2級の0.7倍とされた。1965年には、障害年金に関しては障害等級1級につき障害等級2級の1.25倍、障害等級3級につき障害等級2級の0.75倍の年金額を支給するとともに、最低保障額は5000円と規定された[9]。1985年の基礎年金制度創設時には、障害等級2級の障害基礎年金の場合、老齢基礎年金と同額の水準（5万円）であり、1級はその1.25倍であった。障害等級2級の障害厚生年金もまた、老齢厚生年金と同額で、障害等級1級の場合はその1.25倍、障害等級3級の場合はその0.75倍であった（被保険者期間が25年に満たない場合には25年とみなして計算）。ただし、1985年法改正からは障害基礎年金に子の加算が創設される一方で、障害厚生年金の子の加算を廃止し、配偶者加算に65歳までという年齢制限を付した。その後は、老齢年金と同様、乗率やスライド制が改定されるたびに年金給付水準もまた、引き下げられている（2009年3月末の障害基礎年金の平均給付水準は7万4172円、障害厚生年金は10万5703円）。

2　年金給付の範囲と水準をめぐる課題

1　報酬比例制の老齢年金

老齢年金の範囲に関する課題としては、①支給開始年齢（65歳）の引き上げ、②受給資格期間（25年）の短縮化が挙げられる。支給開始年齢の65歳からの引上げに関しては、諸外国でも67歳への引上げが段階的に相次いでなされている（例：ドイツ、アメリカ（英は68歳））。日本における65歳以上への支給開始年齢の引上げは、もちろん高年齢者雇用安定法による65歳定年制への移行との関係から、ただちに行うことは適切ではない。また、受給資格期間である25年の短縮化については、検討課題である。ただ、受給資格期間が短縮化されれば年金受給者は増える一方で、短期の年金加入者には低額な年金を支給することになる。

老齢年金の給付水準に関しては、年金制度の持続可能性を維持させるために、2004年にマクロ経済スライドを導入した。このスライド制により今後、年金額は漸次的に低下するものの、一定の解決をみたということができよう。

2　老齢基礎年金

老齢基礎年金給付の範囲に関する課題としては、報酬比例制の老齢厚生年金部分と同様の課題、すなわち支給開始年齢の引上げと受給資格期間の短縮化が挙げられる。

一方、老齢基礎年金の給付水準の課題としては、標準年金額（40年加入）が6万6008円であるのに対し、実態としての老齢基礎年金の平均給付水準は、2009年3月末において5万3696円となっており、生活保護受給額よりも低額であることが指摘されている。また、現在の日本においては、失業者の増加とともに、非正規労働者の生活困難事例が多発し、さらに年金保険料未納者が増えている。それらの者は、将来的には低額な年金給付水準の受給に至ることが予想される。つまり、雇用環境や就業形態の変化等によって十分な年金水準を得られない状況が課題となっている。

3　障害年金

障害年金の範囲に関する課題としては、①障害認定が厳しすぎることに起因する場合（たとえば精神障害者）や、②外国在住の日本人で国民年金に加入していない者が障害者になった場合、③65歳以降に障害者になった場合、④初診日が20歳未満の障害者であって障害基礎年金の所得制限額以上の所得がある場合、⑤障害年金の請求についての時効期間を過ぎた場合、無年金者となってしまう可能性が指摘されている。

障害年金の給付水準の課題としては、障害年金の算定式が老齢年金を基準に考えられており、しかも障害等級1級の障害年金額は、単純に老齢年金の1.25倍であるとされていることが挙げられる。

障害年金は、障害等級1級の場合には単純に老齢年金を1.25倍するといった画一的な方策ではなく、障害者の特性に照らして身体的欠損だけでなく、社会的状態や所得の出費増の側面、参加支援の必要性を考慮する必要がある。

4　最低保障年金を導入する必要性とその選択肢

年金は、あくまでも一定の所得保障であって、最低限の保障をする必要はな

いという主張がある。たしかに、年金と生活保護とでは給付目的が異なり、実際、資産調査の有無も大きく異なる。しかし、およそ自らが招いた原因とはいえない社会的要因によって貧困を強いられている低年金受給権者（および期待権者）は生活保護へ大量に流れることになる。そのような者のための生活は、生活保護にのみ頼るしかなくなる前に少しでも社会保険等の仕組みによって食い止める必要がある。たしかに現在の制度においても、免除申請しておけば、年金加入者は、少なくとも2分の1の国庫負担分の老齢基礎年金給付を受けることが可能である。そして、この部分が実質的な最低保障的機能を果たしているともいえる。しかしながら、仮に40年間年金保険料を免除した場合、年金給付額は1月につき3万3000円（2009年4月の国庫負担引上げ前は2万2000円）程度となり、同年金を基に生活設計するのは困難と思われる。

　そこで、現在提案されている最低保障年金の仕組みを3案紹介する。第1案は、所得比例年金と最低保障年金の組み合わせたモデルである[14]。このモデルでは、所得比例年金として15歳から65歳までのすべての国民を対象に所得比例で保険料を徴収し、現役時代の平均所得と加入期間に応じて年金給付を行うものとされる。そこでの算定式は、年金額＝調整された賃金上昇率での再評価後の平均賃金×1％×加入年数×出生年別寿命調整係数×繰り上げ・繰り下げ減額増額率とされる。つまり、仮に40年間保険料を支払うと自らの平均所得の40％が年金になるという。また、最低保障年金は、年金額が一定水準を下回った場合に、税を財源とする月額7万円（夫婦の場合は合計13万円）を支給し、生活保護制度の給付額の水準とそろえ、地域別に算定される。なお、自営業者は、使用者負担分も自ら支払うことにしている。そこで、懸念されている問題としては所得の捕捉が挙げられている。所得の捕捉については、フリーライドを許さないために、保険料と所得税を一括徴収するなどし、過少申告を行えば、最低保障年金の受給資格を失うなど厳しく対処するか、商店主等所得のあいまいな「典型的な自営業者」は所得比例年金の強制加入者としないといった工夫が考えられている。ただし、この政策は、やはり所得の捕捉が大きなネックとなりうる。もし、自営業者を強制加入からはずす場合には、当然ながら皆年金ではなくなる。

第2案は、75歳以上に対する最低保障年金導入モデルである[15]。このモデルは、75歳以上の高齢者すべてに税財源の基礎年金（満額の約80万円）を支給することにし、2階部分の厚生年金と75歳未満の老齢基礎年金は全額社会保険料負担とする方式である。また、障害基礎年金と遺族基礎年金もまた全額税負担と考えられている。なお、75歳以上の基礎年金については所得制限を行わないこととされている。ただし、駒村案（第1案）にも言えることであるが、制度移行時に、これまで保険料を支払ってきた者とこれまで保険料を支払ってこなかった者を同様に扱うことは慎重に考慮する必要があると思われる。

　そこで、検討の余地があるものとして、第3案に、ドイツの年金補完型最低基礎保障の導入の可能性が挙げられる[16]。2003年に導入されたドイツにおける基礎保障制度は、社会扶助の一類型に分類されているものの、年金保険と社会扶助との間を埋め合わせる役割を担った制度であり、税を財源とし、稼得能力のある者に対しては就労支援を促進させる機能を有し（社会法典第2編）、稼得能力のない高齢者や障害者等に対しては軽減された所得制限のもとで基礎保障給付を行う仕組みである（社会法典第12編）。ここでは、後者を取り上げることとするが、高齢者や障害者等の稼得能力喪失者は、自らの所得または資産が社会扶助の基準程度に存在しない場合で、かつ申請権者の子および親の年間所得が10万ユーロを超えない範囲であれば扶養義務は考慮に入れずに、基礎保障を給付されることになる[15]。基礎保障の給付額としては、標準額のほか、宿泊費や暖房費等が含まれ、平均的な給付額は381ユーロとされている。

---

1) 吉原健二『わが国の公的年金制度』（中央法規、2004年）33頁。
2) 吉原健二編『新年金法』（全国社会保険協会連合会、1987年）139頁。
3) これまでの法学的見地からの年金給付水準に関する論文として、菊池馨実「既裁定年金に関する一考察」年金と経済21巻4号（2002年）76頁、中野妙子「老齢基礎年金・老齢厚生年金の給付水準　法学の見地から」ジュリ1282号（2005年）67頁。
4) 定額部分の額は、月額2000円であり、当時の60歳以上の者の生活保護法による2級地の生活扶助基準（2175円）を参考に定められた（吉原・前掲書（注1）32頁）。また、報酬比例部分は、平均標準報酬月額×1000分の5×被保険者期間月数で計算されていた。
5) 吉原編・前掲書（注2）44頁以下。
6) 当時は、一定の障害の程度として、終身労務不能程度の障害の状態にある場合には、

障害年金を支給することを「建てまへ」としていたが、具体的に障害の状態を認定することは困難なことから身体障害の程度により支給すべき障害の程度を限定していた（後藤清・近藤文二『労働者年金保険法論』（東洋館、1942年）465頁（後藤執筆部分））。
7) 厚生年金保険法解説（改訂版）』（法研、2002年）824頁。
8) 被保険者期間の3年間について、「初診日の属する月の前月」までの期間ではなく、「直近の基準月の前月」までの期間をとったのは、保険料納期限と関連して、被保険者の利益を図ったためとする（小山進次郎『国民年金法の解説』（時事通信社、1959年）177頁）。
9) 最低保障額については、その後1969年法改正において8000円に、1973年法改正では2万円に、1976年法改正では3万3000円に、1980年改正では4万1800円にそれぞれ引き上げられた。
10) 社会保険庁「社会保険事業状況」（2009年3月）http://www.sia.go.jp/infom/tokei/geppou/ge2103.html。
11) 第42回社会保障審議会障害者部会議事録（2008年10月31日）17頁以下（川崎委員発言）。
12) 新田秀樹「所得の保障」河野正輝・東俊裕編『障がいと共に暮らす』（放送大学教育振興会、2009年）117頁。
13) 新田・前掲論文（注12）116頁。
14) 駒村康平「所得保障政策に関する提言」駒村康平・菊池馨実編『希望の社会保障改革』（旬報社、2009年）86頁以下、駒村康平・稲垣誠一「年金制度改革モデル」駒村康平編『年金を選択する』（慶應義塾大学出版会、2009年）73頁（駒村執筆部分）。なお、所得比例型と最低保障年金を組み合わせたモデルとしてはスウェーデンが挙げられる。スウェーデンの最低保障年金は、居住要件が課されており（40年居住すると満額支給）、それは「旧制度の税方式年金を引きずったものであり、真の『最低保障』ではない」との指摘がある（西村淳『社会保障の明日』（ぎょうせい、2006年）194頁）。
15) 稲垣誠一「将来における高齢者の等価所得分布からみた年金制度改革のあり方」駒村編・前掲書（注14）245頁以下。
16) ドイツの基礎保障と同様に、子どもに対する扶養義務の履行を条件としない高齢者のための新たな最低所得保障制度の創設も検討すべきである旨を主張するものとして、江口隆裕『変貌する世界と日本の年金——年金の基本原理から考える』（法律文化社、2008年）59頁。
17) 松本勝明『ドイツ社会保障論Ⅱ　年金保険』（信山社、2004年）217頁以下。基礎保障に関する最近の動向については、田中謙一「ドイツにおける最低年金をめぐる議論（上）（中）（下）」週刊社会保障2352号（2009年）54頁、2353号54頁、2354号54頁。

6-4 雇用保険給付

丸谷　浩介

1 雇用失業の変容と雇用保険の目的

　雇用保険は、好況期には保険料収入が潤沢である一方で給付は少ないことから、財政的維持が容易となる。これに対し、不況期には収支バランスが崩れ、セーフティネットとしての機能を維持することが困難になるという特徴を有している。急速に拡大した雇用の非正規化と急激な経済情勢の悪化により、雇用保険はかつてないほど危機的な状況に置かれている。これにより、雇用保険法のあり方を再考させる契機となった。
　そもそも雇用は、生活を安定させる基盤となるに止まらず、労働者にとってはそれ自体が欠くことができない価値を持つのであり、同時に労働権の実現という規範的価値を担うものである。雇用は、それが奪われることが望ましくないばかりか、失われた場合には可能な限りとりもどされる必要がある。雇用保険法の目的規定をみても、失業保険法から雇用保険法へと名称を変更された1975年には失業者の生活の安定に加え再就職の支援を、77年改正では失業の予防を目的規定に明記するようになり性格の変質がみられた。つまり、雇用保険法は失業時生活保障を一義とする失業保険から、雇用の継続を加味した総合的な雇用関係の保険、さらには労働能力を維持向上させるためのエンプロイアビリティ保険といった性格を併せ持つようになってきた[1]。これに応じて現行法では、労働者の生活及び雇用の安定、再就職促進を目的としており（雇保1条）、これらの目的を達するため、失業等給付、雇用安定事業、能力開発事業を行うこととしている（雇保3条）。それでは、このような目的の雇用保険給付体系が、

変貌する労働市場を前提としていかに対応することができるのであろうか。以下では、雇用保険法の給付体系における①雇用継続に関わる給付範囲と水準、②失業等給付の給付範囲と水準、③再就職支援給付の範囲と水準について、その現代的意義を検証する。

2 雇用継続としての給付範囲と水準

　雇用保険の中核部分は失業時の生活保障であるが、失業という保険事故を予防することと労働者による主体的なエンプロイアビリティ[2]を確保するための給付もまた、雇用保険の重要な任務である。そもそも何故に雇用を維持するための給付が必要とされるか。それは我が国の外部労働市場が未発達であるが故に、内部労働市場にできるだけ止まらざるを得ない労働者を保護する必要性が高いからである。特に保護の必要性が高い労働者として想定されてきたのは、転職市場で有利な条件を提示することができるような高度な知識技能を有する労働者ではなく、職務を特定しない労働契約の下で企業内OJTによる能力開発を行う長期雇用労働者であった。

　このような観点から雇用継続に関わる給付を眺めると、①労働者側のエンプロイアビリティを高めるために労働者の能力向上をはかり（教育訓練給付）、②労働者本人にとっての雇用の継続を困難にさせる事由を消滅させ（高年齢雇用継続給付、育児休業給付、介護休業給付）、③事業主が可能な限り雇用を継続させることに向けた失業予防給付（雇用安定事業。とりわけ、雇用調整助成金）に大別されよう。これらのうち検討を要するのは③である。

　事業主側の失業予防給付としての雇用調整助成金は、そもそも歴史的に、経済的理由による整理解雇を可能な限り回避すべきとの整理解雇法理の発展と相互補完的な関係にあったと言える。このことは、日本の雇用政策を失業予防と企業内の雇用維持を最優先とする内部労働市場政策へ大きく転換させた重要な役割を果たしてきた[3]。2004年以降は景気回復に加えて外部労働市場政策へとシフトしてきたことも相まって、雇用調整助成金はほとんど活用されてこなかったものの[4]、今般の急激な雇用情勢の変化に応じて利用率が非常に伸びている。

このような現象は、雇用を守るだけの体力が企業側になくなってきているということを意味しているのであり、内部労働市場政策に回帰したと評価することはできないであろう。

しかしこのような助成金制度は現在重大な岐路に立たされている。緊急雇用対策の一環として拡充された雇用調整助成金・中小企業緊急雇用安定助成金は休業中賃金ないし休業手当（労基26条）の大部分を助成するものであるが、その財源は使用者が負担している。つまり、雇用維持力のある企業からそれがない企業へと所得移転が行われているということになる。このことは、非正規労働者依存企業から、正規労働者中心の長期雇用企業への支援を制度化したものと言え、法が長期安定的な雇用保障を目的としていることを体現したものともいえる。しかしながら、社会保険による企業間共同連帯のあり方として、このような法的価値の是非を問われるべき時期に来ていると言うこともできよう。

3　失業時生活保障の範囲と水準

1　求職者給付のセーフティネット機能

失業時の生活保障を担うものとして、求職者給付の基本手当がある。求職者給付は失業時の生活の安定を目的とした給付であり、失業時のセーフティネットとして機能することが期待されている。しかしながら、完全失業者の2割程度しか基本手当を受給していないなど[5]、求職者給付のセーフティネット機能は著しく弱体化している。それではなぜこのように雇用保険のセーフティネット機能が弱体化したのか。これには次の五点が考えられる。

第1に、全労働者に占める被保険者の割合が相対的に低下しているのではないか、ということである。ただ、労働法の規制緩和が行われた1998（平成10）年から10年間で一般被保険者数は300万人ほど増加しており、単純に被保険者数が減少しているわけではない。したがって、雇用保険に加入していたものの失業時に求職者給付を受給できない者が増加していることになる。そこで第2に、「失業の認定（雇保15条）」に必要な求職活動が、実際の求職活動と乖離している結果、受給要件を満たさないことがあげられる。第3に、離職の日以前

２年間に12ヶ月以上（有期労働契約更新拒否等の特定理由離職者は１年間に６ヶ月以上）の被保険者期間を必要とする受給資格（雇保13条１項）を満たさない失業者が増加しているのではないか、ということである。第４に、受給資格を取得したものの待機期間（雇保21条）あるいは給付制限（雇保32条～34条）を受けていることにより、一時的に支給が停止されているとも考えられる。そして第五として基本手当の受給期間（雇保20条）あるいは所定給付日数（雇保22条～23条）を経過した長期失業者が増加しているということである。

雇用の非正規化、長期失業者の増大、若年失業者の増大といった状況に鑑みると、求職者給付のセーフティネット機能が低下しているのは、上記の理由が複合的に生じている。しかし、これらの複合的要因のうち最大の要因は給付制限である。次にこの点を検討することにしよう。

２　正当な理由のない自己都合退職への給付制限

正当な理由のない自己都合退職は１ヶ月以上３ヶ月未満の給付制限が課せられ、その間求職者給付を受給することができない（雇保33条１項。なお、行政上の取扱はすべて３ヶ月の給付制限で統一されている）。これは、本来給付対象となる失業が非任意的であるが故に、保護の必要性が高いと社会的に是認されることが必要であるからだと説明される[6]。それならば、自己都合退職には受給資格を発生させないとの立法も可能であり、アメリカの多くの州が採用する失業保険制度も事業主のレイオフ・解雇のみを対象としている[7]。それでも給付制限の後に給付をする理由は、労働の意思及び能力が時間の経過と共に変化するものであり、当初は任意的失業であっても一定の期間の経過により非任意的失業と同様の状態に変化するからだと説明されている[8]。

しかしながら、このような自己都合退職の取扱は再考の余地がある。そもそも労働者が雇用保険料を負担していること、自己都合退職者に対して給付することは、転職に必要な猶予期間内の生活を保障することによってリスクへの挑戦を動機づけるといったポジティブな側面があることがその理由である。昨今の雇用情勢に鑑みると、大量の離職者が発生することを予測して早期退職勧奨に先んじて退職し、少しでも有利な条件で求職活動を行う場合にも給付制限が

課せられることになる。このようなリスク回避型自己都合退職は解雇・倒産と質的に異なることがない。少なくとも3ヶ月間（待機期間と失業認定日とを加味すると都合4ヶ月）基本手当を受給できないのは生活保障の観点から問題であり[9]、法の本則通りに1ヶ月に限定するべきであろう。

3　所定給付日数

　現下の経済状況にあっては、失業の長期化が不可避である。しかしながら雇用保険は支給期間の長期化に伴う失業者の就労意欲の減退と雇用保険制度内部への滞留を防止すること、大量失業に長期の給付を行うことによる保険財政問題といった事情から、すべての失業期間を保険給付の対象期間とはしていない[10]。それではどの程度の期間を支給対象とすべきか。ILOの「雇用の促進及び失業に対する保護に関する条約（第168号・1988・日本は未批准）」では、支給期間については失業事由が存在する期間を通じて支払われることを原則としながらも、完全失業の場合には26週間で足りるものとしている（19条）。我が国の所定給付日数は最短90日であるから、国際基準からすれば見劣りがする。これからすれば、所定給付日数の「決め方」と「長さ」が問題になろう。

　現在の所定給付日数の決め方は、再就職困難性によって決することを原則としながらも、保険財政への貢献程度と転職経験の有無・離職理由を考慮するという複雑なものとなっている。ただ、上述のようなデメリットを回避するためには再就職困難性、つまり特定の離職理由のある者に給付を集中化させている現行法は合理的であるといえる[11]。

　しかしながら、求職者の適職選択権を尊重し労働力を廉売することなく安心して求職活動を行いうることが望ましいこと、基本手当の所定給付日数が公共職業安定所等が行う再就職支援と不可分であること等に鑑みると、所定給付日数は可能な限り長い方が望ましい。ILO168号条約でもすべての失業期間を原則としていることからも、長期失業には何らかの手立てが必要である。もっとも、この役割を担うのは生活保護であるが、長期失業者の再就職支援という観点からは「利用しうる資産、能力」（生保4条1項）を活用した後にはじめて利用できる生活保護は、再就職に向けた基盤までも喪失させてしまう。そう考え

ると、社会保険によらない長期失業者に対する新たな所得保障給付の必要性が浮上してくる。長期失業状態にある者は、労働市場から排除され、社会的に排除されている。労働市場に再参入するためには、社会的排除要因を除去する必要があるのであり、そのことは、障害者の就労支援と同じ構図である。

4　給付水準の考え方

　ILO168号条約では、失業時の所得保障として前職賃金収入の50％を下回らない水準を定める（114条、15条）。我が国の基本手当の給付水準は賃金日額の50〜80％で設定されており、ILO基準をクリアしている。

　現行法に批判的な学説[12]では、被保険者資格を自営業者にも拡大し、資格期間を廃止し、給付期間では個別延長給付の弾力的発動を条件として再就職困難性に応じた有期のものとし（ただ、失業扶助制度の必要性は残る）、給付率は離職前賃金の100％を目標とする。

　しかしながら、基本手当の保険事故である失業は、受給権者の行動によって発生することもある。そこには結果として保険財政を悪化させるモラルハザードが内在することからすると、離職前賃金の100％を保障しないという現行法の給付水準には合理性がある。のみならず、基本手当額が高額であるために再就職時賃金と近接あるいは逆転する現象が生じており、このことによって早期に再就職可能であるにもかかわらず所定給付日数一杯まで求職活動を継続する求職者が少なくない[13]。このような状況に鑑みると、所定給付日数を延長した上で、支給日数の経過と共に給付水準を段階的に低下・逓減させるという方策も検討すべきである[14]。

4　再就職支援給付の範囲と水準

　再就職支援にかかる給付は、雇用保険法の保険給付として行われるのではなく、雇用対策法や職業安定法に規定する職業紹介事業や職業訓練事業と位置づけられている。民間有料職業紹介事業の解禁による求職と求人のマッチングが一定の成果を収め、公共職業訓練が民間委譲されるといった動向を踏まえると、

公共部門における再就職支援はその役割を低下させているようにも思える。しかしながら、国際的には再就職の困難さに応じて支援機関の機能分化が進行しつつあり、我が国も例外ではない。失業時生活保障との関連においても、再就職が困難な特定受給資格者や特定離職者、長期失業者にとっては、基本手当や訓練延長給付との連携を図りつつ、再就職に向けた適切な再就職支援パッケージを提供される必要がある。このようなことからすると、公共職業紹介と公共職業訓練の意義は依然として失われていないばかりか、近年はその重要性を増しているのである。

この場合に問題とされるべきは次の3点にある。第1に、求職者給付や訓練延長給付の受給要件の上で、公共機関と求職者の間では交渉力が不均衡であったことが指摘できる。むしろ、両者の交渉力を均衡させることにより、実効的な再就職支援パッケージをいかにして提示することができるかを構想する必要がある。第2に、社会的排除要因の除去から職業訓練・職業紹介といった一連の再就職支援パッケージは、求職者の状況に応じた個別的なものでなければならない。そして、そのための給付体系は、再就職困難者に集中化させるものでなければならない。第3に、再就職支援パッケージの提示については、公的責任が明確にされなければならない。その上で、適切な再就職支援パッケージの策定と履行にが、求職者に権利として保障されなければならない。

以上の諸点に鑑みると、現行の再就職支援法の体系は、未だ緒に就いたばかりであると評価せざるを得ないであろう。現行法でこれに類する支援体制が取られるのは、実質的に雇用保険給付の対象者に限られていることから、受給者比率が低下し、とりわけ真に支援が必要な求職者が雇用保険から排除されている現状に鑑みると、権利としての再就職支援というものを構想する必要があろう。

1) 山下昇「雇用保険給付の政策目的とその役割」日本労働法学会誌111号（2008年）46頁。
2) その含意は、①求職者の就職可能性、②在職者の転職可能性、③在職者の雇用され続けることのできる可能性を含んでいる。諏訪康雄「エンプロイアビリティは何を意味するのか？」季刊労働法199号（2002年）81頁。

3) 濱口桂一郎「雇用保険の法的性格」『労働法の争点〔第3版〕』265頁。
4) 山下・前掲論文（注1）（2008）58頁。
5) ILO, *The Financial and Economic crisis: A Decent Work Response*, 2009.
6) 労務行政研究所編『新版雇用保険法（コンメンタール）』（労務行政研究所、2004年）545頁。
7) ただし、保険料負担が原則として全額使用者負担であり、解雇労働者数に応じて保険料を増減するメリット制（経験料率制）を採用していることから、我が国の法制と同一に語ることはできない。中窪裕也「アメリカの失業保険制度」労旬1684号（2008年）37頁。
8) 遠藤政夫『雇用保険の理論』（日刊労働通信社、1975年）404頁。
9) 木下秀雄「失業労働者の生活保障と雇用保険法」労旬1697号（2009年）61頁。
10) 荒木誠之『社会保障法読本〔第3版〕』（有斐閣、2002年）150頁。
11) 丸谷浩介「失業時の生活保障としての雇用保険」日本労働法学会誌111号（2008年）38頁。
12) 高藤昭『社会保障法の基本原理と構造』（法政大学出版局、1994年）117頁。
13) このようなスパイク効果は、失業認定基準を厳しく変更しても不可避的に生じる。ただ、再就職時の交渉力を維持することが望ましいとの観点からすれば、必ずしもスパイク効果を否定的に評価すべきではない。橘木俊詔『セーフティ・ネットの経済学』（日本経済新聞社、2000年）160頁。
14) フランスの失業保険は、1993年から2001年までの間、給付水準の逓減制を採用し、再就職への経済的インセンティブを持たせていた。これが廃止されたのは再就職支援重視の政策に移行したからである。矢野昌浩「フランスにおける労働市場政策と法」琉大法学80号（2008年）50頁。

6-5　労災保険給付

良永彌太郎

1　保険給付の範囲と水準

　現行の労働者災害補償保険法（以下、「労災保険法」とする。）が定める保険給付には、業務災害および通勤災害に関する各保険給付（業務災害と通勤災害に関する各給付を併せて表す場合、以下、「（補償）給付」とする。）および二次健康診断等給付がある（労災7条1項）。そして保険給付で「給付の範囲」と規定されているものとしては、療養（補償）給付における診察、薬剤又は治療材料の支給、治療、看護、移送（労災13条2項、22条2項）および二次健康診断等給付における二次健康診断、特定保健指導（労災26条2項）がある。一方、「給付の水準」については、金銭給付であれば給付額または給付率で示されることになるが、医療給付である療養（補償）給付の場合にはこれをあらかじめ法定化することが困難なことから具体的な数値によって示されてはいない。以下において、給付の範囲と水準という用語については法令に従った厳密な用法に従わないで、すなわち給付の範囲については療養（補償）給付や二次健康診断等給付における給付範囲に限定しないで、休業（補償）給付等のいわば給付の種類（労災12条の8第1項、同21条）をも含むものとし、また水準については給付額や給付率で示されるものに限って述べる。[1]

2　労災保険給付の発展

　労災保険法は、労働基準法（以下、「労基法」とする。）により使用者に課せら

れた災害補償責任の保険的担保と被災労働者及びその遺族(以下、「被災労働者等」という。)の補償請求権行使を確実ならしめるため、労基法と同時に制定・施行された(昭和22年)。この時期の労災保険法による補償給付の範囲と水準は労基法上の災害補償のそれと同一であったので、労災補償は労基法上の災害補償を指すものと解されて法理的考察が行われたといってよいであろう。[2)]

　しかし、我が国の社会保障制度が国民皆保険・皆年金体制の整備期(昭和30年代中頃)以降になると、労災保険法に社会保障の考え方が浸透して、同法は保険基金を活用しつつ労基法上の災害補償の範囲と水準を超える独自の歩みを開始した。特に、昭和40年改正以降の度重なる改正によって、労災保険給付は労基法の災害補償の範囲と水準を大きく超えて独自の発展を示して今日に至っており、労基法の災害補償の範囲と水準に関する関係規定が直接適用される場面はほとんどなくなっている。また、労災保険法はその制定当初、事業主の不実の告知、保険料の滞納、故意または重過失による災害発生について、責任保険の観点からこれらを補償給付の支給制限事由としていたが、このような事業主の責に帰すべき事由による支給制限制度は撤廃された(昭和40年改正)。このことは、労災保険法が今日でもなお労基法上の災害補償責任の保険的担保としての意義を有しながらも(労基84条1項)、責任保険的要素を縮小しつつ被災労働者等の補償請求権の確保という目的をより明確化してきたことを意味している。

　なお、1973(昭和48)年改正で給付事由に通勤災害が加えられ、これに関する保険給付が新設されたことが重要である。通勤災害保護制度は、障害補償給付や遺族補償給付の年金化といった労基法上の災害補償の拡充・充実ではなく、労基法上の災害補償とは区別された労災保険法独自の新しい給付事由の創設であった。この制度は使用者の災害補償責任に基づくものではないとの考え方から給付はいずれも「補償給付」ではなくたんに「給付」とされているが(労災21条)、その給付の範囲と水準はいずれも補償給付(労災12条の8第1項)に準じたものとなっている。従って以下では、労災保険給付の範囲と水準については通勤災害に関する給付には特に言及しないこととする。

　そこで、労災保険法を給付の範囲と水準という面から労基法の災害補償との

関係でその独自の発展を見ると、以下の諸点が重要であろう。①けい肺や外傷性脊髄損傷による傷病の長期化に対応した特別立法（昭和30年、同33年）を経て、打切補償費の廃止を伴う長期傷病者補償の創設（昭和35年）、この制度の長期傷病補償給付への改正（昭和40年）、さらに現行の傷病補償年金制度への発展（昭和51年）、②重度の障害（1級〜3級）に対する障害補償給付の年金化（昭和35年）、その後、年金化の中程度障害（4級〜7級）への拡張と遺族補償給付の原則的年金化（昭和40年）、③給付額算定の基礎額としての平均賃金を給付基礎日額という概念に替えつつその最低保障額制度の導入（昭和40年）、我が国の年功的賃金体系を考慮して年金給付に係る給付基礎日額に年齢階層別の最低限度額と最高限度額の設定（昭和61年）、さらにこの年齢階層別の最低限度額および最高限度額を療養開始後1年6ヶ月経過した休業補償給付にも適用（平成2年）、④補償額の実質的価値を維持するため、すでに休業補償給付に限定して導入されていた自動賃金スライド制（昭和27年）を給付の年金化に際して年金給付の全般に拡張（昭和35年、同40年）、障害（補償）一時金や遺族（補償）一時金などの一時金給付もスライド化（昭和49年）、さらにこのような給付種類ごとのスライド制は給付基礎日額のスライド制に変更されるとともに年金給付と一時金給付については賃金変動率のいかんに関わらずスライドさせるいわゆる完全自動賃金スライド制への改善（平成2年）、⑤被災労働者の高齢化に伴う介護ニーズに応じるため、労働福祉事業として行われていた介護料支給に替えての介護補償給付の新設（平成7年）、⑥いわゆる過労死の予防のため、各（補償）給付と区別された二次健康診断等給付の新設（平成12年）。なお、労災保険法制定当初に設けられた保険施設は、その後、労働福祉事業として再編・整理され（昭和51年）、近年、事業内容の一部見直しとともに名称は社会復帰促進等事業に変更されている（平成19年）。この事業で行われるのは保険給付としてではなく省令（規則）や要綱（通達）によって法定補償給付の上積み機能を有する特別支給金や横出しとなる援護金等の金銭支給や職場復帰のための各種のサービス提供などが行われている。

　以上のような労災保険給付の発展は、以下、3つの特色に整理できよう。第1は、労基法の災害補償と給付事由は同一でありながらも給付の長期化が図れ

てきたこと(長期傷病、障害及び遺族に対する給付の年金化)、第2は、労災保険法独自の給付事由の法定化とこれによる給付制度が創設されてきたこと(通勤災害保護制度、介護(補償)制度、二次健康診断等給付制度)、第3は、給付額の実質的価値の維持と給付水準の年功賃金体系への反映(給付基礎日額制の採用とその年齢階層別最高限度額および最低限度額の設定、年金給付と一時金給付の完全賃金自動スライド化)、である。なお、これまでの保険事業(現行は職場復帰促進等事業)の内容の拡充、充実は実質的に保険給付を補充、補完する機能を果たしてきた。

　このような労災保険給付の発展は、労基法との乖離という面だけでなく労災保険法が社会保障制度との結合を強めるという面を有することになった。しかし労災保険法の社会保障制度との結合という面について、他の医療保険法や年金保険法(以下、「一般社会保険法」とする。)に対し同法は、負担の面において労災保険料は全額事業主負担となっており(企業責任)、給付の面においても一般社会保険給付に対する優越性を維持し(補償性)、負担と給付の両面での独自性を有している。一般社会保険法に対する労災保険法の独自性という面について、社会保険法における労災保険法の意義や位置づけという面での法的問題を顕在化させることになった。このような現象に呼応して、労災保険法と労基法との関係という面だけでなく、他面では一般社会保険法との関係が理論的に大きな課題となって、昭和50年代前半の時期に労災補償のいわゆる「社会保障化」論争を誘発したのであった(例えば、個別責任論から集団責任論あるいは損失填補論から生活保障論)。また実務的にも一般社会保険給付との相互調整が重要な課題になり、また損害賠償との関係についても労災年金給付や特別支給金との調整について法解釈論上や立法論上の新しくて困難な問題を提起してきたのである。
[4)]

3　労災保険給付の新しい変容

　上述のように、労災保険給付の発展は、まず労基法上の災害補償をベースとしつつ補償給付の長期化を図ることによって行われてきたが、それは労基法上の災害補償を労災保険独自の仕組みとして発展させてきたものである。また、

給付額算定基礎額としての給付基礎日額制およびその年齢階層別の最高限度額と最低限度額の設定もまた、労基法上の平均賃金制を労災保険法において独自に修正したものと言える。給付額の実質的価値の維持を目的とする賃金スライドについても、すでに労基法の休業補償で行われていた賃金スライドを労災保険の年金給付等に拡張しつつ完全自動賃金スライドに発展させたものである。これらは、労災の被災労働者等が晒されたその時々の生活困難状況と要保障性に着目しつつ補償給付の改善と充実を図ってきたことによるものと言えるであろう。

しかし近年における労災保険給付の新しい動向に着目すると、業務災害および通勤災害による喪失賃金の補填という考え方からいわばはみ出した給付が新設されている。具体的には、被災労働者の高齢化に伴う介護ニーズを捉えて保険給付化した介護補償給付といわゆる過労死の予防を目的として新設された二次健康診断等給付である。

1 介護補償給付

介護補償給付は、介護保険法の制定（平成9年）に先んじて、従来労働福祉事業として要綱（通達）によって行われていた介護料支給を保険給付化したものである（労災12条の8第1項7号、12条の8第4項、19条の2、実施細目については労災則18条の3の2～4、同別表第3、平8・3・1基発95号等[5]）。介護補償給付新設について、行政庁は次のように説明している。「高齢化、核家族化等により、重度被災労働者は家庭で十分な介護を受けることが困難になってきていることから、民間事業者等から介護サービスを受ける必要性が一層高まり、その費用負担が増大するおそれがある。他方、近年の人身傷害に係る民事損害賠償の状況をみると、重度の障害を負った者の介護に当たっている親族等による介護労働に対する金銭的な評価は高額化しており、慰謝料を上回り、逸失利益に匹敵する例も少なくないなど、損害額算定の重要な要素とされている。また、ILO第121号勧告においては、常時他人の介護を要する場合においては、その援助又は付添いのための合理的な費用を支払うための措置がとられるべきであるとされている。以上の状況を踏まえ、労働災害によって被った損害の填補を行う

という労災保険制度の本来の趣旨にかんがみると、労働災害の結果として、労働者が介護を要する状態になり、それによって生じた介護を受けることに伴う費用の支出等の損害については、単なる付帯事業としてではなく、労災保険で当然に填補すべき損害として位置づけて給付を行うことが適当である」との考えによる（平8・3・1基発第95号）。この説明から分かるように、介護補償給付は高齢社会の進行と核家族化という家族形態の変化の中で高齢化する被災労働者の介護ニーズの増大に着目しつつ労災保険法に新しい補償給付類型を加えたものである。ただ既存の補償給付は労災による喪失賃金の補填という枠組みの中で充実されてきたことからすると、介護補償給付は損失填補との意義付けは踏襲されているものの、介護に伴う特別の出費を補填するための給付であり、この点で従来の補償給付にはなかった新しい考え方によるものである。

　介護補償給付の特色として、以下の諸点を指摘できる。第1に、労災による賃金喪失ではなく労災による介護に要する特別の出費を補填するという考え方によること、従って、第2に、この給付は労基法の災害補償には存在しない新しい補償類型であること、第3に、給付は金銭給付であり（ただし、最高限度額と最低限度額が設定されている。）、介護保険法のような代理受領制度は存在しないこと、第4に、家族介護の場合にも支給されること、第5に、比較的重度の要介護状態に限定した給付であること、第6に、介護保険給付と異なり年齢による区分は存在しないので若年者であっても給付が行われること、第7に、介護保険給付との調整がなされること、である。このように、高齢化する被災労働者の介護ニーズを捉えた介護費用（特別の出費）の法定給付化は、労災保険給付の新しい変容と言うべきものである。

2　二次健康診断等給付

　二次健康診断等給付は、補償給付とは別系統の給付として創設された（労災26条～28条、実施細目については労災則18条の16～19、平13・3・30基発233号）。この給付の新設についての行政庁の説明は概ね次のとおりである。近年、定期健康診断における有病率が高まっているなど、健康状態に問題のある労働者が増加しているなかで、業務による過重負荷により基礎疾患が自然的経過を超えて急

激に著しく増悪し、脳血管疾患及び心臓疾患（以下、「脳及び心臓疾患」とする。）を発症し突然死などの重大な事態に至る事案が増加傾向にある。こうした過労死等の原因である脳及び心臓疾患については、労働安全衛生法（以下、「労安衛法」とする。）の規定による定期健康診断等により、その発症の原因となる危険因子の存在を事前に把握し、かつ、適切な保健指導を行うことにより発症を予防することが可能であるとの観点から、業務による過重負荷に伴う脳及び心臓疾患の予防を的確に行うための必要な支援措置として法定給付として創設した、と（平成13・3・30基発233号）。

　二次健康診断等給付の特色として、以下の諸点を指摘できる。第1に、労安衛法に基づく一次健康診断（労安衛66条1項、同条5項但し書きのうち直近のもの）の結果、脳及び心臓疾患の発生にかかわる異常値が認められた労働者の請求によって行われること、第2に、二次健康診断等を要する状態には業務災害を引き起こす危険性はあるものの、これを要する状態それ自体については業務起因性の有無が問われないので、この給付には補償という要素が存在しないこと、第3に、それまでの給付が業務災害発生後の補償給付であったのに対して、この給付は業務上疾病の予防給付であること、である。この給付は、二次健康診断等を要する状態の業務起因性を問題としない点で、また限定的とは言え業務上疾病の予防を保険給付化した点で、さらに労安衛法と制度上連結している点でも、労災保険給付の新しい変容を示している。

4　労災保険給付の将来とその課題

　近年における労災保険給付の変容として注目されるのは給付範囲の拡張である。第1に、給付範囲が業務災害による喪失賃金の填補に止まらず、これによる特別の出費の補填に拡大された点（介護補償給付）、第2に、業務に起因する脳及び心臓疾患の発生を予防するため、一次健康診断結果で現れた異常値が業務に起因するかどうかにかかわらず、疾病予防給付が新設された点（二次健康診断等給付）、である。介護補償給付は、業務災害によって生じた介護に要する特別の出費の補填という点では補償給付の考え方を拡張したとは言え、なお業

務災害に関する補償給付という枠内にある。

　二次健康診断等給付は、労働者の請求に基づいて行われる点で一次健康診断等（労安衛66条1項、同条5項、66条の7第1項）と異なるが、労安衛法に基づく個別事業者の健康診断義務を、脳及び心臓疾患に限ってその発生予防を事業者の集団責任によって拡大したものと言うことができる。また保険料とはいえ、事業主が全額負担する費用によって労災予防給付を行うことは労災保険法に馴染むとも言えよう。しかし、従来の労災保険給付が業務災害発生後の給付であったことからすると、疾病予防給付は業務上疾病発症前の状態を給付事由としている点、特に要予防状態につき業務起因制の有無を問わない点で、業務災害に関する補償保険としての枠からは明らかに逸脱した給付である。

　労災保険給付の発展を見ると、労基法の災害補償類型を踏まえつつ給付の長期化や給付額の実質的価値の維持や適正化を行うとともに、労基法の災害補償類型にはない労災保険法独自の新しい給付事由を加えて給付の改善、充実が図れてきた。ただ、従来労働福祉事業として行われていた介護料支給が特別出費の補填として保険給付化されたことは、職場復帰支援等事業として行われている特別支給金を含む各種の金銭支給を保険給付化することについて検討の余地があることを示している。また二次健康診断等給付の新設によって労災保険給付に業務上疾病の予防給付が位置づけられたのであるから、例えば、近年問題化している職場のメンタルヘルス（精神・神経疾患）についても予防給付化が検討されてよいだろう。

　このような労災保険給付の新しい変容を視野に入れるとき、労災保険の給付費用が全事業主の保険料全額負担によって賄われるという特質、すなわち労働関係上の危険と企業責任に適合的な範囲で、業務上疾病の予防給付、被災労働者等の生活保障給付（狭義の医療給付である療養補償給付と金銭給付である休業補償給付や年金方式による補償給付）、また依然として職場復帰支援等事業に止まっているがこれを職場（社会生活）復帰のためのリハビリサービスを保険給付化しての包括な給付立法への進展を促すべきであると考える。

　そしてそのような発展方向では、将来、労災保険法の「補償保険」という名称の再考ということも課題になるかもしれない。また労災保険給付を業務災

の補償理論のみで把握することが更に困難になってきており、補償理論を中核としつつも労働関係上の危険に対応した生活保障理論が指導的役割を果たすべきであろう。その際には、社会保険法ないし社会保障法体系の中での労災保険の給付の範囲と水準及びこれと関連する制度間調整を含む、その在り方についての本格的な検討が課題であると考える。

1) 労災補償給付の内容を独自の対象として取り上げた論稿として、西村健一郎「労災補償の内容」『窪田隼人教授還暦記念論文集 労働災害補償法論』(法律文化社、1985年) 201-244頁)。
2) 保原喜志夫「労災補償の法理論」『文献研究労働法学』(総合労働研究所、1978年) 61頁。
3) 高藤昭「労災補償の社会保障化」恒藤武二編『論争労働法』(世界思想社、1978年) 294-310頁、西村健一郎「労災補償の社会保障化」同311-329頁、荒木誠之『労災補償法の研究』(総合労働研究所、1981年) 251-279頁。この論争とその後の学説に関する文献研究については、小畑史子「労災補償」季労177号(1995年) 119頁以下。
4) 片岡曻「他の制度との調整」(前掲書(注1) 283-299頁)、西村健一郎「労災補償・労災保険と社会保障法」民商127巻4・5号(2003年) 559-584頁。特に損害賠償との調整問題については、良永彌太郎「労災補償と損害賠償の新たな関係」日本労働法学会編『講座21世紀の労働法(7) 健康・安全と家庭生活』(有斐閣、2000年) 42-60頁。
5) 保原喜志夫・山口浩一郎・西村健一郎編『労災保険・安全衛生のすべて』(有斐閣、1998年) 276-279頁(加藤智章執筆部分)参照。
6) この点につき、「一般的な健康診断によって重篤な病患の原因となる危険因子の存在が発見された場合には、こうした事態を深刻な要保障事故が発生する可能性の高い事態として位置づけ、詳細な健康診断や医師による個別的な保健指導などを保険給付として提供すること」に肯定的な考え方がある(石田道彦「社会保険法における保険事故概念の変容と課題」社会保障法21号(2006年) 132頁)。しかし一方では、「2次健康診断等給付という形で、急性脳心臓疾患に対する労災保険の給付を拡大することは、(中略)、保険料負担の局面で、労災保険の基本構造にかかる議論を惹起する可能性がある。したがって、2次健康診断等給付の対象となる所見の範囲を安易に拡大すべきはない。」、「急性脳心臓疾患の予防を目的とする2次健康診断給付等給付も、労災保険の基本構造を揺るがしかねない側面を含み、慎重な検討を要する。」との懐疑的ないし慎重な指摘がある(岩村正彦「労災保険政策の課題」(日本労働法学会編・前掲書(注4) 40-41頁)。
7) 西村健一郎「労災補償・労災保険と社会保障法」民商127巻4・5号(2003年)は、「とくに国民皆(医療)保険、国民皆年金という国民すべてが医療および年金給付について法的に保障される体制の下で労災保険がどのような役割を果たすべきか」という問題関心から考察された注目すべき論文である。

第7章 費用の負担

7-1 費用負担と財政

良永彌太郎

1 社会保険給付費用の負担関係の変容

わが国の社会保障制度の中核をなす社会保険制度が、「国民皆保険・皆年金」体制として整備されたのは、国民健康保険法の大改正（昭和33年）および国民年金法の制定（昭和34年）によってであった。それからすでに半世紀を過ぎたことになる。この間、わが国の社会保険制度は、人口構造の高齢化や就業の構造・形態、家族形態の変化、新しい社会的ニーズなどに応じながら大きく変容してきた。しかしなお、わが国の社会保険制度が、適用事業所に使用される者を被保険者とする社会保険（以下、「被用者保険」という。）とこの被用者保険によってはカヴァーされない人々が加入する社会保険（以下便宜上、「非被用者保険」という。）によって成り立っているという制度的仕組みはなお維持されている。本節では、わが国の社会保険制度の変容を社会保険給付費用の負担の面から取り上げる[1]。

社会保険制度の特徴を本節との関係で述べておくと、①保険適用と保険料徴収が強制的なものであること、②保険料額は被保険者たる各個人のリスクの高低（危険発生率）に比例せず、主としてその負担能力の有無と強弱が考慮されること、③被用者保険においては所得比例の保険料、非被用者保険では定額（年金保険）または世帯の負担能力と人員数等を考慮した保険料（医療保険）である

ことである。また、保険給付に要する費用の負担を見ると、被保険者の保険料のみによって給付財源のすべてが賄われている制度は皆無である。被用者保険の保険料は被保険者と使用者が原則として折半し、非被用者保険では被保険者が負担する保険料のみで給付費用を賄うことができないことから、給付費用の2分の1が公費負担となっている。失業給付においては労使折半である保険料と国庫負担、労災給付においては使用者が保険料の全額を負担する。なお、医療保険と介護保険においてはサービス利用に係るいわゆる一部負担金がある。

1950年代の後半に整備された「国民皆保険・皆年金」体制は、その後、これが前提としていた社会経済的基盤、社会的ニーズおよび国民意識の急激な変化により再編成され、社会保険の給付費用の負担関係にもおおきな変容が生じた。その変容の主要な点として、以下の点を挙げることができる。

第1に、1982（昭和57）年の老人保健法制定によって創設された老人医療制度における老人医療給付費の負担関係である。老人保健法は、疾病の予防、治療および機能訓練等の保健事業の総合的実施と老人の医療に要する費用の公平な負担を規定していた（老保健1条、2条1項）。老人保健法は、医療と医療以外の保健事業を区別し、医療については社会保険医療制度と結合させ、医療以外の保健事業は社会保険医療制度と切り離して公費負担で行うこととしていた。老人医療制度については、1973（昭和48）年の老人福祉法改正によって創設された老人医療費支給制度を廃止して一部負担金を課した点に関心と議論が集中したが、社会保険医療制度の観点からは大きな変容を内包していた。すなわち、①老人医療制度の適用対象者は医療保険加入者であることとされ、既存の社会保険医療制度と結合されていたこと、②適用対象者は所定の年齢（制度発足当時は70歳）以上の者とされたこと、③老人医療の内容は、加入している健康保険や国民健康保険による医療とは異なり、老人医療制度上の医療が提供されることになったこと、④老人医療費は、医療保険の保険者が7割、公費が3割をそれぞれ負担することによって賄うこととされたこと、⑤一部負担金は、老人が加入する医療保険のいかんに関わりなく同一化されたこと、を挙げることができる。

この制度創設の政策意図は老人医療費の伸びの抑制および老人医療費の負担

で保険経営が困難となっていた国民健康保険を、健康保険をはじめとする現役労働者が被保険者となっている被用者保険からの財政支援によって救済し、またこれにより国民健康保険の財源に大きな負担責任を負っている国の財政支出増大を抑制しようとするものであったと言える。ただ社会保険の観点からは、次の点が重要である。まず、いずれかの医療保険の加入者である老人は、その加入する保険団体から給付を受けるのではなく、老人保健法上の医療を受けるのである。すなわち、老人の医療保険加入者としての地位は、一方ではその加入する医療保険の被保険者として当該保険団体に対する権利・義務関係を発生させ（被用者保険の被扶養者の場合と国保加入の場合とでは保険料負担義務の有無の点で相違がある）、一方では、いずれの保険に加入しているかに関わらずすべて老人医療の受給権をもつことになったのである。例えば、国民健康保険の被保険者としては国保に対して保険料の負担義務を負いながら給付は国民健康保険の医療と区別された老人医療となったのである。その点では、保険料負担と医療受給権の関係が切り離されたことになる。次に、老人医療費の確保につき保険者が負担する拠出金制度が設けられ、これにより保険集団の垣根を越えて老人医療費の財源確保が行われたことである。この保険者拠出金制度もまた、医療保険への保険料負担と医療給付との関係を切り離したことになる。すなわち、当該老人が納付する保険料はその加入する保険者に納付されるのみで、老人の保険料納付とその医療受給との関連は個別的には切断され、医療保険の加入者たる地位および年齢のみが老人医療の受給資格になったのである。これは社会保険における保険性の大きな変容であったと言う。[3]

第2に、基礎年金制度を創設した現行国民年金法（昭和60年）における費用負担関係である。基礎年金制度は、被用者保険と非被用者保険に分かれていた年金保険制度を基礎年金の給付部分について統合したのであった。これにより、基礎年金の給付部分については被用者と非被用者およびその家族との区別は解消され、特に従来から問題点として指摘されていた被用者年金制度における被扶養配偶者の年金制度上の地位は基礎年金給付において確立されたのであった。これを年金給付費用の負担関係という面で見ると、①基礎年金制度における第1号被保険者（自営業者等）は基礎年金に対する直接の保険料負担義務が

課せられているものの、被用者年金保険の被保険者である第2号被保険者はその加入する被用者年金保険に対する保険料負担義務があるが、基礎年金に対しては直接の保険料負担義務がないこと、②第3号被保険者（第2号被保険者の被扶養配偶者）には、そもそも保険料の負担義務がなく、これは保険料が場合によっては免除される制度（法定免除や申請免除）とは全く異なるのであって、第3号被保険者は保険料負担なく年金受給権が発生すること、③第2号被保険者および第3号被保険者の給付に要する費用は被用者保険団体が支払う基礎年金拠出金によって賄われること。

第3に、従来の伝統的な社会保険には存在しなかった要介護状態や要支援状態（以下、「要介護状態等」とする。）を新たに保険事故とした介護保険制度の創設である（平成9年）。介護保険は被用者保険と非被用者保険とに区別されず、被保険者はすべて市区町村が保険者となる保険団体の成員とされた。

介護保険給付費用は、保険料5割と公費5割によって賄われるが、保険料負担の特色は以下の点にある。①第1号被保険者（65歳以上の者）に対する保険料は過去の職業の区別に関係なく課せられる所得段階別定額保険料であって、これは定額負担に所得水準による負担能力を組み合わせたものであり、従来の社会保険には存在しなかった新しい方式である。②第2号被保険者（医療保険に加入する40歳以上65歳未満の者）のうち被用者医療保険の被保険者には保険料負担が課せられるが、その被扶養者は被保険者資格を有しながらも保険料負担義務はない。③第2号被保険者の給付事由は「特定疾病」によって要介護状態等になった場合に限られるので、保険給付の対象となるリスクが極端に狭く、その意味において保険性（対価性）はほとんどなく保険という名の擬制というのが実態に近い。④第1号被保険者が加入する保険団体が徴収する保険料は相対的に少なく、給付は第2号被保険者が負担する保険料によって支えられており、第1号被保険者の保険料負担とその者に対する給付の関係も極めて希薄化している。⑤第2号被保険者が負担する保険料は医療保険者が徴収しこれが介護給付費交付金として介護保険の保険者に交付されるのであるから、介護保険の保険者と第2号被保険者の関係は保険料負担関係においては間接的なものになっている。

第4として、老人保健法に変わって新たに創設された後期高齢者医療制度は、独立保険方式となった点で従来の老人医療制度と大きく異なるのであって、そこにおける給付費用の負担関係にも大きな変容が見られる。①75歳以上の高齢者は、それまでの医療保険加入者たる資格を失って一律に後期高齢者医療保険の被保険者となり、その被保険者として保険料負担義務を負う。②後期高齢者の保険料負担能力や保険料徴収方法（年金からの天引き徴収）が問題視され批判されているが、後期高齢者の医療給付に要する費用は、被保険者の保険料（1割）、現役就業者等が加入している各医療保険の保険者からの支援金（4割）、公費（5割）によって賄われる点が重要である。給付費に占めるこのような被保険者の保険料比率が1割で残りの9割は被保険者の保険料以外の負担（支援金と公費）というのも、また従来の社会保険にはなかったことである。これも保険性（対価性）の極端な希薄化と擬制である。③後期高齢者医療制度における支援金は、後期高齢者医療の被保険者資格をもたない現役就業者等が加入する保険団体からいわば一方的に支払われるという点で、老人保健法上の老人医療における拠出金と明確に区別される。[4]

　第5に、次の点を挙げておく必要がある。社会保険給付費用の負担関係や負担方式の変容は、言うまでもなく、人口構造の急速な高齢化とそこから生み出された社会的ニーズに、被用者保険と非被用者保険を区別して出発した「国民皆保険・皆年金」体制が適応できなったことに起因している。しかし、なお医療保険においても年金保険においても被用者保険と非被用者保険との区別はその根幹において維持されている。そこで、介護保険や後期高齢者医療制度の給付費用に被用者保険の保険料が拠出金、支援金あるいは交付金として当てられるが、被用者保険の保険料の半分は使用者負担になっていることである。すなわち被用者保険の保険料の半分をなす使用者の負担分も、労働関係になかったあるいは労働関係から離脱した高齢者の社会保険給付費用に充てられていることになる。

　以上の点をまとめると、以下のようになろう。第1に、1950年代の後半に整備された「国民皆保険・皆年金」体制が、被保険者を被用者と非被用者に区分して適用対象を画定していた体制は今日において大きく変容し、国民年金、介

護保険および後期高齢者医療制度においては、給付面での区分が撤廃されたことである。しかし、現役世代については被用者保険と非被用者保険の分立が依然として維持されていることから、高齢者に対する社会保険の給付費用の負担関係が極めて複雑化している。

第2に、高齢者に対する年金、医療、介護の各給付を賄うために、世代間の連帯や扶養あるいは負担の公平といった理念による保険者間の財政調整によってその財源が調達されていることである。社会保険給付が保険集団内の成員に限られた給付と負担の関係という閉鎖性を打ち破って、高齢者を多く抱え給付費用の確保が困難な保険団体を現役就業者が加入する保険団体が支えるという法的仕組みが導入されたのである。リスク構造調整とも称されるこのような現代社会保険の構造は社会保険の在り方を大きく変えていることになる。

第3に、国民年金や介護保険の中に、そもそも保険料負担義務が課せられない被保険者というカテゴリーが現れていることが注目される。具体的には、国民年金における第3号被保険者および介護保険における第2号被保険者のうちの被用者医療保険の被扶養者がこれにあたる。これは、保険料負担能力がない、あるいは乏しいと考えられる被保険者に対して行われる保険料の減免等（本章第2節を参照）とは異なっている。この保険料徴収対象者からの除外制度は、いずれも、被用者保険と非被用者保険という分立した制度の影響を受けている。すなわち国民年金の第3号被保険者は被用者年金保険における被扶養者として、また介護保険料の徴収対象から除外される一部の第2号被保険者も被用者医療保険における被扶養者としての取り扱いを受けている。これは、被用者保険における被扶養者たる地位が、国民年金や介護保険に持ち込まれて、被保険者資格を有しながら保険料負担義務が課せられないことになったのである。また、介護保険における第2号被保険者や後期高齢者医療制度の被保険者に見られる保険料負担と給付の関係の極端な希薄化、すなわち社会保険における社会性の一層の進展もまた現代社会保険の特色となっている。

第4に、現代における年金、医療、介護の各社会保険では、高齢者に対する給付費用の確保が最大の政策課題となって、その費用確保につき、特に労働者が加入する被用者保険団体による財政支援が行われているが、この被用者保険

団体が負担する財政調整の費用の原資をなす保険料の半分は使用者が負担していることである。すなわち使用者は、労働関係になかったあるいは労働関係にない高齢者の年金、医療、介護について費用負担責任を負っていることになる。

2　給付財源の性格

1　被保険者が負担する保険料

　社会保険給付費用の負担関係の変容についての新しい法理を考えようとするとき、まずその前提となる問題を整理しておく必要がある。社会保険給付費用は保険料と公費によって賄われるが、社会保険の特色は被保険者が負担する保険料に現れる。そこで問題となるのは被保険者が負担する保険料の性格である。これに加えて、被用者保険においては、使用者が負担する保険料の性格が問題となる。この問題は、前者においては保険料負担と給付の「対価性」、後者においては使用者負担の法的根拠として問題となる。そこでまず、被保険者が負担する保険料の性格を取り上げる。

　社会保険料は、当該保険団体の成員（被保険者と被扶養者）の社会的相互扶助あるいは社会連帯理念の具体化としての性格をもつが、この性格を考えるとき保険料の給付に対する「対価性」が問題となる。[5] この問題を考えるとき、社会保険給付における要保障性の特質が重要であると考えられるので、これを年金給付と医療・介護給付とに区別しておくことが適当である。

　年金給付においては、老齢期の生活が現役就業時における生活の一定水準の維持が考慮基準になることから、給付水準が所得比例方式となることに合理性がある。このことから、所得把握が比較的容易な被用者保険においては、給付額のみならず保険料額についても所得比例方式が採用される。一方、非被用者保険では被保険者の所得格差が大きくまたその捕捉が困難であるとの技術的問題から、給付額も保険料額も定額方式が採用される。しかし老齢年金においてはいずれの場合にも、保険料額の多寡や納付期間の長短といういわば実績が給付額の決定基準となるという意味において「対価性」がある、ということになる。なお、国民年金の障害基礎年金と遺族基礎年金の給付額は保険料負担の実

績のいかんに関わりなく所定の定額となっているので「対価性」はない、ということになる。

　医療給付や介護給付における要保障性の内容と水準は所得の高低と関係がないので、給付の内容・水準と保険料との関連は切断され、当該保険の加入者たる地位のみが受給権に結びつけられている。このことは、医療保険や介護保険の保険料額の多寡や保険加入期間の長短が受給権に影響を与えないことを見ればよく分かる。[6]

　社会保険の適用と保険料負担が強制的なものでありまた非被用者保険には多額の公費負担が行われるなど保険給付と保険料負担との関係には「対価性」が希薄であることから、保険料を国や地方公共団体が徴収するとき、保険料と租税との関係が問題となる。この点、国民健康保険の保険料が租税にあたるかどうかが問題となった事案で、最高裁は次のように判示した。まず憲法84条が規定する租税の概念内容を「国又は地方公共団体が、課税権に基づき、その経費に充てるための資金を調達する目的をもって、特別の給付に対する反対給付としてでなく、一定の要件に該当するすべての者に対して課する金銭給付」とし、これは「その形式いかんにかかわら」ない、とした。その上で、「市町村が行う国民健康保険の保険料は、これと異なり、被保険者において保険給付を受け得ることに対する反対給付として徴収されるものである。(中略：筆者)、被上告人市における国民健康保険事業に要する経費の約3分の2は公的資金によって賄われているが、これによって、保険料と保険給付を受ける地位とのけん連性が断ち切られるものではない。また、国民健康保険が強制加入とされ、保険料が強制徴収されるのは、保険給付を受ける被保険者をなるべく保険事故を生ずべき者の全部とし、保険事故により生じる個人の経済的損害を加入者相互において分担すべきであるとする社会保険としての国民健康保険の目的及び性質に由来するものというべきである。」と判示した。そして保険料と憲法84条との関係については、「国、地方公共団体等が賦課徴収する租税以外の公課であっても、(中略：筆者)、賦課徴収の強制の度合い等の点において租税に類似する性質を有するものについては、憲法84条の趣旨が及ぶと解すべき」であり、市町村国保の保険料は「賦課徴収の強制の度合いにおいて租税に類似する性質を

有するものであるから、これについても憲法84条の趣旨が及ぶと解すべきであるが、他方において、保険料の使途は、国民健康保険事業に要する費用に限定されていることから、法81条の委任に基づき条例において賦課要件がどの程度明確に定められるべきかは、賦課徴収の強制の度合いのほか、社会保険としての国民健康保険の目的、特質等をも総合考慮して判断する必要がある。」、と判示した（最大判平18・3・1民集60巻2号587頁）。本判決についてはすでに多数の判例研究等がなされているが、市町村国保の保険料は憲法84法の租税には該当しないこと、しかし憲法84条の趣旨が及ぶこと、その趣旨の適用においては社会保険としての国保の目的や特質等をも総合考慮して判断すべきこと、とされたことが重要である。また、国保の保険料負担が保険給付との関係で「対価性」という用語が避けられて「けん連性」とされ、その「けん連性」は、保険給付の内容や水準との結びつきではなく「給付を受け得る地位」に成立するとされたことが注目される。このような最高裁の判断は介護保険に妥当のみならず、「けん連性」が医療保険上の地位との間に成立するという点は被用者医療保険にも妥当するものと考えられる。ただ、保険料額の多寡や資格期間の長短が給付額決定の要素となっている被用者年金や老齢基礎年金については、「けん連性」が給付を受ける地位のみに成立すると解するのは困難である。

　最高裁は社会保険における保険料と給付の関係を「対価性」ではなく「けん連性」と言い表した。「対価性」という用語が契約上の「対価性」と紛らわしく、またその内容理解も多様であり得ることから、これを国保の保険料に関する事案においてではあるが、「対価性」という用語を用いなかった点に重要な意義があると考えられる。

2　被用者保険における使用者負担

　わが国の被用者保険の保険料は被保険者と使用者が折半負担することが原則となっており、この保険料の使用者負担の根拠が問題となる。この点について考察した先駆的論文では、以下のように整理されていた。

　第1に、「労働者の生活の困窮をもたらすような事故の発生原因については雇主に責任がある。」という考え方である。この点、労災保険の保険料の全額

が使用者負担とされていることの根拠は労災補償の法理において問題となってきた。その根拠につき、個別使用者の労災発生についての危険責任の法理を使用者集団の責任に転化する集団責任の法理によって基礎づけた有力説がある。[11]しかし、業務外の傷病等によって生じる所得保障ニーズや医療保障のニーズについて、そこに使用者の補償責任の観念が成立するのは困難である。ただ、業務外の傷病等においても雇用労働自体が労働者の健康に影響を及ぼしているとして、そこに使用者の医療保険料負担の根拠を求める考え方には納得できる面がある。しかし老齢年金給付についてこの考え方を適用するのははなはだ困難である。第2は、「賃金は本来労働者の全生活を維持するに足るものでなければならないのに、実際には労働力の価値以下に切り下げられており、これを社会保険給付として取り戻すだから、その負担は当然資本家に帰すべきである。」という考え方である。この考え方は、医療保険と年金保険の両方に妥当しうる。ただ、なぜ使用者が保険料の部分的な負担に止まるのか、なぜ被保険者の保険料負担が求められるのか、という問いへの答えには明らかではない。思うに、社会保険はその給付目的を達成するための財源確保を必要とするが、被用者保険においては被保険者が、自己とその所属する他の成員に生ずる社会的事故に備えるために、すなわち保険団体成員間の社会的相互扶助または社会連帯として保険料を負担すべきこととなる。しかし、保険料は賃金の一部をもって支出されるので、この支出によって労働者とその家族の生活が脅かされることがないように、当該労働者を雇用している使用者は、賃金支払い義務に止まらないで、社会保険上のリスクについては生活保障責任を負担すべき、との考え方から保険料負担を義務付けられる、と考える。被用者を被保険者とする保険団体が使用者負担分を含む保険料を徴収するという点で、そこに労働者とその家族の生活保障に対する使用者相互間の連帯責任の存在を認めることができる。すなわち被用者保険の保険料には、社会的境遇を同じくする労働者間の社会的相互扶助ないし社会連帯理念の具体化としての面と労働者とその家族の生活保障についての使用者連帯責任という面とがあり、保険料は両者の合成体と考えられる。なお保険料の労使折半原則は多分に沿革的、政策的なものであるが、長期にわたってこれが法的に維持されていることからその規範的意義は極めて強

いと言える。なお、このような使用者の責任は当該保険団体の成員たる被保険者の保険料負担にのみ向けられ、これによる給付も当該保険団体の成員にのみ向けられていたのであって、他の保険団体とその成員との関係では相互に閉鎖的なものであった。しかしこのような保険料負担と給付との関係が、その後に生じた社会保険の構造変化によって大きく変容することとなったのである。

3 公費負担

非被用者保険においては、被保険者が負担する保険料のみによっては給付の目的を達成することができない。保険給付の目的を達成するに必要な財源を被保険者の保険料のみによって賄うとすれば、それは被保険者の負担能力を超えた負担をしかも強制的に課すことになり、それは財産権と生存権の侵害行為となり得る[12]。また非被用者保険では使用者に保険料負担を求めることが困難であるから、被保険者の負担能力の限界を補うためには、社会保険の維持について最終的責任を有する国（地方公共団体を含む）が公費によって負担すべきことになる。なお、国民年金、介護保険および後期高齢者医療制度においては、公費の負担金割合が給付費の5割に統一されている。社会保険における公費負担の根拠は、保険料のみによっては「人たるに値する」保険給付を行うことができない保険団体の成員に対する国の扶助政策の現れであって、それは憲法25条2項に基づく国の責務の具体化、と解しておく[13]。

3 費用負担関係の変容と新しい法理

今日の社会保険は大きく変容している。第1に、被用者保険と非被用者保険の区別が撤廃されて、被用者と非被用者がその職業の差違にかかわらず、1つの社会保険制度に加入する制度が現れたことである。国民年金法、介護保険法はその典型であり、後期高齢者医療制度もこの例に入る。そこでは、給付事由、給付要件、給付内容等、給付の実質に関わる事項は加入者に共通している。しかし、わが国の社会保険制度が被用者保険と非被用者保険とによって構成されるという基本構造が維持されていることから、給付財源の確保をめぐっては極

めて複雑で分かりにくい制度となっている。

そこでまず、保険料負担義務なき被保険者を取り上げる。社会保険は被保険者から保険料を強制的に徴収しこれを財源として給付を行う制度と言うことができる。しかし、被保険者のすべてが保険料負担義務を負うわけではない。例えば、国民健康保険は被用者医療保険に加入できない者をすべて被保険者とするが、その保険料は世帯主から徴収される。世帯主以外の者は被保険者資格を有していても保険料納付義務はないのであるから、保険料の賦課徴収の対象とならない被保険者が存在する。これは、個人たる被保険者を世帯単位でまとめていることによる。国民健康保険においては、保険料負担義務のない被保険者たる世帯構成員の医療受給権が保障されている。被用者医療保険においては被保険者が保険料を負担し、その被扶養者は被保険者資格を有せず保険料負担義務もない。被扶養者が受けた保険医療については被保険者に対して家族療養費が支給される（ただし、代理受領方式により実質は被扶養者に対しても現物給付化している。）。これらの制度は「国民皆保険・皆年金」体制の整備期にすでに存在していた。それでは、社会保険の変容期以降はどうであったか。

国民年金の第3号被保険者および介護保険における第2号被保険者のうちの被用者医療保険の被扶養者は、それぞれ被保険者資格を有しながら保険料負担義務がない。前者は、後述の基礎年金拠出金の額の算定基礎に組み込まれているとの理由から、後者は介護保険の第2号被保険者である被用者医療保険の被扶養者の保険料は当該第2号被保険者が負担するとの理由から、保険料負担義務がないとされる。いずれも、被扶養者というカテゴリーを有する被用者保険の仕組みと考え方が国民年金と介護保険に移入されているのである。

社会保険給付の財源構成に保険料が必ず含まれるが、保険料負担義務のない被保険者が存在していること、すなわち社会保険において被保険者資格と保険料負担義務の関係が必ずしも直結していないことを見ると、社会保険における被保険者たる地位は社会保険給付を受けることができる権利をもつことにおいて共通した意味があることになる。そしてこれは、わが国の社会保険が被用者保険と非被用者保険とに分立したまま、これを前提として新しく被用者と非被用者を1つの社会保険に統合する社会保険を構築した結果と言いうる。

次ぎに保険者負担を取り上げる。国民年金の第1号被保険者はその所属する保険団体（政府）に保険料を拠出するが、第2号被保険者は国民年金の保険者には保険料を拠出せずその属する被用者保険に被用者保険料として拠出する。第2号被保険者の被扶養配偶者である第3号被保険者には保険料拠出義務がない。基礎年金の財源は保険料と公費5割によって賄われるが、国民年金の保険者に国民年金保険料を直接拠出するのは第1号被保険者のみである。第2号被保険者と第3号被保険者に係る費用負担は被用者保険団体が基礎年金拠出金として国民年金の保険者に納付する。基礎年金拠出金の原資は第2号被保険者がその所属する被用者保険団体に拠出する保険料（使用者負担を含む）であり、第2号被保険者はその所属する被用者保険を通して、国民年金保険に対し、自己とその被扶養配偶者の費用を実質的に負担しているが、基礎年金拠出金の負担義務は被用者保険団体であって、被用者たる個人ではない。この基礎年金拠出金は保険者の垣根を越えて給付費用が移動し、その負担義務は保険者たる団体が負うのであるから、保険団体負担という費用負担方式が導入されたことになる。国民年金保険に、従来からの被保険者たる個人と国に加えて被用者保険団体という新しい義務主体が加えられたのである。そしてこの義務は強制的なものであって、被用者保険団体もまた国民年金給付費用負担の担い手として、「国民の共同連帯」（国保1条）の責任主体に組み込まれたのである。なお、このような新たな給付財源確保の方法が非被用者と被用者の保険料負担能力の格差を是正するための財政調整政策の結果であることは言うまでもない。そして、かつての退職者医療制度や現行の前期高齢者医療制度にも見られるこのような財政調整制度は、従来は保険料の使途が各社会保険団体内に閉じられていた時期から保険団体を超えて資金を移動させる制度として、当初の「国民皆保険・皆年金」体制の変容の象徴とも言える。

　なお、介護保険の第2号被保険者に係る保険料は、介護保険料として徴収され、これが保険者たる市町村に交付金として交付されるのであるから、介護保険における被用者医療保険の団体は介護保険料の徴収団体ということになる。被用者年金保険の保険料が国民年金拠出金となる基礎年金拠出金とは、この点において性格が異なる。

問題となるのは、後期高齢者医療制度における保険者支援金である。後期高齢者医療制度は広域連合を保険者とする独立保険である。いずれかの医療保険の加入者であった者は所定の年齢（原則として75歳）に到達した時点で加入者たる地位を失い、新たに後期高齢者保険の被保険者となるので、その被保険者はすべて高齢者である。被保険者は、所得割と被保険者均等割の合計額を保険料として負担するが、稼働所得がなく年金給付への依存度が高い高齢者の保険料のみで給付費用を賄うことはできない。給付費用に占める財源は１割が被保険者、支援金が４割、公費が５割とされている。給付費の４割を占める支援金は、75歳未満の者が加入する各医療保険の保険者が負担する。老人保健法における老人医療では、老人が被用者および非被用者に対するいずれかの各医療保険の加入者であったので、そこで保険団体が負担する医療費拠出金制度は保険者間財政調整制度としての性格を有していた。これに対し、後期高齢者医療制度における支援金は現役世代が加入する医療保険団体からの一方的な資金の移動である点について、かつての老人医療制度と性格が異なる。支援金の実質的負担者である各医療保険の保険料負担者は、その負担する保険料の一部を支援金として高齢者医療制度に一方的に支出することになっている。また高齢者医療の給付が現役世代の加入する医療保険の給付と明確に区別されている。国民年金においてもかつての老人医療においても、被保険者資格が同一の保険団体に保有しているが、後期高齢者医療制度にはそのような被保険者間の相互的関係がなく、現役世代が加入する医療保険団体からの片面的負担であり、社会保険の構造からすればかなり異質の制度ということになる。これをどのように理解すべきであるかという問題は、医療保険が今日もなお、被用者保険と非被用者保険に分立していることをどのように考えるべきかという問題に立ち返ることになる。社会保険医療給付については、加入する医療保険がいずれであろうと、同じ医療が提供されまた一部負担金の負担率も平準化されるに至っている。このことからすると残された課題は、それでもなお、被用者保険と非被用者保険を分立させることの理由は何か、ということになる。それはつまるところ、費用の負担構造の違いという問題に行き着くが、その中で最大の問題は、被用者保険における保険料の使用者負担の問題である、と考えられる。

被用者保険の保険料は原則としてその半分を使用者が負担する。この使用者負担の根拠についてはいくつかの考え方があるが、その理由がいずれであるにせよ労働者を使用しているという社会的地位により保険料負担義務が課せられている。使用者の保険料負担は、従って、その雇用する労働者と被扶養者に対する生活保障責任（使用者相互の連帯責任）の範囲に限定される。例えば、被用者医療保険における任意継続被保険者制度では、労働契約関係が終了した者が引き続き被用者医療保険の被保険者資格をもつことができるが、その資格を持つことができる期間は短期間（2年間）であり、また保険料に対する使用者負担は行われず全額が被保険者負担となっている（健保3条4項、38条、161条但し書き）。

　しかし、介護保険の第2号被保険者の保険料や後期高齢者医療制度における支援金に含まれる使用者負担は、従来の使用者負担の根拠と限界を超えている。介護給付も高齢者医療給付も、その財源となっている交付金や支援金の中に使用者負担分が含まれているからである。使用者は労働者を雇用しているがゆえに負担する保険料が、高齢者の医療給付や介護給付に要する財源の一部になっている。現役世代が加入する社会保険が高齢者に対する給付を支えることについて、これを世代間の連帯あるいは世代間の扶養として理解できるが、そこでの負担の担い手（連帯の主体）は稼得的活動を行う現役世代の就業者であろう。使用者はその大半が企業組織体であって個人ではない。社会保険において企業が労働関係を超えて、高齢者に対する医療給付や介護給付について費用負担を課せられていることは、社会保障における企業責任の法理の再考を促していると言える[17]。

1) 社会保険の費用負担については、近年、保険者自治論や保険の民主的統制あるいは参加の視点からも論じられているが、本節ではこのような視点の重要性を意識しつつも、これを取り上げていない。江口隆裕『社会保障の基本原理を考える』（有斐閣、1996年）179頁以下〔①〕、同『変貌する世界と日本の年金――年金の基本原理から考える』（法律文化社、2008年）170頁以下〔②〕、菊池馨実「社会保障法理論の系譜と展開可能性」民商127巻4・5号（2003年）585頁以下、新田秀樹『国民健康保険の保険者』（信山社、2009年）228頁以下、倉田聡『社会保険の構造分析――社会保障における「連帯」のかたち』（北海道大学出版会、2009年）189頁以下、など参照。

2) 改正老人保健法(昭和61年)により老人保健施設及び老人保健施設療養費支給制度が創設されたことにより、医療以外の保健事業は医療等以外の保健事業に改められた。
3) 老人医療費拠出金の性格をめぐっての議会での議論とその考察につき、倉田・前掲書(注1) 233頁以下参照。
4) この点につき、江口・前掲書②(注1) 201頁以下、倉田・前掲書(注1) 291頁以下は、老人医療費拠出金と後期高齢者医療支援金の性格の相違と問題点を論じている。
5) 社会保険料の「対価性」について綿密な分析を加えたものとして、江口・前掲書②(注1) 170頁以下。台豊「医療保険料(被保険者負担)と保険者による給付の間の『対価性』について」青山法学論集51巻1・2号合併号(2009年)、677頁以下は、「対価性」に関する学説の検討を行っている。
6) 国民健康保険や介護保険におけるいわゆる「悪質滞納者」に対する被保険者証の返還命令などの受給権制限措置には保険原理の強化という一面があるが、保険料の負担実績は医療給付の内容・水準に影響を与えないという医療保険の基本的性格が変化したわけではない。保険料を納付している者との公平性の確保および保険者の自己防衛としての意義がある。江口・前掲書②(注1) 187頁は、「必要原則を後退させ、部分的にではあるが比例原則を導入したことになる。」と捉えている。なお近時、保険料の「悪質滞納者」の世帯に属する子どもの医療受給権確保のための法改正が行われた(国保9条6項)。
7) さしあたり、碓井光明「国民健康保険条例と租税法律主義」『社会保障判例百選〔第4版〕』(2008年、有斐閣) 14-15頁およびそこで掲げられている参考文献。
8) 江口隆裕「社会保障における給付と負担の関連性——社会保障法学からの分析」国立社会保障・人口問題研究所編『社会保障財源の制度分析』(東京大学出版会、2009年) 111頁以下は「けん連性」につき、①保険料納付があるから受給権が成立するという関係がある「成立上のけん連性」、②保険給付の内容が納付保険料に対応するという関係がある「内容上のけん連性」、③保険料納付義務が消滅すれば、受給権も消滅するという関係がある「存続上のけん連性」、の3つの意味があるとする。この点について、台・前掲論文(注5) 697-702頁は独自の観点から考察を加えている。
9) 健保組合は規約により使用者の負担割合を増加することができ(健保162条)、厚生年金基金は法令で定める範囲内で掛金の使用者負担割合を増加できる(厚年139条2項)。
10) 西原道雄「社会保険における拠出」契約法大系刊行委員会編『契約法大系Ⅴ 特殊の契約(1)』(有斐閣、1963年) 322頁以下。なお、江口・前掲書①(注1) 107頁以下は、健康保険法制定時における研究者の考え方を紹介してこれに検討を加えている。また最近の注目すべき論稿として、島崎謙治「健康保険の事業主負担の性格・規範性とそのあり方」国立社会保障・人口問題研究所編『社会保障財源の制度分析』(東京大学出版会、2009年) 135頁以下。
11) 西村健一郎「労災保険の『社会保障化』と労災補償・民事責任」日本労働法学会誌40号(1972年) 43頁以下。なお労災補償と社会保障の結合を理論的に解明した学説も基本的には同じ考え方に立っていると見られる。比較的新しいものとして、荒木誠之『生活保障法理の展開』(法律文化社、1999年) 85-113頁。

12) 倉田・前掲書（注1）206頁、201頁、222頁。
13) 旭川国保訴訟の最高裁大法廷判決（平18・3・1民集60巻2号587頁）において滝井判事は補足意見で、国民健康保険に対する公的資金の投入は「社会保障の目的からの扶助政策によるもの」、と述べている。
14) 丸谷浩介「社会保険の費用負担——保険料負担軽減とその効果を中心として」社会保障法21号（2006年）150頁以下参照。
15) ただし、国民健康保険法は生活保護受給世帯に属する者を適用除外とし（国保6条9号）、被保護者については医療扶助が行われる。国民皆保険体制が整備されてすでに半世紀を経ていること、また生活保護は「その困窮の程度に応じ、必要な保護」を行うが、要医療状態と医療給付の必要性は困窮の程度に関係がないこと、医療券による受診は差別的取り扱いの疑いがあること、さらには国民年金の第1号被保険者および介護保険の第1号被保険者には被保護者も含まれていることを考えると、国民健康保険におけるこのような適用除外制度は見直す必要がある。
16) 倉田・前掲書（注1）297頁は、「満75歳以上の後期高齢者に限って、財政運営のみならず給付体系のうえでも独自の制度を設けることは、わが国がこれまでこの分野で培ってきた『国民皆保険』体制を大きく逸脱すること、また財源形態のうえにおいても従来の『社会保険』の仕組みからかなりかけ離れた内容をもち、さらにその特長である自治・自律の面でも大きな問題をはらむ」と述べている。
17) 井原辰雄『医療保障の法政策』（福村出版、2009年）68頁は、医療保険の一元化では「住民」という属性で被保険者をとらえることから事業主負担の取り扱いが問題となることを指摘し、事業主に何らかの負担を求めるとすれば、公的医療保険制度の存在を社会的なインフラととらえ、その維持のために事業主も負担するという説明になり、その場合、事業主は、保険料の一部を負担するという形ではなく、従来負担していた額に相当する額を税で負担するという形になる、と言う。

7-2　負担の免除事由・免除基準・免除の効果

星野　秀治

1　社会保険における負担の免除

　本稿では、社会保険の負担の免除について論じる。社会保険の費用負担の主体には、被保険者・事業主・他の被保険者集団などがあり、負担の形態にも社会保険料・一部負担金など複数の形がある。したがって、それらに関係する免除の制度も複数あり、その論点も多岐にわたる。このうち、本稿では、被保険者の社会保険料の免除に対象を限定し、それを、負担の問題としての免除と給付に関する二次的な権利としての免除との2つの側面から見てゆくことにする。

　第1の側面である負担の問題としての免除の問題は、皆保険・皆年金を指向する日本の社会保障を考える上で、特に重要である。すなわち、日本においては国民健康保険や国民年金といった被用者ではない者をもカバーする社会保険を整備してきたが、被用者でない者のうちには、負担能力の乏しい者も含まれる。この場合に、それらの者の適用・負担をどうするのか、また負担を求める場合にはどこまで求めることができるのか（生存権の自由権的側面など）が問題となる。

　第2の側面である給付に関する二次的な権利としての免除は、請求権を核として考えた場合に、それを支える諸権利のうちの1つとして観念されるものである。被保険者が社会保険料の負担を免除された場合、それによって給付が制限され、社会保険のセーフティネットから除外されることを意味するのであれば、皆保険・皆年金の目的から逸脱することになりかねない。保険料についてその納付義務が縮減・消滅された場合、あるいは、そもそも納付義務がない者

において、そのことが当該被保険者等の受ける保険給付の内容にどのように反映されており、また、なされるべきであろうか。

以下、この2つの観点から、まず負担の問題として、被保険者にかかる社会保険料の「免除事由・免除基準」の変容について確認し、次に免除の「給付に対する効果」について特に新たに登場してきた「社会的属性による免除事由」に着目して見てゆきたい。

2 免除事由・免除基準の概要と動向

1 保険料の免除という問題の位置づけ

免除事由・免除基準について具体的に検討する前に、保険料の免除の問題が負担の問題全般の中で、どのような位置を占める問題なのかを概観する。

保険料負担能力が十分でない者への対応としては、それらの者を、①例外として制度から除外する（国民健康保険における生活保護法による保護を受けている世帯に属する者の適用除外［国民健康保険法6条9項］など）、②被保険者とした上で本人には保険料の納付義務を課さない（国民年金における第3号被保険者や法定免除［国民年金法89条］など）、③被保険者の申請により保険料納付義務の全部または一部を免除・消滅あるいは猶予する（国民年金における申請免除［法90条］・若年者徴収猶予制度［平成16年法106附則19条］など）といった対応を各制度に見てとることができる。このうち本論では、②の一部と③について主に触れてゆくことにし、第3号被保険者の問題などは取り上げない。しかし、これらは負担できない者への対応という点において実質的にひとつながりの問題として捉えられるべき問題群であり、保険料の免除の問題も、その連続性の中において検討されなければならない。1)

同様に、保険料の免除を考える際には、諸制度におけるそもそもの保険料の賦課の方式がどのようであるかが重要である。資産割を含む応能的な賦課体系を組み込んだ国民健康保険における保険料（税）免除と、定額の保険料である国民年金における免除とでは、その持つ意味が違うことが留意されなければならない。

2　免除事由

社会保険料の免除事由については、おおよそ次の4つに整理することができる。①受益の期待できない者や他制度による給付がなされる者に対するもの（障害年金受給者への法定免除［国民年金法89条］・健康保険における少年院・監獄、労役場等への収容・拘禁者［健康保険法158条］など。その外延は、生活保護の国保適用など、「制度からの除外」によって対応される領域に接する）、②一時的低所得に関するもの（災害等により生活が著しく困難となった者［介護保険法141条］など）、③恒常的低所得に関するもの（国民年金における申請免除の一部［国民年金法90条第1項から4項］）、④被保険者の社会的属性に着目するもの（育児休業期間中の保険料の徴収の特例［厚生年金保険法81条の2］・国民年金の若年者徴収猶予制度など）の4つである。

ここにおいて、国民健康保険法と介護保険法においては、②のみ認め③を認めていないこと、そして、近年、④の類型の免除が登場・拡大してきていることが注目される。

3　免除基準

次に免除基準について見てゆく。上記②のような一時的な低所得状態による免除については、家財等の損害の程度に応じることとされており防災条例などによりその範囲や基準等が確定される。一方、国民年金法にみられる恒常的な低所得状態による免除（上記③）については、扶養親族等の有無及び数に応じた前年度所得によって決定されることになっている。

免除基準の近年の動向としては、基準そのものの変化として国民年金保険料の徴収事務の移管に伴うもの[2]、半額免除（国民年金法90条の2）など段階的な免除制度の導入に伴うものなどがあるが、とりわけ注目すべきは、国民年金における学生納付特例（法90条の3）と若年者納付猶予制度において、判定単位として限定的ながら個人単位化がみられることである[3]。

4　社会的属性による免除

このように、社会保険料の免除事由と免除基準において新たな動きを見てと

ることができるが、これらは、社会保険の将来像を考える上で重要な意味をもつ。終身雇用・年功序列賃金といった従来の前提に対応して発展してきた現行制度では、非典型雇用の拡大や若年者の貧困といった新しい社会の現実問題に対応できなくなってきており、国民年金の空洞化や無保険者の増加にみられるように日本の現在の社会保険制度はその綻びを大きくしている。ここにおいて、現実の社会の変化に対応して、免除事由として新たに社会が認めうる範囲をひとつひとつ見極めてゆくことには、この綻びを紡いでゆく可能性がある。

　社会的属性による免除は、育児のように直接的な金銭的貢献ではないが社会的に意味のあることについて評価しそれを理由として免除をなすものと、若年者の雇用の不安定といった新しい拠出困難な事柄に対して柔軟に対応するものとの２つの方向性に分けることができるが、それぞれに可能性を精査してゆく必要があるだろう。

3　給付に対する効果——「社会的属性による免除」とその効果を中心に

　次に、請求権を核と考えた場合の二次的権利としての免除の側面について論じる。一般には、社会保険料についてその納付義務が縮減・消滅された場合、あるいは、そもそも払わなくてよいとされている被保険者等において、そのことが、当該被保険者等の受ける保険給付の内容に影響を与えることはない。ところが、老齢基礎年金については、保険料を免除された期間は法定免除・申請免除ともに国庫負担分のみと計算され、全部の給付はなされない。さらに、学生納付特例や若年者納付猶予制度においては、該当期間は老齢基礎年金について合算対象期間（いわゆるカラ期間）とされ、25年の受給資格要件のみに評価されて、追納がなされない限りその期間は老齢基礎年金の金額に全く反映されない。

　このことについて、老齢という要保障事故の予測可能性から生活自己責任が強く求められていることの現れとして説明されることがあった。また、学生に対する免除が一般の申請免除から切り分けられ、その免除期間がカラ期間とされたことについて、世帯単位の保険料免除制度の特例であるからと説明される

ことがあった。確かに、要保障事故としての「老齢」には他の要保障事故とは性質を異にする側面があることは否めず、また、追納や任意加入によって事後的に対応することが可能であることからも、他の社会保険の免除とは異なる取り扱いをする合理性は肯定しうるかもしれない。

　しかしながら、いくつかの点で疑問が残る。

　まず、追納の可能性と生活自己責任の程度について。とりわけ若年者の所得が下がってきている現状において、追納の現実的な可能性は少なくとも従来と同じではない。さらに情報化とグローバリゼーションがすすみ、それに伴って雇用形態などの変化が常態化している今日の社会においては、生活自己責任の程度が従来とまったく同程度というわけではなく、再検討の余地がある。この点について、法定免除とされている各々の免除事由について、それらの期間は本人の責任に帰すことの困難な事由で負担能力が欠如している期間にもかかわらず、なぜ老齢基礎年金について国庫負担分のみと評価され全部の給付はなされないのか、といった問題群と連続した問題として、議論を深めてゆく必要がある。

　次に、保険料拠出以外の貢献の評価について。国民年金や国民健康保険の被保険者の中にも、育児によって就労が制限される者が存在するが、厚生年金や健康保険の場合と異なり、これらの者の保険料は免除されない。また、厚生年金や健康保険の場合においても、育児介護休業法による育児休業取得者の保険料は免除されるが、介護休業取得者の保険料は免除されない。

　さらに、学生の国民年金保険料の免除においては、従来、その他の申請免除と同様に国庫負担金分が老齢年金に反映されていたものが、学生納付特例が導入されたことによりカラ期間化された。同年代の就労者との公平性や世帯単位ではない免除基準を導入したことからすれば、このことには合理性があると言える。しかし、例えば大学院生の研究活動や研究を補助する活動について、それが学問の発展や科学技術の進歩に寄与している点に着目するならば、むしろ、これらを社会への貢献と評価して、国庫負担分だけでも給付に反映させる余地もあるといえないだろうか。他にも、例えばNPOや青年海外協力隊など市場とは別の価値をもって社会に参加する者の役割が増大してゆくことを肯定的に

見るならば、このような金銭に還元されにくい社会への貢献について、社会保険がどのように対応してゆくのかは、検討されなければならない課題である。

4 社会保障の将来像と社会保険における免除

これらの可能性を精査する際に重要なのは、免除をした場合に、その分を、誰が、どのようにして負担するべきかである。免除の効果とその欠損分の補填のあり方については、①給付に影響させず欠損分を他の被保険者の保険料により補填するもの（被保険者集団内における扶養）、②給付に影響させず欠損分を税により補填するもの（国家や地域レベルにおける扶養）、③国庫負担分のみ給付に反映させるもの（被保険者集団内における扶養のないもの）、④国家負担分も被保険者集団内における扶養も認められないもの（「猶予」として取り扱いもっぱら将来の当該本人にその負担を求めるもの）が認められる。ここにおいて、最終的な負担の主体として、将来の当該本人、被保険者集団、地域・国などが挙げられるが、誰がそれを負担すべきかは、「何ゆえに」その責任を負うべきかの理由によって見定められなければならない。このことについて、生活事故の社会的責任や社会保障の法的人間像といった議論が、新たに問い返されるべき時期にきているように思われる。変化の常態化は、社会の現実が質的に変化してきていることを意味しており、また、その中において、個人の在り方についてもこれまでのモデルでは対応できない変化が生じつつあるからである。

社会保障の将来像に関わる問題として議論されている基礎年金の税方式化は給付を貢献からまったく切断してしまうことを意味し、また、社会保険における税の割合を変化させるということは、これらの責任配分の割合を変えるということを意味する。これらの問題は、本稿で考察の対象とした、自己責任を問えない生活の責任の範囲についてのきめ細かな見極めや社会的な貢献についての新たな評価による社会保険料の免除、そして、税による補填での対応の議論などと通底する規範的論点を存する連続した問題群である。社会保険の改革にあたっては、財政的な観点からのみならず、これらの連続性と、改革の方向が持つ規範的な意味合いについての慎重な議論が必要である。

1) 本稿で「免除」という場合においては、国民年金における法定免除などを含めた保険料負担の軽減施策をさし、必ずしも「すでに法令または行政行為によって課されている作為義務を、特定の場合に解除する行為」（原田尚彦『行政法要論〔全訂第6版〕』（学陽書房、2005年）175頁）に限らない。
2) 平成12年改正法により、社会保険事務所への保険料徴収事務の移管に伴い、それまでのきめ細かで柔軟な保険料免除基準（平成11年6月16日社会保険庁発22参照）から、原則として前年の所得によることとされ大幅に改定された。この改正は、本稿で指摘するような制度の適正性の問題と行政の効率性の問題とを考える際に非常に大きな改正であった。
3) 堀勝洋『社会保障・社会福祉の原理・法・政策』（ミネルヴァ書房、2009年）404頁参照。
4) 丸谷浩介「社会保険の費用負担——保険料負担軽減とその効果を中心に」社会保障法21号（2006年）。
5) 堀・前掲書（注3）同頁。
6) とりわけ、障害基礎年金について内部障害や精神障害による支給が拡大しているところ、これらについては軽快し、年金が停止・失権する場合があるが、この場合、非常に低い老齢年金しか受け取れなくなる可能性が高い。

第8章 履行確保の手段

8-1 社会保険における不服申立てと権利擁護

西田　和弘

1 社会保険における不服申立ての趣旨・目的

　社会保険各法においては、被保険者ないし被扶養者と医療機関・介護サービス事業者との間で行われる具体的サービスの提供等を除き、被保険者資格、保険給付の支給、保険料の賦課・徴収等をめぐる保険者の決定は行政処分として構成されている。ゆえに、それらの法律関係について不服のある者は、保険者の処分に対する不服申立ておよび行政訴訟により救済を求めることになる。社会保険法には、行政処分に対する不服申立ての一般法たる行政不服審査法の原則に従うものと、その一部の適用を除外するものとがあるが、いずれも特別の不服審査機関による独自の救済制度を設けている。

　社会保険の不服申立ての趣旨・目的は、一般の不服申立て制度とほぼ同様で、行政庁たる保険者の行った処分をめぐる法的紛争を簡易迅速に解決し、被保険者・受給権者や事業主等に適切な救済を与えることとされる。また、紛争が起きた場合に、裁判所による紛争解決の前に、保険者サイドで原処分の見直しをする機会を持ち、裁判所に持ち出される事件を減らすという趣旨があるとされる（行政の自己反省機能）。ゆえに、社会保険各法は、不服申立て前置を徹底するが、これは他方で、個人の選択により直接訴訟を提起できるみちを閉ざしている面もある。また、社会保険に関する不服申立ては国税不服審査と並び、利

用度が高いといわれるが、不服申立て制度全般の問題点として指摘される「不服申立制度についての知識の欠如」「救済の見込みの低さ」「制度の複雑さ」は、社会保険における不服申立てにも共通する課題といえる。

本節ではまず、不服申立てにつき、社会保険に特徴的な「特別の不服審査機関」に焦点を当て、その組織・権能および審査過程の参加について検討したのち、社会保険における権利擁護の展開とその位置づけについて検討する。

2 特別の不服審査機関

社会保険法では、特別の不服審査機関が設置され、そこでの審査手続は裁判に準じたものとなっている。その理由は、社会保険法は専門技術的事項が多く、しかも大量に不服申立てがなされる可能性があり、迅速な処理を行う必要があるだけでなく、処分が被保険者の生活・生命に影響するところが大きいため、処分庁の恣意を排し、慎重な手続で処理が行われる必要があるからとされる。

健康保険・厚生年金保険・国民年金・船員保険・石炭鉱業年金基金の保険給付等に関する処分にかかる審査請求および国民年金の保険料・保険給付等に関する処分にかかる審査請求は社会保険審査官が担当し、労災保険の保険給付については労働者災害補償保険審査官、雇用保険の保険給付等については雇用保険審査官が審査請求を担当する（両方あわせて「労働保険審査官」）。社会保険審査官は厚生労働省職員から都道府県単位で厚生労働大臣が任命する（社会保険審査官・会法2条、労働保険審査官・会法施行令1条）。

審査会には社会保険審査会、国民健康保険審査会、介護保険審査会、労働保険審査会がある（他に公務員共済や労災のための組織があるが割愛する）。社会保険審査会は、健康保険・厚生年金保険・国民年金・船員保険の保険給付等および石炭鉱業年金基金の年金給付または一時金給付に関する処分にかかる再審査請求、および前二者の保険料その他の徴収金にかかる審査請求を扱う。審査会は5名で構成され、学識経験者から任命される（社審22条）。審査会は原則として3名の合議体で事件を審理する。厚生労働大臣は、健康保険、厚生年金保険それぞれにつき、被保険者の利益代表および事業主利益代表各2名を指名し（社

審30条1項)、国民年金の被保険者及び受給権者の利益代表4名を指名する（社審30条2項)。これらの者は、当事者のために、審理期日に出頭して意見を述べ、または意見書を提出すること（社審39条)、および審理のための処分の申立てをすることができる（社審40条)、しかし、これら利益代表者は、合議体の構成員ではなく、議決権もない。

国民健康保険審査会は、国民健康保険の保険給付等に関する処分および保険料その他の徴収金に関する処分にかかる審査請求を扱う。各都道府県に設置され（国保92条)、被保険者・保険者・公益の代表各3名で構成される（国保93条1項）。

介護保険審査会は、介護保険の保険給付等に関する処分にかかる審査請求を担当する。各都道府県に設置され（介保184条)、被保険者代表、市町村代表、公益代表各3名（条例によりその員数は異なる）で構成される。要介護・要支援認定に関する処分にかかる審査請求は、公益代表のみで構成される合議体で取り扱われるが、専門の事項を調査させるため、学識経験者による専門調査員を置くことができる（介保188条)。

労働保険審査会は、労災保険の保険給付および雇用保険の保険給付等に関する処分にかかる再審査請求を担当する。委員会は9名の委員で構成され、学識経験者が厚生労働大臣から任命される。審査会は原則として3名の合議体で事件を取り扱う。厚生労働大臣は、労災保険に関し、労働者代表・事業者代表各6名を指名し、雇用保険に関し、各2名を指名する。これら利益代表者の権能は社会保険審査会におけるそれと同様である。

以上のように、合議体の役割、構成や構成員の権限に関する基本的考え方は必ずしも統一的ではないが、社会保険においては、特に、公益委員や専門調査員を置くことによる専門的判断と第三者性の確保が重視されている。審査会によって構成は異なるとはいえ、公益委員や、三者構成により合議体で審査を担当する点で第三者性は強く、社会保険審査会・労働保険審査会にあっては、委員の任命に衆参両院の同意を要し、かつ身分と権限行使の独立性が保障され、独立性の確保が重視されているといえる。とはいえ、これら審査会は、最上級行政庁の発する通達の示す法令解釈からは自由ではない点で、その第三者性に

は大きな限界があることが指摘されている[7]。

3 審査過程における当事者参加

不服申立て制度が権利救済を目的とする以上、審査請求人を含む利害関係人が審査過程において自らの主張を述べる機会を確保される必要がある。社会保険審査官・会法は、審査請求受理後に保険者および利害関係人に通知し、通知を受けた者には意見表明権が認められている（社審9条の1）。また、審査官は、審査請求人の申立てがあったときは、審査請求人に口頭で意見を述べる機会を与えなければならないと規定し（社審9条の2）、審理のため必要があると判断した場合は、審査請求人または被通知者の申出または職権で、審査請求人または参考人の出頭を求めて審問し、またはこれらの者から意見若しくは報告を徴することができるとされている（社審11条）。

審査会は、必要があると認めるときは、申立てによりまたは職権で、利害関係のある第三者を当事者として再審査請求または審査請求の手続に参加させることができ（社審34条1項）、審査会は、前項の規定により第三者を手続に参加させるときは、あらかじめ当事者および当該第三者の意見を聞かなければならない（同2項）。審理は、原則として公開であるが（同37条）、審査会の合議は、非公開である（同42条）。審査会は、審理を行うため必要があるときは、当事者あるいは同30条1項もしくは2項の規定により指名された者の申立てによりまたは職権で、当事者又は参考人の出頭を求めて審問し、またはこれらの者から意見もしくは報告を徴することができる（同40条）。

このように社会保険審査官・会法の対象となるものについては、当事者のうち、被保険者側の審査への参加を確保し、「言い分を聞く」仕組みは担保されている[8]。しかし、審査会における請求人の意見陳述が、単なる「なげき」に終わるといった事態が多く、これに対し、事前手続の整備により、争点を明確化し、迅速な審理を可能とすることで、請求人への実質的支援を容易にすべきとの指摘がある[9]。正鵠を射た指摘であるが、過度に司法手続化してしまうと、簡易迅速という不服申立て制度の特質を失わせる恐れもあることに留意しつつ、

具体的な整備内容を検討する必要があろう。また、社会保険のもう一方の当事者である保険者に当事者適格が認められておらず、保険者の法的利益が保護されていないことも問題である[10]。

4 二審制と前置主義

社会保険の不服申立て前置には、審査請求のみの一段階の不服申立の場合（国保、介保、健保・厚生年金の保険料その他の徴収金に関する処分）と審査請求および再審査請求の二段階の不服申立てを要する場合（国年、労災、雇用、健保・厚生年金の被保険者資格の確認、保険給付に関する処分）がある。

二審制は、救済の機会を増すとともに、審理の結果の全国的な統一性を図る意味があると解されてきた。総務省行政不服審査制度研究会報告書は、二段階の手続を経るのは、大量に行われる処分に対するものやいずれかの段階で第三者機関が関与するなど二段階の手続きを置く合理的な理由があれば認められるとする（報告書7頁参照）。これは明らかに社会保険を念頭に置いた考え方であるが、そのことと前置主義をとることおよび再審査請求まで前置とすることは別である。社会保険における不服申立前置主義が前記のように一応の合理性を有するとしても、同報告書も提案するように、「二段階目についてはこれを経ることなく直接訴訟を提起することを許容」すべきであろう。この点、改正案（後掲）は、行政不服審査法改正案が、原則、再審査請求を廃止することに歩調をあわせ、社会保険については社会保険審査官を廃止し、原処分に不服がある者は、原処分を行った当該保険者に再調査請求を行い、その決定に不服の場合、社会保険審査会に審査請求することとしていた[11]。

5 不服申立ての課題と将来像

以上の通り、行政不服審査法との関係1つとっても、社会保険各法が定める不服申立て制度は一様ではない。さらに、特別の審査機関もほぼ制度ごとに設置され、その構成や構成員の権限が異なっている。不服申立て前置についても、

審査請求のみ前置のものもあれば、再審査請求まで前置のものもある。まさに「制度の複雑さ」という課題をあらわしている。まずは、国民にとってわかりやすい不服申立て制度に改編することを出発点に、事前手続を含む審査手続の整備が必要となる。さらに、「『簡易迅速な紛争解決』という性格を維持しつつ、『上級庁による行政監督』から『第三者機関による公正な紛争解決』を目的とするシステムへと変換することが望まし」く、「具体的には、①保険者を被保険者と相対する当事者と位置づけるとともに、②審判機関の第三者性（中立性）を高めることが望まれる。」との指摘も重要な視点である。このほか、審査機関の不服申立て取下げ推奨傾向の問題やその結果による事実上の救済が事例の蓄積を妨げていることへの批判を受けた改善も必要である。

なお、行政不服審査法案および関連法整備法案は第169回国会に提出されたが、審議未了のまま廃案となったため、本稿では最小限触れるにとどめた。今後の改正動向に注目する必要がある。

6 社会保険における権利擁護

1 権利擁護概念とその仕組み

不服申立て制度が行政処分による権利・利益の侵害からの救済を目的とするのに対し、権利擁護は権利・利益の行使の支援、その侵害の防止、侵害された場合に不服申立てを含む救済へのアクセスの支援を目的とする。周知の通り、権利擁護の概念および仕組みは社会福祉分野で発展してきた。判断能力が不十分な者は社会保障給付を含めて、社会生活における権利行使に困難があったり、虐待や財産搾取などの権利侵害を受け易かったりするために、特にこの分野での発展が見られた。しかし実際には、判断能力が十分であったとしても、情報の非対称性・官僚性・権力性のため十分な権利主張ができない場合がある。これは医療や介護サービス等に特徴的である。これらの人々の立場に立って権利行使を擁護するためには多様な手段が必要であり、それは、成年後見制度および日常生活自立支援事業のように、権利擁護者と被擁護者との直接的な関係においてなされる権利擁護と、情報提供、苦情解決、サービス評価、指導監査な

ど間接的に権利擁護を果たしうるものに大別できる[17]。これら権利擁護の仕組みは、2000（平成12）年以降、法定化が進んでいる。成年後見制度や日常生活自立支援事業のような判断能力の低下した者を対象とする仕組みも、もちろん社会保険における権利擁護に関係するが、以下では社会保険法における権利擁護に絞って考察する。

2 社会保険における権利擁護

　以上の理解に立って、社会保険における権利擁護を考える場合、その対象はもっぱらサービス（現物）給付となる。そこで、医療保険および介護保険において、どのような権利擁護の仕組みが法定されているかを見ていくこととする。その場合、社会保険各法に規定される受給権の譲渡・担保・差押の禁止（国年24条、健保61条ほか）等の受給権保護規定は、受給権者の生活の確保・安定を目的として、給付が確実にその者に帰属するようにするための制度運営者の配慮と考えられるので[18]、権利擁護とは一線を画することになろう。

　以下のように、社会保険法においては、介護保険法の制定を契機に、権利擁護規定の整備が進展してきた。

(1) **介護保険**　　介護保険法は、要介護・要支援認定の申請にあたり、指定居宅介護支援事業者等による申請代行を認め（介保27条1項）、認定後のサービス選択とその決定手続につき、事業者は利用申込者等に対しサービス選択のための情報提供を文書で行うこととし、利用者から同意を得ることを求める（省令基準）。また、介護支援専門員は、ケアプラン作成を通して、利用者への情報提供・サービス選択の支援と意思決定・契約締結の支援を行うこととなる。そして、平成18年から介護サービス情報の公表制度が始まり、都道府県が地域内の事業者の所在地・サービス内容等を広く住民に公表する仕組みが取り入れられた。サービスに関する苦情については、その解決の仕組みを法定するとともに、国保連に独立第三者的な位置づけを与えた。不服申立ての支援については、前記狭義の権利擁護がもっぱらその役割を担うことになるが、要介護・要支援申請代行者がその支援を行うこともできる。また、事業者には自己評価が義務付けられ、一部事業者には第三者評価も義務付けられる。

(2) **医療保険**　これに対し、医療では、医療法に説明と理解に関する努力義務（医療1条の4）、保険医療機関および保険医療養担当規則（以下、「療担規則」）に療養指導の一般原則があるが、個別療養の給付についての情報提供・説明、選択および同意は当事者間の問題として民事契約論で展開されてきた。しかし、第5次医療法改正により、2007（平成19）年度から、都道府県がサービス選択のための情報提供を行うこととなったほか（医療6条の3）、入院診療計画書の作成・交付・説明が義務付けられた（医療6条の4、医療規則1条の5）。サービスに関する苦情については、2003（平成15）年度より、特定機能病院や臨床研修病院では、患者相談窓口の設置が義務付けられ（医療9条の23）、2007（平成19）年度から都道府県等に苦情相談助言機関としての医療安全支援センターの設置を努力義務とした（医療6条の11）[19]。不服申立ての支援については、成年後見人等以外には、社会保険労務士がこれに当たっているが、医療保険には独自の支援の仕組みはない。自己評価および第三者評価については、医療保険に明文の規定は存在しないが、医療法のサービスの質に関する一般概括規定と相まって、医療機関にその努力が求められる。

(3) **年金**　年金法に関しては、2004（平成16）年改正で年金記録の通知に関する規定が設けられた（厚年31条の2・国年14条の2。施行は平成20年4月1日）。これは、被保険者に対する情報提供であり、権利擁護の仕組みの1つと位置づけうる。そこで問題となるのが、2007（平成19）年以降社会問題となった「年金記録問題」を解決すべく設けられた年金記録確認第三者委員会（以下、「第三者委」）での解決をどのように位置づけるかである。第三者委は、第三者により構成される法令に基づき総務省（およびその出先機関）内に設置された救済機関であるが、これは不服申立機関であるのか、権利擁護機関であるのかが問題となる。第三者委は、年金記録の確認にあたり、「国民の立場に立って対応し」[20]、第三者委の判断は「裁決」としての行政処分ではなく、苦情に対する「あっせん」として行われる。しかし、「あっせん」を社会保険庁が拒絶することは想定外のようである[21]。ゆえに、不服申立機関ではなく、被保険者・受給者の立場に立って、年金記録に関する苦情を受け付け、事実上の一定の強制力を持ってその解決を図るという新たな形態の苦情解決機関との位置づけを与えうる。

3 社会保険法理としての権利擁護

　以上のことから、社会保険法においては、もっぱら現物給付に関し、権利擁護に関する規定の整備が見られる。特に、広義の権利擁護にあたる情報提供や苦情解決、サービスの質評価などは、その程度や範囲は異なるにしても、大きな進展が見られる。これは、①介護保険以前の社会保険立法は、判断能力を有することを前提とした制度設計であったが、介護保険の被保険者・利用者は判断能力の低下した者が当然に含まれるため、成年後見制度などに加え、介護保険法独自に権利擁護を目的とした規定を設ける必要があったこと、②判断能力に問題がない場合でも、医療に典型的なように、当事者関係を考慮した一定の権利擁護が必要であるとの認識が定着したこと、そして、③これらを当事者間の契約の問題として放置せず、社会保険法として、権利擁護の仕組みを法定してきたことが挙げられる。社会保険の運営責任と消費者法的観点を踏まえた契約規制を強化する形で法定化されたように思われる。そして何より、④社会保険として権利擁護を図るべき根拠は、社会保険が強制加入であることに求められる。ただし、介護分野は社会福祉法ではなく、介護保険法上にそれを定めるのに対し、医療分野は医療保険法ではなく、その基盤となる医療法等により権利擁護の仕組みを設けている。現物給付に対する保険者や制度運営者の直接的コントロールの視点からは、逆になりそうであるが、問題提起にとどめる。

　また、各論的には、権利擁護の充実が一層求められるほか、保険者による権利擁護の視点、介護支援専門員の権利擁護機能を重視した改革が求められる。サービス給付において保険者が被保険者に対し負う責任の視点から、権利擁護実施の義務を検討し、行政等との役割分担を考える余地があろう。

　年金法においても、被保険者に対し保険料の納付実績および将来の給付に関する情報を提供するだけでなく、先の不服申立てとの関係でいえば、保険者窓口職員による適切な教示、その教示や対応の記録、社会保険労務士等の紹介を保険者の自主的な権利擁護の活動として位置づける余地があろう。

　以上、社会保険における権利擁護は2000年以降、その展開が顕著であり、当事者の私的自治から、社会保険あるいはその基盤法と相まった権利擁護の仕組みの担保へと変容する過程にあり、権利擁護を社会保険法理の１つとして位置

づける下地が整いつつある。

1) 岩村正彦『社会保障法Ⅰ』(弘文堂、2001年) 153頁。
2) 総務省行政不服審査制度研究会報告書21頁。
3) 宮崎良夫『行政争訟と行政法学〔増補版〕』(弘文堂、2005年) 129-131頁。
4) 堀勝洋『社会保障法総論〔第2版〕』(有斐閣、2004年) 272頁。
5) 『健康保険法の解釈と運用』(法研、2005年) 1250頁。
6) 審査会の組織、審議手続等を簡潔にまとめたものとして、岩村・前掲書 (注1) 158頁以下参照。
7) 岩村・前掲書 (注1) 162頁参照。
8) 労働保険審査官・会法も13条の2など同様の規定を置く。国民健康保険審査会・介護保険審査会の場合は、行政不服審査法25条に基づく書面審理が原則となるが、同条1項但書は、申し出による高等意見陳述の機会を認める。
9) 橋本宏子「社会保険審査会における「裁判外紛争解決」」社会保障法24号 (2009年) 70頁。
10) 台豊「医療保険における裁判外手続に関する立法論的考察」社会保障法24号 (2009年) 51-53頁。なお、同論文は改正案についても自己の問題意識に照らし、的確な評価を行っている。
11) 橋本・前掲論文 (注9) 60頁。
12) 台・前掲論文 (注10) 56頁。
13) 土屋和子「社会保障における行政不服申立て制度の現状と問題点」社会保障法16号 (2001年) 138頁。
14) 宮崎・前掲書 (注3) 140頁は、(審査機関の取り下げ推奨による事実上の救済は)「請求認容の裁決例の蓄積ができず、不服申立ての審理運用が担当者しだいの場当り的処理ですまされることになり、不服申立制度の運用に統一性をとることができなくなる」と指摘する。
15) 詳細は、河野正輝『社会福祉法の新展開』(有斐閣、2006年) 179頁以下参照。
16) 西田和弘「社会保障の権利擁護・救済手続き」日本社会保障法学会編『講座社会保障法1 21世紀の社会保障法』(法律文化社、2001年) 170頁。
17) 菊池馨実「介護保険制度と利用者の権利擁護」季刊社会保障研究36巻2号 (2000年) 233頁以下も参照。
18) 西村健一郎『社会保障法』(有斐閣、2003年) 61頁。
19) このほか、医療安全調査委員会 (仮称) や産科医療補償制度にも権利擁護の側面がなくはないが、ここでは取り上げない。
20) 総務大臣決定「年金記録に係る申立てに対するあっせんに当たっての基本方針」平成19年7月10日。
21) 江口隆裕「社会保障法における裁判外紛争解決のあり方」社会保障法24号 (2009年) 14頁も、第三者委の目的が事実関係の確認なのか、救済なのかが明確でなく、社会保険庁があっせん案に従わなかった場合にどのような救済が可能かも明らかでないと指摘する。

8-2　介護保険の苦情解決

高倉　統一

1　社会福祉と苦情手続

　苦情手続が日本の社会福祉領域上はじめて法制化されたのは1997年の介護保険法（以下法）においてである。法は、高齢者福祉サービスのうち、ことに介護保険サービス（指定居宅サービス、指定居宅介護支援、指定施設サービス等）にかかる苦情解決を国民健康保険団体連合会（以下国保連合会）の業務の一とした。すなわち同機関は①当該サービスの質向上に関する調査、②指定居宅サービス事業者、指定居宅介護支援事業者、介護保険施設等（以下指定事業者等）への必要な指導・助言をなすとされている（法176条1項2号）。他方2000年の社会福祉法（以下社福法）は、上記サービスのみならず原則福祉サービス全般の苦情解決を法定した。その手段は大きく2つある。その1は、福祉サービス提供者（以下提供者）内の苦情解決（82条）。その2は、第三者機関の苦情解決、すなわち同法83条にもとづき都道府県社会福祉協議会に運営適正化委員会が置かれ、これが福祉サービスの苦情解決をおこなうのである（85条1項）。
　社会福祉の苦情手続は「法制上の義務づけに基づく権利擁護システム」である。これは「裁判によらずに苦情・不服の解決・救済を図ることを目的とする点で、従来の行政不服審査と共通するが、しかし苦情解決の手続きは、①行政処分にあたらない日常的な介護行為（民間サービス事業者・民間施設による介護行為を含む）などに対する苦情をも広く受理すること、②裁決（行政庁が処分もしくは不作為についての審査請求・再審査請求に対し、訴訟手続きにより判断を与える一種の行政処分。当事者だけでなく関係行政庁を拘束する）の手段によら」ない点等

が異なる。[3]

　小稿の課題は、法の苦情手続を利用しやすくするには何をなすべきかを考えることである。その考察はつぎの２つの視角からなされる。第１は、苦情手続の定義と「正式」の標準[4]およびそこにおける個人的権利とその論点提示である。第２は、右に示された諸権利を実地のものとする基本枠組みの提示である（紙幅の関係上、本論であげる苦情実例は詳細を省き大きく結論だけを述べる）。

2　定義、正式の標準、個人的権利の論点

1　定義

　社会福祉の苦情手続とは、福祉サービス利用者（以下利用者）または当該利用者の同意を得た一定の関係者がサービスへの疑問ないし不満等（以下苦情）を表示し、正式に①苦情解決機関がそれを②受理、③調査し、必要な場合、改善指導をおこない④結果を苦情申立人に報告する手続である。この定義にいう「正式」の標準と個人的権利の論点は以下のとおりである。

2　苦情解決機関

　苦情解決機関とは、サービス利用の当事者とは一定独立した構成員により苦情手続を遂行する組織である。通常、苦情解決機関に第三者機関と提供者内機関とを考え得る。独立性は前者においてより確保され、日常業務を通じた苦情対応、問題改善の迅速性は後者においてより優れ得る。が、そのいずれにおいても当該機関の設置および組織準則（構成員の定数、選任手続、任期等）が、法令または自主規範（サービス利用契約書、重要事項説明書、運営規定）に明示されるべきである。これが正式の苦情解決機関である。

　既述のように現行法の第三者機関に国保連合会と運営適正化委員会がある。前者については法および法の指定事業者等の人員、施設及び運営に関する基準（以下基準省令、条規については「指定介護老人福祉施設の人員、設備及び運営に関する基準」厚生省令39号を示す）にもとづき、国保連合会介護サービス苦情処理委員会設置規定が設けられている。後者については社福法施行令により組織準則（委

員の定数、選任、任期等）が法定され（社福令6―15条）、それにもとづき同委員会設置要綱が定められている。

他方、提供者内機関については、法令は利用者等の苦情対応のため、苦情受付の窓口設置等、必要な措置を講ずるというのみで（基準省令30条1項、社福法82条）、とくに機関の設置を定めず、提供者の運用に委ねている（法的拘束力はないものの「社会福祉事業の経営者による福祉サービスに関する苦情解決の仕組みの指針について」平成12・6・7障452等は、第三者委員の設置を含め、苦情解決体制について言及している）。

K県国保連合会現地調査で知る範囲では指定事業者等の対応はまちまちである。ご意見箱や形だけの相談窓口で済ませているものもあれば苦情処理委員会を設置し第三者委員を配置しているものもある。ただ、後者を即「可」とすることはできない。書面は実態を語らず、提供者内苦情委員会に第三者委員を配置し、それを契約書、重要事項説明書等に明記していても、当該委員がまったく「息のかかったお飾り」ということもある、というかそのことの方が多い。かりに「患者の権利オンブズマン」のような組織との協定を結び、そこから第三者委員を派遣させていればこれは信用し得る。というのは馴れ合いではない第三者委員を置く指定事業者等は、委員報酬等の形式的事項だけでなく、どの事案について、どういう手続で第三者委員を招聘し、当該委員を調査にどう関与させるかという具体的事項まで定めているからである。現地調査で知るかぎりかかる指定事業者等は皆無である。

3 受理

苦情表示そのものは、口頭であると文書であるとを問わず、かつ提供者内職員、設置・管理者、行政機関等、誰に対しても、自由になされなければならない。しかし、当該表示者が、①苦情申立受理の審査基準とその運用、②手続の概要と標準処理期間（それを渡過した場合の書面による理由付記）、③苦情申立にともなう事実上の効果または不利益について、説明を受けての選択をなし苦情申立人となるとき、苦情解決機関は、所定の手続を踏むべく苦情内容を整理して文書にし一定期間保存しなければならない。これが正式の受理である。また

ここで想定され得る論点はつぎの2つである。
　第1は、苦情解決の申立人または社福法においては申出人（85条）と利用者が異なる場合の利用者本人の権利である。後述の理由から福祉サービスの苦情手続は利用者本人が統御すべきであると考える。他方、法および社福法は申立人の範囲を定めず、実務指針（国保連合会については『介護保険にかかる苦情処理の手引、第5版』（以下『手引』）、運営適正化委員会については「運営適正化委員会における福祉サービスに関する苦情解決事業について」平成12・6・7社援1354、以下1354通知）は申立人の範囲を広くとる。
　申立人の範囲が広いこと自体に反対ではない。しかし、利用者以外の者が申立人となるとき（実際Ｋ県では27案件中26件が家族の申立である）、手続の諸段階で、利用者本人が「かやの外」におかれ、物事が進められる蓋然性が高い。これは、苦情手続のみならず、総じて日本の社会福祉全般の弱点である。というのは地方行政や福祉現場は、サービスの当事者である高齢者、障害者、要援護児童を個人単位にとらえるのではなく、利用者とその家族を一包みにして、むしろ家族を念頭にものごとを進める傾向が強いからである。たとえばＫ県で法の指定事業者等でのリハビリテーションが当初の約束どおりでないという苦情を家族が申立てた事案がある。もちろん、機能訓練にかかる介護報酬（加算も含めて）を請求しながらまともなことをしないのは問題である。しかしじつはリハビリ要求は家族に高く、高齢者に低かった。このとき利用者と申立人を独立二個の人格としてとらえずに真に有効な苦情解決をなし得るであろうか。
　よって苦情解決機関は、まず、利用者が生きているかぎり認知症であろうと何であろうと、つねに利用者本人が苦情手続の主体であることを原則とすべきである（かりに利用者に意思表示の力が不十分である場合には代弁等の措置を講じればよい）。その上で、利用者と申立人が異なる場合には、利用者本人の意向を確認する手続を各段階で整備すべきである。そこで核となる権利は、自己情報の本人統御権、利用者が苦情手続について説明を受けての選択をなす権利である。
　第2は、苦情受理の審査基準の問題である。苦情の定義や範囲、受理審査について法定標準はない。苦情解決機関の裁量である。『手引』は国保連合会における苦情手続での「対象外事案」（『手引』8頁）として5の事案をあげ、そ

れを口頭または文書にて申立人に告知し加えて苦情申立書には「本件に係る指導・助言の内容を裁判」に用いない旨の一文を入れるとしている（『手引』18頁）。対象外事案は以下のとおり。①訴訟提起がなされている事案、②訴訟提起が予定されている事案、③損害賠償責任等の確定を求める事案、④契約の法的有効性に関する事案、⑤医療事案、医師の判断に関する事案である。

『手引』の検討自体が目的ではないが、同文書は国内の介護苦情手続実務の指針として事実上の影響力が大きいので簡単に結論だけをいう。上記基準の①②は訴訟との関係を想定している。法は、国保連合会の苦情手続が介護保険サービスの質の向上に関する調査と指定事業者等への指導・助言であると明示している（法176条1項2号）。その趣旨に則り同機関は、当該手続にかかる個人記録等の閲覧、提出を求め、事情を聴取し、改善指導等をおこなうのであり、指定事業者等の協力義務もこの趣旨に基づくのである。よって、調査過程等で同会が入手し、苦情手続の当事者に提供した情報や指導助言等を当事者が裁判に用いない旨の確認をなすことには一定の合理性がある。しかし、その確認をすれば十分で、その後に申立人等が裁判をなすか否かを、受理の審査基準としてあげるべきではない。③について、ホームヘルパーによる数回の鍋焦がしが苦情申立事案となったことがある。現地調査により当該事実の有無を確認し、指定事業者等には起こったことへの率直な説明と再発防止等の改善指導がなされた。よって、「損害賠償責任等の確定を求め」ないというのは、国保連合会が賠償や鍋の買い代えまで言及しないという程度であり、上記のような事案を「対象外」とすべきではない。④は意味不明。⑤については、たとえば介護老人保健施設における適切な医学的管理を調査・指導助言するときには医療事案ないし医師の判断は当然検討することになり、これも意味のない基準である。

4　調査・改善指導

調査とは、苦情解決機関が苦情申立の事実を提供者に告知し、苦情内容にかかる事実の有無を確認する手続である。改善指導とは、上記調査により事実を確認した苦情解決機関が改善の必要ありと判断したとき、提供者に指導助言をなし、改善結果を確認する手続をいう。この手続が正式たるには①調査・指導

等の方法、②苦情解決機関の権限（利用者にはプライバシー権放棄の同意を求める権限、提供者には、施設への立入、個人記録等の閲覧・提出、関係者の立会い、質問権、改善指導への真摯な対応と改善結果報告を求める権限等）が明示されていなければならない。ここで2つのことが問題となる。

第1は、利用者（申立人）による調査過程への参加である[8]。調査、改善指導の段になると、苦情解決機関は、提供者とのやり取りに終始し、申立人の当初の「思い」をよそに、ある場合なおざりなまた逆に申立人に理解困難なほど技術的かつ専門的な議論の応酬になり得る。それを回避するために適宜、調査過程、ことに中心たる現地調査に、利用者（申立人）を参加させ、意見表明の機会を与えるべきである（調査過程への参加と意見表明の権利）。

第2は、サービスを継続する場合の利用者への不利益な扱いの禁止である。苦情申立の事実がこの段階で正式に提供者に通知される。よってサービス継続中の場合、苦情解決機関は、当該申立にともなう利用者への不利益な扱いをしないよう提供者に警告するとともに、申立人には受理の段階でかかる措置を講ずることを知らせるべきである。さらに提供者は、苦情申立にともない不利益な扱いを受けない権利を、契約書、重要事項説明書に明記すべきである。実際に、K県では既述27の苦情申立のうち26が利用者の死亡ないしサービス終了後の申立である。それを鑑みるならばこの権利はきわめて重要である[9]。

5　結果報告

結果報告とは、苦情解決機関が調査および改善指導の結果を書面等において利用者または申立人に報告し、その結果に不満の場合当該機関または他の苦情解決機関への再申立の意思を確認する手続である。既述調査過程に参加しなかった申立人にも調査や改善指導の概要が理解できるよう苦情解決機関は分かりやすいことばでことの顛末を説明しなければならない。ここでは申立人が結果にかかる意見表明と選択の権利が肝要となる。

『手引』は、同一案件にかかる国保連合会への再申立は原則認めないとする（『手引』42頁）。他方、1354通知は介護保険制度の対象となるサービスであっても「利用者の選択により、運営適正化委員会の事業を利用することが当然可能」

であるという。よって国保連合会は、再申立を認めないとしても、運営適正化委員会に対し改めて当該事案を申立し得る旨を申立人に告知すべきであろう。それは一方で申立人の利益でもあり、他方でかりに同委員会への申立になればそれとの比較により、国保連合会がおこなったことへの自己懐疑・自己批判の契機ともなり得るからである。

3 権利の実地化と内なる力の強化

既述手続に示した個人の権利を実地のものとしなければならない。実地化の枠組みはつぎの3つである。第1は、憲章化である。苦情解決機関は、上記権利（この他にも措定されよう諸権利）を憲章に謳い、それを公衆に示し、施設内に掲示する。さらに提供者は、上記権利憲章を重要事項説明書、運営規定等に明示する。第2に、憲章具体化のために必要事項を合意文書化する。提供者は、憲章内の権利をサービス利用契約書に明示条項化する。正式の苦情申立を想定して、苦情解決機関は①利用者本人のプライバシー権放棄の同意書、②調査等の過程で知り得た事業者等情報を裁判で使用しない旨の同意書、③調査への参加、意見表明の意思確認書、④再申立等をおこなう際の申込用紙等を様式化する。第3に、苦情解決機関および提供者は、上記文書の一切を契約締結時または苦情申立時に分かりやすいことばで説明し、手続のひとつひとつを利用者本人が統御し得るよう専門的共働をおこなう。同時に身体機能等の補填（手話、点字、通訳——日本語を母国語としない者）の配慮をおこなう。

上記実践の要点は、苦情解決での利用者本人の過程への作用を前提とする自主規範の確立である。よって提供者は、通知・通達類への盲従、形だけのマニュアル複写の慣行を慎むべきである。他者から便利なものを受け取って体裁を整えるのではなく、若干の不便や混乱、時間の要することであっても、厭わず従事者間の話合い、利用者・家族との話合いをおこない、権利実地化の実践を図るべきである。そのことを通じて、かりに立場の弱い、力の弱い利用者であっても、物事のすすみゆきを自ら統御しようという内的要求を生み出し、それが利用者の内なる力を強化（エンパワメント）することにつながり得るからである。

これが社会福祉の苦情手続を個人が利用しやすくするための権利論的側面からの結論である。

1) K県国保連合会は法施行から現在までの約10年で27の苦情申立を受理している（苦情申立ではないが同会への電話等による相談事例は同期間に約1650件）。申立の趣旨は、介護事故、容態急変時の適切処置の懈怠、暗黙ないし露骨な退所強要、暴言等やまたそれ以上に、かかる事態に直面した際の提供者の説明不足、紋切り型対応への不満である。各都道府県国保連合会苦情処理事例集、運営適正化委員会事業報告書等は、それらがひとりK県のみならず、国内の社会福祉施設・事業者に日常茶飯事に起こり、いわば社会福祉の苦情の典型たることを示している。
2) 省令等も含め社会福祉の苦情手続の概要は高倉統一「介護保険サービスと個人情報保護の課題」自治体法務研究18号（2009年）94頁。
3) 河野正輝『社会福祉法の新展開』（有斐閣、2006年）201頁。
4) 苦情は、既述のように、様式性にとらわれずに自由に表示されるべきであるが、ことに事業者内での苦情申立についてはそれがうやむやにされる傾向がすこぶる強いのでここで「正式」の標準という語を用いた。
5) 85条2項は「当該申出人に福祉サービスを提供した者」とあるが、利用者本人と申出人とを同一視するこの文言は立法論上問題がある。
6) 『手引』における申立人は、本人または代理人である。後者に家族（配偶者、親、子、兄弟姉妹等）、介護サービス事業者、介護支援専門員、民生委員、保健婦、主治医、その他近隣者、友人等がある。1354通知は(イ)特定利用者からの苦情について①福祉サービスの利用者、②その家族、③代理人等、(ロ)不特定のそれについては民生（児童）委員、当該事業者の職員等、当該福祉サービスの提供に関する状況を具体的かつ的確に把握する者を申出人とする。
7) 社福法85条2項は、同委員会によるあっせんを規定している。が、目下K県では実例は皆無である。
8) 基準省令33条は指定事業者等に対し市町村からの文書等提出・提示の要請、当該職員の質問・照会への対応、市町村が利用者の苦情にもとづいておこなう調査への協力、市町村の指導・助言に従って必要な措置を講ずること（3項）。市町村への改善内容の報告（4項）。国保連合会のおこなう調査への協力、指導助言に従って必要な改善をおこなうこと（5項）。国保連合会への改善内容の報告（6項）を義務づけている。
9) 苦情解決の体制の構築だけに狭く関心が向きがちであるが、それだけでは不十分である。K県におけるほぼすべての事案について、利用者等は何らかの苦情を表示した瞬間、暗黙の退所強要、サービス停止通知を受ける。よって施設であれば退所判定の実体的基準、退所手続、退所判定委員会の公表と利用者等参加等の規準を整備しなければならない。
10) この点の示唆は戒能通孝「福祉国家論の非福祉的機能」『法社会学』（戒能通孝著作集Ⅶ）（日本評論社、1977年）208頁。

8-3 社会保険における義務と履行強制

丸谷 浩介

1 社会保険の性質と義務

 社会保険は強制加入を特徴とする。この帰結として、保険料を賦課された被保険者等から、保険者は、保険料納付義務者の意思にかかわりなく保険料を徴収することができる。判例によると、このような保険料の強制徴収性は憲法上の自由権や財産権を侵害しない[1]。契約自由原理が支配する私保険とは決定的に異なる社会保険法固有の原理であるということができよう。
 本稿で論ずべき課題は①社会保険に関する義務にはどのようなものがあり、②その義務は誰がどの程度負うべきであり、③そもそもなぜそのような義務を観念しなければならないかである。とりわけ、①に関しては、①保険関係成立とその変動に関する届出の義務、②保険料納付義務、③保険料の終局的負担義務、④保険給付時における義務を論じる必要がある。そして、これらの義務履行を強制するために①保険料徴収方法、②保険料納付の督促と延滞金、③保険料徴収猶予、④保険料徴収委託、⑤滞納処分、⑥保険給付方法の変更による間接的な履行強制、⑦地域保険と職域保険、政府管掌・市町村管掌保険と組合・公法人の保険といった保険団体の性格による相違等を立体的に論じる必要性がある。
 そもそも、社会保険の義務とその履行強制というとき、被保険者が負担すべき保険料を納付せず、これに対して保険者が保険料債権を強制徴収することが想起されるであろう。しかしながら、実際の社会保険各法では①被保険者以外の者に対する保険料納付義務と、②保険料未納者に対する履行強制を、保険料

債権そのものの回収ではなく保険給付の側面で調整しようとする政策が活用されてきている。

そこで本稿は、被用者保険における事業主の届出義務と保険料納付義務、保険料滞納処分によらない履行強制システムについて論じることにする。

2　被用者保険の義務

1　届出義務と被保険者資格

被用者保険では、保険関係の成立及び標準報酬にかかる届出義務を負うのは原則として事業主である。厚生年金保険法では、適用事業所に使用された日に被保険者資格が発生するが、その効力は社会保険庁長官の確認によって生ずる（厚年18条1項）。その前提手続として事業主は社会保険庁長官に対して被保険者資格の取得の取得を届け出る義務を負い（厚年27条）、その義務違反には罰則が予定されている（厚年102条1項1号）。このような事業主による届出義務が履行されたか否かと事業主の保険料納付義務（厚年82条2項）は法律上の直結した関係ではないものの（事業主が届出義務を怠っても被保険者の確認請求や職権によって資格取得の確認が行われ（厚年18条2項、同31条）これに基づき保険料納付義務が発生することは考えられる）、実務上は届出義務の履行により保険料納付義務が履行される関係に立つ。なお、以上のような法構造は健康保険法でも同様である。これに関し、事業主の届出義務や納付義務は社会保険の強制適用を担保する仕組みの一つであり、保険料負担を回避する等の事情により社会保険に加入しないことについての合意があったとしても、保険関係は成立し、届出義務等を免じられるものでもない。このような事業主に届出義務を負わせたのは事業主の保険料負担義務に由来するものである[2]。

2　届出義務の懈怠と労働契約

問題は、このような事業主の届出・納付義務の法的性格について、保険者に対する公法上の義務に過ぎないと解するのか、それとも私法上の義務をも構成すると考えるのか、ということである。

裁判例では、私法上の義務を明確に否定するものがある。エコープランニング事件[3]は、届出義務が公法上の義務であり「雇用契約において使用者が労働者に対して負担する義務であるとは解することができない」としており、初期の学説にも、このような義務が社会保障法が設定した義務であって、労働契約から当然に発生する義務でないとするものがある[4]。

しかしながら、多くの裁判例と学説は私法上の義務を肯定する。事業主は被用者の保険事故発生に備えて被保険者資格取得の届出を行う私法上の義務を負担する[5]というのが多数判例の立場である。その義務の内容は厚生年金加入権を侵害する結果とならないようにすべき注意義務[6]、共済制度への加入が労働者の福祉に寄与することからこれを侵害する結果にならないようにすべき義務[7]、を含む。この効果として、事業主の手続懈怠が不法行為法の作為義務違反を構成する[8]。そして、学説もこれを私法上の義務として構成し、不法行為法責任を認める[9]。

もとより、被保険者には被保険者資格の得喪に関する確認請求をすることができる。そして、被保険者が確認請求を行わななかったことを理由として損害の発生が否定される[10]。しかしながら、届出義務者・保険料納付義務を負わない被保険者が自らの社会保険法上の地位を正確に把握し、確認請求を通してそれを実現することは実効性に乏しい。

そもそも届出義務が被保険者から使用者に付託されたとものであるとすれば、労働契約上の義務であると構成することも可能である[11]。この点につき、裁判例では事業主の義務を労働契約上の付随義務であると構成・主張するものがある[12]。学説ではこれより進んで、労働契約に内在する本来的債務であるとするものも現れた[13]。しかしながら、労働契約は労働者が使用されて労働し、使用者が賃金を支払うことについての合意（労契6条）を中核とする権利義務として構成されることに鑑みると、付随義務と解するのが妥当である。

使用者の負う社会保険関係成立の届出義務が労働契約上の付随義務であると解するならば、これを怠ったことによる被保険者の損害に対する賠償請求が可能となる。しかしながら保険事故の発生と給付の終期が未確定な年金給付に関しては損害額の算定が困難である。保険給付を確実にするためにも既に確定し

ている保険料額を使用者が追納することが望ましい。したがって、このような場合の保険料徴収に係る消滅時効に関する立法的な解決が望まれる。[14]

3　履行強制

1　直接的な履行強制

　保険料の納付義務者が保険料納付義務の履行を怠る場合、法は保険者自身が滞納処分を行う場合と、保険者が保険者以外の機関に滞納処分の請求を行うことを許容している。私保険では保険料支払債務を履行させるために裁判で給付訴訟を提起し、判決の効力として民事執行手続きによる財産の換価処分を行う必要がある。これに対し、社会保険では保険者が行政庁の場合はもとより、健保組合や厚年基金等にも公権力の行使たる強制的な保険料徴収の権限が付与されている。つまり、社会保険では裁判手続によらず、保険者が自力で納付義務者の財産を換価処分して保険料債権を回収することができるのである。この点において、社会保険が公共の福祉に寄与するために強制加入制を採用したという、私保険に対する優位性を見出すことになる。

　そもそも、国民健康保険と後期高齢者医療制度、介護保険（第一号被保険者）は低所得者を含む被保険者世帯から保険料を徴収するため、保険料滞納が深刻な問題である。これについて保険料の滞納があっても滞納額が強制換価に要するコストが滞納額に見合わないとか、納付義務者が強制換価可能な資産を十分に保有していないとの理由から、実際は滞納処分による債権回収が低調であった。ところが、収納率の低下＝滞納額の増大に伴い、収納率向上に向けた強制換価の取組を積極的に行うようになってきている。たとえば、国保法では普通徴収の保険料徴収事務について私人に委託することを認め（国保80条の2）、介護保険も同様である（介保144条の2）。滞納処分においても国保の保険者たる市町村自ら行うに止まらず、都道府県から派遣された徴収専門職員がその職務にあたるようになってきている。さらに、滞納整理業務を広域連合や一部事務組合でも担うようになってきた。これに加え、全国規模でも社会保険庁の解体に伴う保険料徴収事務の一部を国税庁に移管することに伴い、被用者保険の滞

納処分が強化されることになろう。

2 保険給付方法の変更――間接的な履行強制

以上のような保険料債権を直接回収する方法とは別に、滞納者に対して保険給付における不利益を課すことによって間接的に履行を強制するシステムがある。国民健康保険の保険料滞納者に対する被保険者証の返還と被保険者資格証明書の発行（国保9条3項）、これに伴う特別療養費の支給（国保54条の3）がそれである。保険医療機関から療養を受けた場合の特別療養費は滞納保険料額に充当されるため、実質的には大きな窓口負担が要求される。これにより受診率が著しく低下し、医療受給権が実質的に侵害されている事態が批判されている。

これを避けるために、保険料滞納者に対して短期保険証を発行する保険者もある。保険者の運用によって行われてきたこの措置は、後に国保法に根拠を与えられるに到った。さらには、国保のみならず、国民年金保険料滞納対策として、厚生労働大臣が市町村に通告した場合には国保被保険者証の有効期間短縮化を行うことができるよう明記された（国保9条10項）。異なる制度間での滞納対策は、被保険者に対する保険給付への影響のみならず、世帯構成員全員にもこの効果が及ぶことから、社会保険における個人と世帯とを考える上でも再考の余地があろう。

このような給付の側面から見た間接的な履行強制は、国保以外にも拡大することになった。介護保険では支払方法変更の記載（介保66条）、後期高齢者医療では特別療養費の支給（高齢者医療82条）といったように、間接的履行強制システムが拡大してきている。

さらに、2009年からは社会保険に密接に関わる事業者等（保険医療機関・保険薬局・指定訪問看護事業者、介護サービス事業者及び社会保険労務士）が長期にわたって保険料を納付しない場合、当該事業者等の指定又は更新を認めない制度も開始された（健保65条3項5号など）。直接的な履行強制ではなく、保険給付サイドでの間接的な履行強制でもない、新たな履行強制システムであると言える。ただ、保険料滞納回避という立法目的に比し、事業の実質的な廃止という効果はいささか均衡を失する。両者の性格、内容を考慮した個別具体的な対応が必

要となろう。

　このように、近年の履行強制は間接的な方法が多用されている。社会保険における社会的扶養原理よりもむしろ保険原理を強調する法政策は、自己責任を強調する近年の立法動向にも符合したものであるといえ、慎重な検討が必要である。

1)　小城町国保条例事件（最大判昭33・2・12民集12巻2号190頁）。
2)　事業主が被保険者の負担すべき保険料を報酬から控除せずに保険料全額を納付した場合は、事業主が被保険者に対して立替納付分の求償権を取得することになる。『厚生年金保険法解説』（法研、2002年）1012頁。
3)　大阪地判平11・7・13賃社1264号47頁。
4)　荒木誠之『社会保障の法的構造』（有斐閣、1983年）46頁。
5)　名古屋高判昭32・2・22下民8巻2号351頁。
6)　京都市役所非常勤嘱託員事件（京都地判平11・9・30判時1715号51頁）。
7)　関西医科大学研修医（損害賠償）事件（大阪地堺支判平成13・8・29労判813号5頁。鹿瀬街事件（新潟地判平17・2・15判自265号48頁）も同旨）。
8)　グローバルアイ事件（東京地判平18・11・1労判926号93頁）、大真実業事件（大阪地判平18・1・26労判912号51頁）。
9)　岩村正彦『社会保障法Ⅰ』（弘文堂、2001年）52頁、永野仁美「社会保障法判例　厚生年金保険法上の届出義務違反と損害賠償——京都市役所非常勤嘱託員厚生年金保険事件（京都地方裁判所平成11.9.30判決）」季刊社会保障研究36巻4号（2001年）561頁、中窪裕也「事業主の雇用保険加入手続の懈怠と基本手当相当の損害賠償請求」『社会保障判例百選〔第4版〕』（有斐閣、2008年）161頁。
10)　角兵衛寿司事件（大阪地判平元・8・22労判546号27頁）。
11)　小西國友「年休取得の意思表示の受領権限者と、使用者が社会保険の手続を履践しないことの不法行為性」ジュリ1148号（1999年）352頁。
12)　大真実業事件（大阪地判平18・1・26労判912号51頁）、グローバルアイ事件（東京地判平18・11・1労判926号93頁）、豊國工業事件（奈良地判平18・9・5労判925号53頁）。
13)　加藤智章「加入強制の手続と法的構造」西村健一郎ほか編『下井隆史先生古稀記念　新時代の労働契約法理論』（信山社、2003年）474頁。
14)　厚生年金保険の保険給付及び保険料の納付の特例等に関する法律（平成19年法律131号）は時効を排除して事業主より保険料を納付させる。しかし、保険料を天引きしていることが明らかな場合に限られ、納付されなかった保険料分は国庫負担となるなど、課題が残されている。

第9章 社会保険と社会扶助

石橋　敏郎

1 社会保険と社会扶助の接近・融合

　これまで、社会保険と社会扶助は対比される概念としてとらえられてきた。すなわち、社会保険は、主として保険料を財源とし、保険の技術を用いて、老齢、疾病、失業、労災、要介護などの生活事故に対してリスクを分散する仕組みである。これに対して、社会扶助、とくにその典型としての生活保護制度は、全額公費負担で生活困窮者に対して行われる所得保障制度であり、その代わりにその者が最低生活を維持できない状態にあるかどうかを調査する資産調査（ミーンズテスト）を伴っているというのが伝統的な理解であった。また、前者は保険原理および扶養原理に立ち、後者は扶養原理に立っているとの理解も一般的になされてきた。

　しかし、保険料負担の難しい高齢者・障害者・低所得者については、当然にして、保険料減免・免除の措置をとらざるを得ず、その分は公費で肩代わりすることになるのであるから、当初から両者の厳密な区分はできないことがわかっていた。現在も、社会保険制度においては、程度の差こそあれ、何らかの形で保険料のほかに公費（租税）が導入されているので、そのことだけをみれば、両者の接近・融合現象は変わっていない。だが、今日、「両者を区別することはできないであろう」（Jef VanLangendonck）といっている意味は、従来のそれとはかなり違っているように思われる。

　1982（昭和57）年制定の老人保健法は、70歳以上の高齢者の医療費の財源負担方式として、共済、健保からの拠出金（老人医療費拠出金）方式をとっていた。

この方式は、高齢者医療確保法（2006（平成18）年）における65歳から74歳までの前期高齢者医療制度（納付金）、75歳以上の後期高齢者医療制度（支援金）に受け継がれている。この納付金や支援金は、これまでのように自己の疾病に備えて自らのために保険料を負担するという社会保険の典型的な姿とは大きく違っている（これを連帯保険料と呼ぶ研究者もいる）。

　また、医療・年金サービスは保険料で、他方、高齢者・障害者に対する福祉サービスは公費でまかなうというこれまでの建前も、介護保険法が社会保険方式をとったことで通用しなくなっている。障害者自立支援法は将来介護保険法との統合が模索されているようであるが、そうなればなおさらのことであろう。

　また、社会保険、社会扶助両者に新しい機能（予防、自立支援）を期待するという動きも顕著である。ランゲンドンク（Jef VanLangendonck）は、社会保障を、基礎的保障と労働保険の二つの部分からなるものとし、それぞれを最低所得保障と社会的統合の２つの目的に分けて考えている。その結果、「古典的な社会保険（たぶん社会扶助も含めて）は最低所得保障に力を注ぎ、労働市場への包摂に取り組まなかった」ことを批判している。これに関連して、現在２つの違った発想の社会政策の構想が生まれつつある。１つはワークフェア（Workfare）であり、もう１つがベーシック・インカム（Basic Income）である。この２つの社会政策をどのように理解していくかも重要な課題であろう。

　他方、社会保険と社会扶助の新たな連携ともいうべき現象も現れている。例えば、わが国でも低年金受給者に対する対応として、2001年ドイツの年金改革で導入された無拠出の補足年金制度と類似する「単身低所得高齢者等加算制度」を採用して、所得自体が低額であったために基礎年金額の低い高齢者に対して加給金を上積みする制度が考えられている。また、イギリスでは、社会保険による失業給付が終了したら所得補助（生活保護）へとすぐに移行していった従来の制度を改めて、1996年に、失業保険給付に相当する拠出制求職者給付の他に、無拠出で資産調査を伴う求職者給付が設けられている。もっと、議論を進めるならば、現在のような長期失業状態に対応していくためには、従来の短期間の失業給付では役に立たないので、この際、失業を障害と同一リスクのものと見ていくべきではないかというところにも展開していく可能性がある。

こうした各国での新しい動きを見る限り「社会保険と社会扶助」というテーマのもとに、これまでのように、社会保険と社会扶助の違いを対比させ、そのなかでの本質的な違いとは何かを議論することや、あるいは、具体的な制度を構築していく場合に（例えば介護保険制度を創設する場合）、政策的にどちらの制度を選択するべきかという議論はさほど意味を持たないように思われる。そこで、この章では、本書の問題意識にそって、社会保険と社会扶助について、①非正規雇用労働者等を社会保険機構の中に取りこんでくる現象（社会保険の強化）、②社会保険と社会扶助の両者が接近・連携・融合（別な見方をすれば社会保険の変容）して最低生活を保障しようとする現象、および、③社会保険にも社会扶助にも同様に期待されている社会的統合（予防・自立支援）という現象の３つの観点に立って、制度の変遷や現行の仕組みにそって検討することにした。そのうえで、諸外国の同様な制度と比較しながら、これらの現象をどのように理解したらよいのかということについて考えてみたいと思う。最後に、ワークフェアとベーシック・インカム構想の意味にもふれることにしたい。

2　日本における社会保険のなかの保険原理と扶助原理の変容

　社会保険と社会扶助との最大の違いは、保険の仕組みを利用するかどうか、具体的には保険料の拠出があるかどうかにある。そこで、この章では、医療保険、年金保険、介護保険について、保険料拠出が要件となっているかどうか、保険料の減免措置はどうなっているか、保険料を滞納した場合に給付はどうなるのかについて、現行制度にそって概観しておくことにしよう。

1　医療保険における保険原理と扶助原理

(1) **健康保険法、国民健康保険法における拠出と給付の関係**　　医療保険制度にあっては、保険料納付は受給要件とはなっていない。健康保険法では、被用者は適用事業所に使用されることによって資格を取得し（健保法35条）、国民健康保険法では、市町村に住所を有することによって被保険者資格を取得する（国保法5条）。したがって、いずれの制度においても拠出原則は受給要件とはされ

ておらず、保険料の滞納は保険給付の給付方法の問題だとされている。

　保険料を一定期間滞納した場合、保険者は被保険者証の返還を求めるものとされ（国保法9条3項）、その代わりに資格証明書が交付される。それゆえ、保険料滞納者であっても、形式的には引き続き医療保険サービスを受けることができる。ただし、償還払いに移行するために、受診の際には全額自己負担で医療費を窓口に支払うことになる（特別療養費、54条の3）。しかし、保険者から償還される自己負担分は、滞納していた保険料分と相殺されることになっているため、被保険者に支払われることはない。そのため、実質的には国民皆医療になっていないとの批判がある。保険料の滞納については、災害その他特別な事情があると認められる場合を除いて、保険者は保険給付の全部又は一部の支払いを差し止めることができる（国保法63条の2第1項）。国民健康保険法では、一定基準以下の所得の世帯、および一時的に保険料負担能力を喪失した特別の理由がある者には保険料の減免措置が設けられている（77条等）。もっとも、国保滞納者の子どもについては、治療を受ける必要がある場合には、厚生労働省は、有効期限が1ヶ月程度の保険証を交付するように市町村に指導している。

　(2)　前期高齢者医療制度、後期高齢者医療制度における拠出と給付の関係━━━高齢者医療制度、前期高齢者医療制度、後期高齢者医療制度　　2006（平成18）年6月に「高齢者の医療の確保に関する法律」（高齢者医療確保法）が制定され、老人保健法に代わる新たな高齢者医療保険制度が創設された。新しい高齢者医療制度は、65歳から74歳までを対象とする前期高齢者医療制度と、75歳以上を対象とする後期高齢者医療制度の2つから成り立っている。

　前期高齢者医療制度は、老人保健法と同様に、高齢者の約8割が加入している国保から保険給付を受けるが、他の保険者間で高齢者の加入数に応じた財政調整（前期高齢者納付金）を行う仕組みとなっている。

　これに対して、後期高齢者の場合、高齢者は1割の一部負担金のほかに、後期高齢者医療広域連合が条例で定める保険料を新たに負担しなければならなくなった。後期高齢者の負担する保険料によって医療費の1割をまかない、4割は現役世代（被用者保険及び国保）からの支援金、その他の5割を公費（国12分の4、都道府県12分の1、市町村12分の1）で負担することになっている。老人保

健法が、被保険者という用語を用いないで「加入者」という言葉を使っていたのは、老人保健法が保険の構造をとっていないからだと説明されてきた。この点で、後期高齢者医療保険制度は、「被保険者」、「保険料」という文言を使っているので、まさに「社会保険」の構造に再び立ち戻ってきたといえる。[1]

　前期高齢者の保険料負担はもとより、後期高齢者の保険料は高齢者医療費の１割に過ぎないのであるから、個人の社会保険料と給付との対価性は希薄であるといえばそうであろう。ただ、この場合の「対価性」の考え方については別の意見もある。例えば、対価性を、個人の受益との関係でみて、拠出と給付との対価性と見るのではなく、保険者全体を視野において、あくまでも、加入者の保険料は年金・医療などの特定の給付のために充当されるのであるから、制度全体としては、受益と負担の関係が明確であるという意味で社会保険のメリットは存在しているとする考え方である（制度としての受益）。しかし、老人保健拠出金や基礎年金拠出金のように制度間の財政調整に当てられる負担を「制度としての受益」と考えることができるかは問題である。これら既存の拠出金については、制度間の共同事業ないしは修正された保険者概念と捉えることによりかろうじて正当化できるとする反論もある。[2]

　前期高齢者医療制度（前期高齢者納付金）にあっては、国保との二重加入方式をとっていることから（高齢者医療確保法７条３項）、前期高齢者医療はこれまでの老人保健制度と同様の保険者共同事業方式として捉えることは可能であるかもしれない。他方、後期高齢者支援金の負担の根拠については、従来、老人医療費を負担してきた医療保険の保険者にとって、後期高齢者医療制度の創設により、後期高齢者に対する医療給付を免れるという意味で受益に対する負担という性格があると説明されている。「しかし、この説明では、個人としての被保険者がなぜ後期高齢者支援金を負担するのかの説明にはなっていない（医療保険の加入者は後期高齢者医療保険制度の被保険者ではない）。強いてその理由を求めるとすれば、後期高齢者の医療費については、社会連帯の精神に基づき、国民全体で支えあうという考え方に行き着く。そうだとすると、準公共財としての後期高齢者医療に対する負担金ということになろうか」とする見方もある。[3]

2　介護保険における保険原理と扶助原理

(1) **財源方式、保険料、受給要件**　介護保険法は、公費と保険料の割合を50％ずつとし、公費のうち施設等給付費については、国が20％、都道府県が17.5％、市町村が12.5％、居宅給付費については、国が25％、都道府県が12.5％、市町村が12.5％の割合で分担することになっている（2006（平成18）年4月より。介護保険法121条～124条）。制度発足当初は、第1号被保険者の保険料は平均3,000円前後だったが、その後の要介護者の増加や利用の促進によって、現在は4,000円を越えるところまできている。高齢者の保険料負担にも限度があり、将来は公費負担の割合を増やさざるを得ないのではないかという主張も出て来ている。

介護保険の被保険者は、市町村の区域に住所を有する65歳以上の者（第1号被保険者）と、市町村の区域内に住所を有する40歳以上、65歳未満の者で医療保険の加入者（第2号被保険者）とに分けられる（介保法9条）。第1号被保険者の保険料額は、所得段階別低額保険料方式をとっており、基準額を中心に所得に応じて上下5段階に分かれている。ただし、市町村は、条例の定めるところにより、特別の理由がある者に対し、保険料を減免することができる（142条）。もっとも、厚生労働省は、保険料の減免について、全額免除や保険料削減分に対する一般財源の繰り入れは、社会保険としての介護保険法の趣旨から適当でないとしている。原則1割の自己負担についても、特別の事情があるときは、それを減免することができるようになっている（50条）。医療保険の高額療養費の制度と同じく、自己負担が世帯単位で一定の上限を超えた場合は、払い戻しされるという償還制度も導入されている（51条）。

生活保護受給者は、65歳以上であれば、第1号被保険者資格を有するが、65歳未満であれば、医療保険に加入していないので介護保険の第2号被保険者にはならない。この問題に対応するために、生活保護法に新たに介護扶助に関する規定が盛り込まれた（生保法11条5項5号、15条の2）。第1号被保険者については、その保険料は生活扶助により、一部負担金は介護扶助によりまかなわれる。第2号被保険者については、介護扶助の対象として介護保険のサービスに相当する給付を自己負担なしで受給することができる。

介護保険の場合、保険給付を受けるためには、要支援・要介護の認定を受けることが要件とされ（介保法19条）、被保険者資格と受給資格が分離されている点に特徴がある。被保険者資格については、国民健康保険と同様に、市町村に住所を有することのみが要件とされ（9条）、拠出原則と結びつけられているわけではない。なお、保険料の滞納は、医療保険制度と同様に、保険給付の支払いの問題とされるが、支払い方法の変更にとどまらず、給付水準も変更される点が異なっている。滞納者に対しては、市町村は、支払い方法変更の記載（66条1項）、保険給付の支払いの一時差し止め（67条1項）等の措置をとることができる。

(2) **第2号被保険者**　前述のように介護保険制度における第2号被保険者の保険料はその対価的性格を薄め、単なる負担金的性格のものとなっている。第2号被保険者の場合、要介護認定を受けた者の比率は全体の1％以下ときわめて小さくなっており、保険による受益可能性といってもほとんど観念的なものになっている。したがって、第2号被保険者の保険料負担は、「社会的扶養や世代間連帯の考え方」にたった性格のものと理解されるべきであろう。

(3) **社会福祉サービスと社会保険サービスの同質化**　社会福祉分野での措置から契約への改革は、社会保険制度と社会福祉制度のサービス提供面における制度的相違を喪失させた。利用者による自由なサービスの選択が基本になるという点で、社会福祉サービスの利用構造が医療や介護といった社会保険制度に基づくサービスの利用構造へと同質化していったことを意味する。この同質化は、障害者自立支援法でさらに徹底される。介護認定審査会に対応して市町村審査会の設置、在宅・施設を通じた障害程度区分の認定、ケアマネジメントの導入、そして定率1割負担といった障害者自立支援法の制度構成は、介護保険のそれをほとんど模倣しており、障害者福祉サービスと介護保険の統合に向けた制度的準備が整えられたかにみえた。しかし、2009年9月に誕生した民主党政権は、障害者自立支援法の廃止をマニフェストにうたっており、障害者と高齢者の介護サービスの統合については、再検討の時期に入ったといえる。

　医療と福祉はともに生活能力の維持回復を目的とする非金銭的なサービスであり、同一の性格を持つものであるから、これを「生活障害保障給付」として

位置づけ、医療と福祉との連携ないしは統合を志向する理論から行けば、介護保険法と障害者自立支援法との統合の次は、介護保険法と高齢者医療制度とを一緒にして、新たな「高齢者医療介護保険制度」への創設に向かうことになるのであろうか。[4)]

3 年金保険における保険原理と扶助原理

　社会保険制度の中でも、拠出原則が比較的制度化されているのは年金制度である。厚生年金の場合、保険給付を受けるためには、老齢厚生年金については25年以上の保険料納付期間が必要とされる（厚年法42条）。老齢基礎年金についても、25年以上の保険料納付期間（保険料免除期間も含む）が必要とされ（国年法26条）、障害基礎年金・遺族基礎年金については原則として、保険料納付期間が被保険者期間の3分の2以上あることが要件されており（30条、37条）、いずれも拠出原則が受給要件に反映されている。ただし、20歳未満の者で障害認定された者は、保険料拠出なしで20歳に達したときから障害基礎年金を受給することができる（国年法30条の4）。保険料免除については、国民年金では法定免除（国年法89条）と申請免除（90条）があり、認められれば、保険料の全額、4分の3、2分の1、4分の1が免除される。免除された月は、免除割合に応じて支給率が定められている。例えば、老齢基礎年金を例にとると、全額免除の場合は支給率は3分の1、4分の3免除の場合は2分の1、半額免除の場合は3分の2、4分の1免除の場合は6分の5という割合になっている。なお、20歳前に障害となった者には、年金制度に加入していなくても20歳に達した時点で障害基礎年金が支給されるが（30条の4）、これはそもそも年金制度に加入できる可能性がなかった20歳前の者に対しては、拠出原則が適用できないことから、必要原則を優先させたものである。

　年金保険においては、年金保険料未納者あるいは低年金・低所得者への対応策として、基礎年金を全額公費でまかなう案や公費による上積案が提案されている。社会保障審議会年金部会の中間報告「年金制度の将来的な見直しに向けて」（平成20（2008）年11月）では、低年金受給者に対しては、公費で一定額をカバーする「最低保障年金」と、保険料免除措置による低年金化を防止するた

めに、保険料を支払う段階で公費による保険料補填を行う「保険料軽減支援制度」の2つが提案されている。また、政権与党の民主党の年金改革案では、全額国庫負担による最低月額7万円の「最低保障年金」構想が打ち出されている（詳しくは第Ⅲ章の2参照）。

4　雇用保険における保険原理と扶養原理

　失業者に対する社会保険は、雇用保険法であるが、制定当初から今日まで、雇用情勢の変化に応じて、社会保険の強化（パート労働者の取り込み）と扶養原理の拡大（就職難易度を加味した給付、育児休業・介護休業に対する給付）、および労働市場への統合強化（雇用2事業など）という現象を繰り返してきた。雇用保険法は、1974（昭和49）年12月に、これまでの失業保険法を全面的に改正する形で制定された。この改正によって、失業保険制度は、これまでの失業者の生活の安定から、「求職活動と就労促進」へと政策の重点が移行することになった。このときに、従来の失業保険法では、被保険者であった期間の長短に応じて失業保険金の給付日数が定められていたが、雇用保険法では、離職前1年以上被保険者であった者について、その者の年齢と心身障害等の有無によって所定給付日数が定められるようになった。例えば、1971（昭和46）年当時の失業保険法では、被保険者期間が5年以上10年未満の場合は210日間、10年以上の場合は270日間を限度として失業保険金を支給するとなっていた。これに対して、雇用保険法では、従来の失業保険金は基本手当（求職者給付の一種）となり、その日数は、就職の難易度を加味して、被保険者期間1年未満の者と被保険者期間にかかわりなく30歳未満の者は一律90日間の支給となった。また、雇用安定事業等4事業（雇用安定事業、雇用改善事業、能力開発事業、雇用福祉事業。現在は雇用安定事業および能力開発事業の2事業）が新しく雇用保険法に盛り込まれることになった。費用は事業主のみが負担するとはいえ、この4事業の内容は、大部分、事業主への助成・援助であり、保険事業とはいえないものであった。しかし、この時点から、社会保険制度の中で、失業者を労働市場へと統合して行こうとする動きが本格化してきたといってよい。1989（平成2）年10月からは、1週間の所定労働時間が22時間以上、33時間未満のパートタイム労働者も、1

年以上引き続き雇用され、かつ年収が90万円以上見込まれる場合には、短時間労働被保険者として雇用保険の対象となることになった。現在では、1週間の所定労働時間が20時間以上、30時間未満のパートタイム労働者が、6ヶ月以上引続き雇用される見込みがある場合には雇用保険の対象とされ、年収要件は撤廃されている（社会保険の強化）。また、派遣切りなど最近の雇用情勢の悪化を受けて、2009（平成21）年改正では、労働契約が更新されなかったために離職した有期契約労働者に対して、受給資格要件を、「離職前2年間に被保険者期間が通算して12ヵ月以上あること」（雇保法13条1項）という要件を緩和して、6ヵ月以上あればよいこととして、給付日数を解雇等による離職並みに充実させる措置がとられた。現在の雇用保険法では、所定給付日数は、離職の日における年齢、被保険者期間の長短、離職理由（倒産・解雇等の理由かそうでないか）、離職困難度（雇用保険法規則32条、身体・知的・精神障害者）に応じて、90日から360日まで細かく設定されている。

　1994（平成6）年、育児休業中の所得保障としての育児休業給付が、1998（平成10）年には介護休業給付が、雇用保険法の雇用継続給付として創設された。2000（平成12）年4月の改正で、それまで25％の給付率であった育児・介護給付がいずれも40％に引き上げられた。2007（平成19）年10月1日より、育児休業給付金が暫定的に40％から50％に引き上げられた。この暫定措置は、平成22年3月末までの予定であったが、当分の間延長されることになった。ただし、育児休業給付は、介護休業給付と違って、その一部が育児休業基本給付金として休業期間中に、残りは育児休業取得者が職場に復帰した後に支払われる。これは、育児休業後の円滑な職場復帰を促進するためである。この点と給付水準の低さとをあわせて考えて、育児・介護休業給付は所得保障を目的とするものではなく、就業支援とセットになった所得補填の性格を持った制度とみる向きもある。2007（平成19）年10月1日より、職場復帰後に支払われていた育児休業者職場復帰給付金が育児休業基本給付金に統合され、育児休業期間中に支払われることになった。ただし、労働時間が極めて短いパートタイム労働者は、育児休業給付も介護休業給付も受けられないという点で問題が残されている。

　失業が増大し、雇用保険財政が急激に悪化する事態に備えて、毎会計年度に

おいて、支給した求職者給付総額の4分の3に相当する額が、一般保険料の額を超える場合には、求職者給付の総額の3分の1に相当する額まで国庫が負担することになっている（雇用保険法66条2項）。

わが国の失業給付の支給期間が1年以下の短期間に限定されているのは、社会保障給付としてみた場合、極めて異例のことであるとする意見がある。基本手当を短期間に限定した理由としては、長期にわたって失業給付を支給すると失業者の労働意欲を失わせるということと、長期の失業給付は膨大な財源を必要とするという点があげられる。しかし、失業による生活保障のニーズは失業状態にある限り続いていくのであり、社会保障の原則からいえば、短期間に限定した給付は例外的であり、給付期間が終わった後の生活保障をどうするかが切実な問題として取り上げられなければならない[6]。とりわけ、現在のように失業が長期化すると、事態は一層深刻である。長期の失業によって、生活困窮に陥った場合は生活保護を申請するほかなく、それが生活保護受給者の増大を招いている。こうした現実を見るとき、個人的理由（人間関係形成の困難、孤立、メンタル障害など）にせよ、社会的理由（再就職が困難な経済状況など）にせよ、実際には雇用を獲得することがかなり難しいのであるから、むしろ、保険事故としての失業というニーズと障害というニーズとを同視して、これに見合った給付をするべきであるという新しい考え方が登場し始めている。また、いくつかの国では、失業給付の終了がそのまま公的扶助受給へと転落していくことを防止するために、失業保険と公的扶助との間に中間的な型の失業扶助という制度を設け、その受給期間の間に、積極的な就労自立促進プログラムを組み合わせて、就労へ向かわせるという政策が打ち出されてきている。

3　社会保険と社会扶助の新たな連携

1　イギリス

まず、イギリスの最低生活保障について述べておこう。低所得または不規則所得期間のある労働者に所得比例で年金保障を行うことには限界があるとの認識のもとで、高齢者に対し、税を財源とする最低生活保障が創設されている。

たとえば、イギリスでは、資力調査付の新たな公的扶助として、1999年に最低所得保障 (Minimum Income Guarantee, MIG) が導入されたが、この制度はやがて、2003年に MIG を補充する形で、低い年金受給者向けの給付年金クレジット (Pension Credit, PC) に移行した。さらに、イギリスの年金法案 (2006年) では、低所得者にも拠出制の制度による所得保障 (基礎年金) を拡充する考え方がとられている。すなわち、基礎年金の年金額はこれまで上記 PC の給付額を下回っていたが、これを上回るように改め、無拠出制の制度への依存状態から自立させる法政策がとられている。いわゆる Welfare to Work 政策の年金制度への反映といえるであろう。[7] イギリスでは、低所得者に対しても低額であっても良いから何らかの保険料拠出を要求することによって、社会保険の枠内に取り込もうとする政策がとられているといえる。

次に、失業者給付についてであるが、イギリスも、他の欧米諸国と同様に、社会的排除を防止し (その中心は雇用からの排除防止)、失業者を労働市場に再統合しようとする動きが見られる。1996年、求職者手当て (jobseeker's allowance) に、新たに失業保険給付に相当する拠出制求職者給付と資産調査を伴う求職者給付が設けられた。これは、ブレア政権による「福祉から就労へ」政策 (the from welfare to work policy) の下で開始された雇用対策プログラムであり、求職者手当て (Jobseeker's Allowance) を給付しながら、失業者の就労意欲を向上させ、労働者として市場に送り込もうとするものである。求職者手当には、失業保険給付に相当する拠出制求職者手当てと、資産調査を伴う資産調査制求職者手当てとがある。失業政策では、社会保険給付たる拠出制求職者給付と社会扶助 (公的扶助) との間に、中間的形態としての資産調査付求職者給付が設けられることになった。社会保険と社会扶助の新たな連携の形ということができよう。[8]

2　フランス

フランスの参入最低所得保障制度 (revenu minimum d'insertion, RMI) は、貧困対策と社会的排除対策を目的として1988年に創設されたものである。フランス型ワークフェアとも呼ぶべきこの制度は、受給権者は原則としてフランスに

居住し、最低限所得水準以下の25歳以上の個人を対象としている。参入最低所得の手当て支給は、当初の3ヶ月間（参入契約を締結するのに必要な期間と考えられる）は、参入契約の締結を要件としない。それ以降、事情によっては3ヶ月から1年の範囲内で県知事は支給期間を延長することができる。その間、本人のニーズ・能力に適合した就労その他の提案を正当な理由なく拒否するなど参入契約を締結しない場合、参入最低所得の支給は停止されることになる。[9]

3 ドイツ

次に、ドイツの最低所得保障制度について述べておこう。ドイツでは、2001年、年金法の改正（「老齢及び稼得能力減少の場合の需要に応じた基礎保障に関する法律」）が行われ、この改革によって、社会扶助とは別の無拠出による最低保障制度（資力調査の条件の緩和、親族扶養優先の程度の緩和、財源は地方自治体の一般財源）が設けられ、2003年から実施されている。これは、年金と生活保護制度の中間に位置する制度といえる。すなわち、ニーズ調査を伴う税によりまかなわれる給付であり、その基本的な仕組みは社会扶助と同じであるが、社会扶助の制度では、直系血族間の民法上の扶養義務が優先されるために、高齢者の子に対する求償を高齢者が嫌がって社会扶助の申請をためらい、そのために老後の貧困が生じているとの認識に基づき導入されたものである。「この制度は、日本の低所得高齢者が生活保護制度で生活する姿に似ているようにも見えるが、日本の生活保護制度よりもかなり緩和された条件で受給できるようであり、年金の側から見れば、最低保障年金を一般財源（ドイツの場合は自治体が負担する）からの支出で肩代わりさせたと見られないこともない。社会扶助と年金保険は法制度的には原理を異にするものだが、財源の観点からいえば、年金制度内での所得再分配を回避し、一般財源によって年金給付の最低額保障を行い、結果的に年金財政に補助を与えたものと評価することもできよう。」[10]。

次に、ドイツでは、深刻な失業問題をかかえて失業者に生活保障を確保するために、雇用と社会保障とを結び付ける大幅な改革が進行中である。従来、ドイツでは、失業者に対する生活保障制度としては、社会法典第3編（雇用促進法）のなかに租税でまかなわれる失業扶助制度があった。ただし、失業扶助が社会

扶助基準よりも低い場合は社会扶助の受給が認められていた。しかし、1970年代以降、長期失業者が社会扶助受給者へと大量に流れていったことと、1990年代以降は、不安定雇用の増加で就労しているにもかかわらず、社会扶助を受けている者が年々増加し続けていた。こうした背景を受けて、失業者を労働市場へ再統合していく政策と失業時の生活保障給付を一体的に考えていこうとするのがハルツ改革である[11]。ハルツ委員会は2002年3月発足したが、政府はその答申に基づいて、段階的にいくつもの改革を行ってきた。そのひとつとして、2003年12月に成立し、2005年1月から施行されている求職者に対する就労支援と基礎保障を盛り込んだ社会法典2編と、社会扶助を規定している社会法典12編の改革がある（ハルツⅣ）。この「求職者基礎保障」の成立によって、拠出制失業保険給付（失業手当Ⅰ）の受給期間を過ぎた要扶助失業者約150万人の生活保障をしてきた「失業扶助」が廃止されることになった。そして、最低生活保障の最後の砦である「社会扶助」制度も抜本的に改革され、就労可能な社会扶助受給者100万人を社会扶助から分離し、失業保険受給期間を過ぎた失業者と社会扶助受給者のうち就労可能な者とを「求職者」という概念でくくり一緒の範疇に属させることになった。これが新しい給付「失業手当Ⅱ」（社会法典2編）と呼ばれるものであり、失業者に一定額の最低生活保障をするとともに、労働市場への参入援助も並行して行うという2つの目的をもったものである。失業手当Ⅱの受給者には、失業者だけでなく、就労しているが最低生活を維持できないいわゆるワーキングプアも含まれている。受給資格は、15歳以上65歳未満で就労可能、すなわち通常の条件のもとで毎日少なくとも3時間以上働くことが可能で、かつ扶助を必要とする者である。求職者基礎保障の与える生活費（基準給付）は一定額である。それは、社会扶助ではないので個別のニーズに対応しているわけではないし、雇用保険ではないので、それまでの賃金を基準にした給付でもないからであるが、別居している子どもに会うための交通費や就学費用など個別のニーズに対応していないという批判もある[12]。

実施機関としては、就労促進のための助成（相談、斡旋、助成、職業教育など）と生活保障のための給付（失業手当Ⅱ、社会手当てなど）は連邦雇用エージェンシーが主体となり、住居、心理的ケア、子どもの養育設備などについては地方自治

体が実施責任者となる[13]。

　求職者が、期待可能な労働、職業訓練または就労機会を受け入れることを拒否した場合、失業手当Ⅱに基づく最低生活保障給付は減額ないしは廃止されるが、これがなされた場合には、この減額または廃止期間中は、社会法典第12編による補足的な生計扶助請求権は存しないことになっている[14]。

4　ワークフェア（Workfare）とベーシック・インカム（Basic Income）

　ファンランゲンドンク（J. VanLangendonck）教授の言葉によれば、新しい機能主義的な社会保障は、基礎的保障と社会的統合という2つの目的を持つものでなくてならないとされている。すなわち、本人が相応の（decent、むしろ「慎ましい」）生活を維持するのに必要なすべてのものを含んだ意味での基礎的保障と、もうひとつは、社会から排除されるおそれのある人々を社会のなかに取り込んでくる社会的統合の2つである。この両者のそれぞれの機能を果たす制度として、現在2つの違った次元の社会政策の構想がある。それがワークフェアとベーシック・インカムである。

　ワークフェア（Workfare）とは、社会扶助と就労を結びつけることによって、労働市場への包摂を行うという形で社会的排除を解決していこうという考え方である。これに対して、ベーシック・インカム（Basic Income）とは、市民に対して無条件に（資産調査・所得制限や就労要件がないという意味）給付される一定額の所得をさしている。ワークフェアが労働と福祉を接合するための社会政策であるとしたら、ベーシック・インカムは両者を完全に切断して、無条件ですべての市民に対して基礎的所得保障をしようとする政策である。

　ワークフェアといっても労働市場への統合を果たすための方法や強制の程度については、各国によって違いが見られる。まず、①自立支援プログラムへの参加や積極的取り組み姿勢を条件として社会保障給付を支給するもの（work first model）、および、②自立支援プログラム参加を条件とはせずに社会保障受給権を認めて、それとは別に就労に向けたサービスを提供しようとするもの（service-incentive model）である。社会扶助制度は、生活自己責任を基礎として、

それが果たせない者に対してだけ国家がその不足分を補う補足的制度と理解されてきたので、稼働能力のある者は、それを活用することによって経済的自立をめざすよう要請する仕組みが、1960年代からアメリカでワークフェアとして展開されてきた。そこには、国は一方的に給付を与え、受給者はそれをほぼ無条件に受けとることができるというこれまでの社会保障給付の関係を改めて、受給者には就労に向けての積極的取り組みとそれに対する努力を求め、国は就労自立を支援する義務を負うという双方に権利と義務を設定する「契約」の概念が宿っている。契約であるので、もし、受給者の側に積極的取り組みが見られない場合には、約束違反として、給付の停止・廃止という制裁措置がとられることもある。もともと対等当事者関係でない社会保障給付関係を契約概念でとらえることについては、アメリカでこの議論が展開された当初から多くの批判があった[15]。しかし、個人責任を強調するやり方で社会的統合を果たそうとするときの法的構成の仕方としての「契約」という考え方は、今後も社会保障の領域で次第に有力な主張となっていくのではないかと思われる。

　所得保障を就労支援のための給付と再構成する考え方は、社会扶助の分野だけに限った現象ではない。日本の児童扶養手当も2002（平成14）年の法改正により、正当な理由なく求職活動その他の自立に向けての活動をしないときは手当の全部または一部を支給しないこととなったし（児扶手法14条4項）、支給開始から5年を経過した時点から給付を減額する措置がとられるようになった。社会保険たる失業手当であっても、失業の翌日から、保険給付による所得保障をしながら就労を支援していく service-incentive model 型のワークフェアは十分可能であろう。ドイツで、拠出制の失業保険と社会扶助の間に中間的な型の無拠出制の失業手当Ⅱが創設されたのは、社会保険と社会扶助の区別をすることよりも、「求職者」の就労支援という法目標のもとに、むしろ両者の連携や融合による新しい社会保障給付体系を再構築していこうとする試みと理解すべきではないかと思われる。

　ただ、ワークフェア政策では、程度の差こそあれ、自立に向けた受給者の積極的行動が求められ、もしそれが見られない場合は、給付の支給停止が待っているために、下手をすると、受給者の意思や適性を無視した就労強制が行われ

る危険もある。それでは、最低生活保障という社会保障の目的がおろそかにされてしまうではないかという危惧を抱く者は、むしろ、こうした負担や義務を一切求めないベーシック・インカムを支持することになるかもしれない。

　ベーシック・インカムの特徴は、なんといっても無条件で一定の金額を支給することにある。これまではすべての社会保障給付は何らかの受給資格や要件を設定していた。社会保険であれば、被保険者資格や保険料拠出の実績、法定の保険事故該当性が受給の要件となる。公的扶助は、資産調査（ミーンズテスト）を伴っている。また、ワークフェアは就労にむけて受給者に一定の義務を課している。これに対して、ベーシック・インカムは、既存の所得保障制度に付随している各種の受給要件をすべて否定したところに最大の特徴がある[16]。

　それゆえ、ベーシック・インカム制度は以下のようなメリットを有している。①ベーシック・インカムは全員に対して最低限の所得を保障するので、社会権（生存権）を具体化した制度といえる。②失業・貧困の罠ゆえの勤労意欲の喪失、資産調査ゆえの漏救（捕捉率の低さ）、制度の複雑さなどが一気に解消される。③人々の間に存在する価値観の相違や生活スタイルの違いに対して中立的である。現行の社会保障制度は特定の労働形態や家族形態（夫が正規雇用労働者で妻と子ども２人の世帯）をモデルとして作られ、その形態を優遇しがちであるが、ベーシック・インカムは労働形態や家族形態に対しても中立的である。

　これに対して、財政面からと道徳面からの反対意見も多い。財政的反対論者は、無条件に全員に対して支給されるベーシック・インカムは膨大な財政支出を必要とし、大幅な増税が必至であるという。これに対しては、現行の所得保障制度を全廃し、税制の各種控除を廃止すれば可能であるとの反論もある。道徳的反対論とは、ベーシック・インカムによって無条件に一定の所得が保障されると誰も働かなくなってしまうという主張である[17]。

　雇用形態・家族形態の多様化によって、これまでの古典的な社会保険制度では、所得再分配機能が十分に発揮されなくなり、その制度からもれ落ちる人々が増加するなかで、いま、あらためてそうした人々への最低生活保障の問題がクローズアップされている。しかも、社会保険の網の目からもれ落ちた人々が長期失業や失業の反復を繰り返し、結局は、社会扶助へと移行して、社会扶助

の依存度が長期化する傾向が続いている。これを防止するために、社会扶助の受給額制限と受給期間の短期化によって、就労へのインセンティブとする傾向が強まっている。すなわち、これまでの社会保険と社会扶助という所得をめぐる2つの制度は、一種のジレンマに陥っているのである。こうした中で、より根本的な所得保障政策が求められ、そこにベーシック・インカム論が浮上してきたと見てよい。現在のところ、ベーシック・インカム論を具体的政策として実施しようとする国は見られていないが、社会的排除を克服し社会的統合を図るという政策を構想する場合、これを無視することはできまい。また、ベーシック・インカム制度は、労働市場の外にある介護や育児、生涯学習、地域ボランティアなどの活動の拡大とそれに対する所得機会の提供としても重要な意味を持っている[18]。ただ、ベーシック・インカムは最低保障の水準如何では、就労意欲を喪失させてしまう恐れがある。

　最初に述べたように、ワークフェアとベーシック・インカムは、社会的統合を果たすための方法としては別なレベルに位置しており、それぞれに長所と短所とを有している。仮にベーシック・インカム制度が導入されたとしても、最低生活を保障した上で、労働能力ある者についてはそれを就労へと向かわせるための支援を行うという方向は今後も世界的な傾向として続いていくであろう。社会的統合を図るために、所得保障としての最低生活保障と労働市場への参入支援という2つの政策をどのように組み合わせていくのか、社会保障は新たな模索の段階に入ったといえよう。

5　社会保険と社会扶助の将来

　雇用形態、家族形態の変化に伴って、従来の社会保険と社会扶助との単純な比較や差異の強調は、次第に意味を持たなくなってきているように思われる。最低生活保障と社会的統合という社会保障の新たな目的のもとに、むしろ両者は接近し、融合してきているといえる。最低生活保障や一定のサービスをすべての国民に保障しようとすれば、社会保険といっても、その費用を全額保険料でまかなうことはできず、保険料を負担できない低所得者のために、金額の違

いこそあれ何らかの形で公費の援助を待たなくてはならない。現に国民健康保険や介護保険は半分近くを国庫が負担している。あるいは、高齢者医療保険制度のように各保険者からの支援金・納付金で運営されるようなやり方は、対価性を持つといわれてきた従来の典型的な社会保険モデルからは大きく逸脱した現象である。ドイツで2001年発足した無拠出の補足年金、わが国で構想されている「単身低所得高齢者等加算」、民主党がマニフェストに掲げている最低保障年金は、いずれも、社会保険が十分機能していない者に対して、公費で最低生活保障を確保しようとする試みである。

　また、社会保険機能の強化という方向で公費が用いられる傾向も見られる。社会保障審議会年金部会が構想している「保険料軽減支援制度」は、保険料を免除する代わりに給付額が低下するという事態を避けるために、保険料負担の段階で公費をもって保険料に当てるというやり方で、社会保険の本来の機能を発揮させようとするものである。民主党の年金改革案では、所得の多寡にかかわらず所得に応じた年金保険料を支払ってもらい、全額公費による最低保障年金のうえに上積みするとなっている。これは、年金受給者にわずかな金額でも保険料拠出を求めるという意味では、個人責任と社会保険機能の強化ということができるし、稼働所得の少ない者にとっては、年金の大部分が公費でまかなわれるのであるから、扶助原理の強化でもある。

　労働能力がありながら失業状態にある者に対しては、長期失業のために直ちに社会扶助へと転落していくのを防止するために、社会保険と社会扶助の中間的な型の失業手当が欧州各国で実施されるようになってきた。注目すべきは、社会保険たる失業給付受給者と労働能力ある公的扶助受給者とを区別せずに、「求職者」という新たな受給資格のもとに、一定額の所得保障と就労支援を組み合わせて実施しているドイツの求職者基礎保障制度である。また、新たな受給資格を設けた結果、公的扶助受給者の一部が被用者医療保険や被用者年金制度の中に取り組まれてくることになった。人的適用範囲や受給資格にも大きな変革が求められている。社会保険の失業給付受給者、労働能力を有する社会扶助受給者、就労していても社会扶助を受給しなければならないワーキングプアと呼ばれる人々を、これまでのように社会保険対象者、社会扶助対象者と分け

ることなく、1つのカテゴリーに統合して、最低生活を保障するとともに、就労自立支援プログラムによって経済的自立を推進していく方法は、これまでの社会保険と社会扶助との関係を大きく変容させるものである。あるいは、もっと進めて、今日のように長期失業状態が続く状況のもとでは、いっそ失業者と障害者とを「就労困難者」という同じニーズを持った者と見て、最低保障と自立支援を組み合わせた制度を構築していくことにもつながっていく。それは、社会保障法学としてみた場合、社会保障法体系のなかに、新たに自立支援保障法という分野を想定する根拠となりうるであろう。[19]

1) 菊池馨実「社会保障法制の将来構想——規範的視点からの一試論」(1)・(2) 民商135巻2号、3号(2006年)472頁。
2) 江口隆裕「社会保険料と租税に関する一考察——社会保険の対価性を中心として」『筑波大学法科大学院創設記念・企業法学専攻創設15周年記念 融合する法律学 (下)』(信山社、2006年)632頁。
3) 江口・前掲論文(注2)632頁。
4) 荒木誠之「介護の社会保険化——その社会保障法学からの考察」『生活保障法理の展開』(法律文化社、1999年)153頁以下。
5) 水島郁子「育児・介護給付」日本社会保障法学会編『講座社会保障法2 所得保障法』(法律文化社、2001年)266頁。
6) 荒木誠之『社会保障法読本〔新版増補〕』(有斐閣、1998年)158頁。
7) 河野正輝「諸外国における社会保険改革と基本理念」社会関係研究13巻2号(2008年)141頁以下。
8) 河野正輝「自立支援サービスの新展開と権利擁護の課題」民商132巻2号(2005年)143頁以下。
9) 河野・前掲論文(注7)144頁以下。
10) 漆原克文「ドイツの社会保障制度財源における社会保険料と税について」『平成17・18年度総合研究報告書 税制と社会保障に関する研究』(国立社会保障・人口問題研究所、2007年)296頁。
11) 嶋田佳広「最低生活保障制度の変容——就労支援型公的扶助の特徴と課題」社会保障法24号(2009年)109頁以下。上田真理「求職者に対する基礎保障と最低生活保障の交錯——ハルツ4法と被用者保険の課題」同123頁以下。
12) 上田・前掲論文(注11)130頁以下。
13) 田畑洋一監修訳『ドイツの求職者基礎保障——ハルツⅣによる制度の仕組みと運用』(学文社、2009年)197頁。
14) 木下秀雄「ドイツの最低生活保障と失業保障の新たな仕組みについて」賃社1408号(2005年)6頁。

15) 石橋敏郎「生活保護法と自立——就労自立支援プログラムを中心として」社会保障法22号（2007年）48頁以下。
16) 岩田正美『社会的排除　参加の欠如・不確かな帰属』（有斐閣、2008年）167頁。宮本太郎「社会的包摂への３つのアプローチ」月刊自治研46巻533号（2004年）。
17) 武川正吾「序　社会政策の20世紀から21世紀へ」『シティズンシップとベーシック・インカムの可能性』（法律文化社、2008年）31頁以下。
18) 福原宏幸「社会的排除／包摂論の現在と展望」福原宏幸編『社会的排除／包摂と社会政策』（法律文化社、2007年）31頁。
19) 河野正輝『社会福祉法の新展開』（有斐閣、2006年）20頁以下。

III　社会保険の将来像

第10章　社会保険の将来像

10-1　社会保険の将来と社会保障——全体像

河野　正輝

1　全体像に関わる3つの基本的課題

　社会保険の将来像の考察にあたっては、大小広狭さまざまの論点を精査しなければならないが、ここでは社会保険（全体像）に関わる3つの基本的な課題に限定して検討することとしたい。
　周知のとおり、派遣・パート等の非正規雇用労働者の増加、女性の就労および家族形態の多様化さらに少子高齢社会の進行などによって、従来のビスマルク型社会保険（わが国も基本的にこれを踏襲）において用いられてきた概念や区分が昨今の実態に即さない、時代遅れのものとなってきたことから、その改革を通じて無保険・無年金（社会的排除の1つ）を解消し、皆保険・皆年金体制の再構築を図ることが求められている。
　そこで課題の第1は、従来の社会保険における人的適用範囲に関する区分、給付事由に関する区分、労使拠出制の概念、および制度体系に関する区分について問題点を洗い出すことである。第2は、これらの概念・区分の立て直しを通じて皆保険・皆年金体制の再構築の展望を切り開くことである。そして第3は、社会保険による金銭給付が、稼得喪失にたいする消極的な補填にとどまってきたこと、さらに不安定で低賃金の労働に就くよりむしろ給付への依存を誘う「給付の罠」と化している事例も見られたこと、換言すれば受給者（失業者・

障害者・高齢者等）を積極的に雇用と地域社会生活へ包摂して自律した生活を営めるよう支援する方策に欠けてきたことを問題点として重視して、将来像においては、金銭給付と合わせて労働と地域社会生活への積極的な包摂（ソーシャル・インクルージョン）をめざす方向を考察することである。

2 従来の社会保険における時代遅れの概念・区分[1)]

1 人的適用範囲に関する区分

　社会保険法では被保険者集団として被用者と自営業者が区別され、拠出と給付の両面において異なる取り扱いを受けてきた。しかし今日では両者を明確に区別できる法的基準を見出せるか疑問視されている。とりわけ1990年代以降に急速に進んだ雇用形態の多様化や新しい非典型雇用の登場により被用者と自営業者に容易に区分できない事例（請負、委任等のいわゆる契約労働など）が増えている。

　そのうえわが国では、職域保険と地域保険の適用範囲を区分する取扱い基準によって、職域保険の適用範囲から除外された被用者が、主として自営業者を対象に制度設計された地域保険に合流させられ、その結果同じ被用者集団内に差別的な取り扱いが生じているのみならず、その取り扱いは明確な基準と合理的理由を欠くものとなりつつある。また被用者を民間部門と公共部門に区別する基準・正当性も維持し得なくなりつつある。

2 給付事由（社会的リスク）に関する区分

　社会的リスクに関して再検討を要するのは、生計維持者の死亡をリスクとして配偶者に遺族給付を行うという遺族の捉え方、同じ疾病・障害でも業務上・外により給付水準に差異を設けるという給付上の区別、さらに長期失業と障害という2つのリスクの取り扱いなどに見られる。そのなかでとりわけ検討を要すると思われるのは、長期失業者と障害者の間の取扱い上の差異である。一般に障害者は医学的な根拠に基づいて客観的に労働を期待し得ないとされる者であり、他方の長期失業者はあくまで労働能力者であるというように区分されて

きた。しかし実際は、ほとんどの障害者は自分に適した仕事を行う能力を有するにもかかわらず、健康状態、年齢、技能や職業訓練の不足その他の環境（社会的な障壁）ゆえに、労働市場において合理的な仕事を提供してくれる使用者を見出せない状態に置かれているのである。同じことはほとんどの長期失業者の状態にそのまま当てはまる。彼らは労働能力が減退しており、健康状態は悪く、年齢、技能や職業訓練の不足その他の事情があいまって、雇用の機会を得られないのである。この場合、一方の障害者に障害年金制度（無拠出の障害基礎年金を含む）を提供しながら、他方の長期失業者には公的扶助しか提供しないのは、不合理な差別ではないかとの批判に答えなければならない。

3 労使拠出制のありかた

労使の負担割合は、もとより社会保険制度の種類により、同じ社会保険制度でも国、時代により異なっている。けれども労使拠出制自体はどの国でも長く維持されてきた。だが、その仕組みも今や根本的に見直されるべきではないかと考えられる。その理由の第1は、この仕組みが被用者のみに適用され、被用者と自営業者に平等の待遇を与えることを不可能にしていることである。今後ますます、両者の区別が困難になるに従って、両者の平等取扱いを実現できるような使用者・被用者・自営業者それぞれの拠出方式（後述）が求められることとなろう。第2の理由は、現行の労使拠出制が報酬の多寡にかかわらず一定率とされているため、逆進的な負担となっていることを否定しえないことである。

4 制度体系に関する区分——社会保険と社会扶助

最後に、社会保険と社会扶助という区分に触れておくべきであろう。この区別はもともとビスマルク型の社会保険の時代から流れてきている。当時にあっては、社会保険は保険料拠出によって賄われ、一方の社会扶助（その典型としての公的扶助）は厳格な資力調査を伴ったうえ、公費（税）によって賄われる救貧措置であって、両者の違いは誰にも明瞭であった。しかし今日では社会保険にも周知のとおり相当の公費（税）が投入されているのみならず、後に述べるとおり、保険技術を用いた所得保障（代替所得の給付）と援助技術を用いたサー

ビス保障（労働市場・地域社会生活へのインクルージョン）との密接な連携・結合が求められてもいる。その結果、社会保険、社会扶助の双方において契約方式、ケアマネジメント方式の導入など、共通の法形式も見られるようになっている。したがって社会保険の将来像を考慮するとき、このことも留意されなければならないであろう。

3　皆保険・皆年金体制の再構築へ向けて
　　――時代遅れの概念・区分の見直し

　社会保険の将来（全体像）を模索するとき、第1に従来の社会保険において用いられてきた時代遅れの概念・区分を立て直すことが求められる。とりわけ①社会保険の人的適用範囲および被保険者集団の区分を捉え直すこと、その一方で拠出能力の低いもしくは不安定な被用者を被保険者集団に包摂すること、②給付事由（保険事故）としての長期失業と障害の区分・関係を捉え直すこと、および③労使拠出制のありかたを捉え直すこと等である。

1　人的適用範囲および被保険者集団の再編成

　現行法は、被用者医療・年金保険の人的適用範囲を、適用事業所に「使用される者」と規定するとともに、臨時的労働や季節的労働を適用除外と定めている（健保3条1項、厚年9条、12条）。実際は1980年行政内部の基準により、所定労働時間・日数が通常の労働者のおおむね4分の3未満の者についても適用除外としてきた。しかし、法定の除外対象である臨時的または季節的労働者と行政内部の取り扱いによる4分の3未満の常用労働者との間に、除外対象としての同質性を見出すのは必ずしも容易ではない。臨時的でも季節的でもない後者のパート労働者については、本来、原則としてすべて適用対象とすべきである[2]。さらに、失業者・無業者についてもドイツ法を参考に、賃金で生活する労働者に準じて被用者保険の対象とする改革案も検討に値するであろう[3]。

　つぎに、被保険者集団の捉え方については、どこに社会連帯の根拠・意義・範囲を見出すかによって、また医療保険、年金保険等の部門によって、当然に

一様ではない。しかし、被用者と自営業者の区別が必ずしも合理性を維持し得なくなっている現実を踏まえ、公平の見地から医療保険の被保険者集団を「一定の地域内に住所を有する者」という属性で捉える考え方は注目に値する。またた年金保険でも、年金制度によって就業形態や職業選択、人生の選択に影響を与えないよう、被用者、自営業者を含め制度の一元化を図り、15〜65歳までのすべての国民を被保険者集団として捉える考え方が示されている。このように被用者と自営業者の峻別を見直すことは将来像では避けられない課題である。

2　給付事由としての失業と障害の見直し

失業については、一方において、短期間の雇用保険加入期間でも一時的に雇用保険給付を受けることができるように受給要件を緩和するとともに、他方において、中期的失業を短期失業から区別されるもう1つの給付事由と捉え、雇用保険給付の給付日数を経過した人を対象に新たな無拠出制の失業扶助と再就職支援サービスを導入することが必要である。

さらに年齢が進むにつれて体力が減退し、疾病の頻度および重度が上がる中高年齢期において、長期にわたり職場を見つけ出せない可能性が高くなるから、こうした長期的失業を一種の障害状態と捉えて、障害年金を保障する方向へ転換することも必要である。具体的な改革としては、障害厚生年金の保険事故を稼得能力の減退と構成し直すこと、かつ稼得能力減退の認定にあたっては心身の要素のみならず、残された能力に適した職場が存在するかどうかという社会環境の要素をも考慮に入れて認定することによって、健康を害された長期的失業者が障害等級に掲げられた類型的な健康侵害状態に該当しなくとも、労働市場で稼得活動に従事して所得を稼ぐことができないと法的に評価される場合は、障害厚生年金を支給するという方向性をとるべきであろう。

3　労使拠出制の再構成

医療保険を一元化した場合、「住民」という属性で被保険者を捉える以上、事業主と被用者である被保険者との間の直接の関係はなくなる。この場合にも、事業主に何らかの負担を求めるとすれば、従来の労使拠出制の説明と異なる論

拠および負担方法が必要となる。これについて井原辰雄は「医療保険を一元化した後にも事業主に何らかの負担を求めるとすれば、むしろ、公的医療保険制度の存在を社会的なインフラととらえ、その維持のために事業主も負担するという説明になるであろう。その場合、事業主は、保険料の一部を負担するという形ではなく、従来負担していた額に相当する額を税で負担する（例えば、支払給与総額の一定割合を負担する）という形になると考えられ、その財源を保険給付に充てることになる[7]」とする。刮目に値する提案というべきである。

では年金保険制度を一元化する場合、労使拠出制の根拠・負担方法をどう再構成すべきであろうか。年金保険が医療保険と異なり、給付へのアクセスの面のみならず給付の金額の面でも対価性（牽連性）を保持することを重視すれば、一元化の後でも、「企業に雇用されている人や実質的に企業に従属して働いている人は、企業と労働者で保険料を折半する。商店主や農家などの典型的な自営業者は本人が（所得に比例した保険料を）全額支払う[8]」という方式に整合性がある。他方、上記の医療保険の一元化の場合と同じように、事業主は保険料の一部を負担するという形ではなく、従来負担していた額に相当する額（支払給与総額の一定割合）を税で負担するという形に改め、その財源を定額部分ないし最低保障年金の底上げに活用するという考え方も、社会連帯の理念に則する限りにおいてではあるが、選択肢として残るであろう[9]。[10]

4 社会保険と労働市場への包摂

1 所得保障と就労促進の連携のアポリア

これまでの社会保険（金銭給付）に対する根本的な批判の１つは、それらが代替所得の保障に終始して、受給者を労働市場へ再統合すること（reintegration）に焦点を当ててこなかったことに向けられている。最近年のEU域内の先進国における「積極的な福祉国家」への動きはこれを変革することを意味しており、将来の社会保険はこの新しい路線にそって発展していくと考えられている[11]。

とはいえ、先進国の現実のワークフェア・プログラムは、①就労支援サービスの請求権性があいまいである、②就労支援プログラムについて参入者側の合

意の任意性に強い疑問が示されることが多い、③ワークフェア・プログラムから取り残される新たな社会的排除がつくられている、などの問題が指摘されていることも事実である。[12] J. F. ハンドラーは「権利が現実に存在するためには、２つの条件が満たされなければならない。すなわち、①受給資格要件は十分に明確でかつ実施機関の段階での裁量権限は最小限でなければならない。②給付はいつでもだれでも支給可能でなければならない」。[13] そして、この２つの要件に照らしてワークフェアの「権利」は法的な権利といえないと述べ、契約に基づくインクルージョンという方式は、参入の入口において参入条件を交渉することが十分にできない人々（たとえば身体的、社会的にさまざまな障害を持つ人々）を必然的に排除する結果をつくり出していると批判する。

こうした現実的批判の根底には実は未解決の難問が横たわっている。それは、①適職選択権は社会権としての側面のみならず職業を自由に選択する自由権としての側面を有するが、この権利を労働市場への包摂の要請と調和させることがそもそも難問であること、②労働市場への包摂にあたって、労働能力、労働意思の有無、職業紹介の適切さ等について医師等専門家による審査・判定（医学モデル）が行われてきたが、その医学モデルはしだいに複雑化・綿密化されてきたとはいえ、全体として失敗に終わっていると言うほかはなく、むしろ新しい方法の開発こそ不可欠であること、などである。

２　包摂のプロセスにおける原則の確立

こうした未解決の難問を前提として、労働市場と地域社会生活への包摂を促進しようとすれば、包摂のプロセスにおける手続的権利の保障を含め、次のような諸原則を確立することが必要である。すなわち、

①目的理念――金銭給付は稼得喪失を補塡する適切な形態ではあるが、労働市場・地域社会生活への包摂を妨げないものでなければならない（「給付の罠」の防止）。それと同時に、労働市場・地域社会生活への包摂は、社会保障費用の削減・抑制のために行われるものであってはならない。目的理念としてこれらのことを明確にすることが重要である。

②手続的権利――労働市場への包摂においては、あくまで適職選択権の保障

が前提とされなければならないから、就労支援サービスのプランニングは個々の労働者の意思とニーズに十分に則したものでなければならず、就労支援機関は個々の労働者のニーズを満たす最善のプランであることを説明して、同意を得なければならない。

③「通常の協力」義務――一方で労働者は同意した包摂のプロセスに「通常の協力」を行う義務を有し、正当な理由のない「通常の協力」義務違反には、給付の停止を含む制裁の可能性を残すべきである。ただし、再統合の支援は、基本的に動機付け・誘導（motivation）の方法に依るべきであって、給付の停止を含む制裁が労働者本人の望まない訓練に就くことを強制する手段として用いられてはならない。

④不服審査――決定された個々の労働者のプランや制裁に対して争える手段が用意されていなければならない。不服審査の機関は就労支援機関から独立した労働者代表委員、使用者代表委員によって構成される委員会（bipartite committee）等によるべきであろう。

⑤提供体制の整備――失業を疾病になぞらえて表現すれば、医療機関が疾病に関して予防から治癒までなし得ることを、就労支援機関は失業に関してなし得るように、そのために必要な専門的人材と資源を備えることが、労働市場への包摂を促進するうえで不可欠の条件である。

3 ベーシック・インカム論からの批判

就労支援を通じた以上のような社会的包摂論に対しては、ベーシック・インカム論者側からの批判が予想される。最も根本的な批判は、就労支援を通じて労働市場ですべての人に十分な仕事を（低賃金の仕事を含め）提供できると考えるのは非現実的であって、むしろ21世紀が進むにつれ、失業と不完全就業の現われはますます広まることを予想すべきである。したがって貧困の広がりにたいする対策としては、労働市場の改革ではなくベーシック・インカムの保証（Basic Income Guarantee, BIG）こそが必要かつ有効である、という批判である。[14] ベーシック・インカムは、契約的構成（contract）からふたたび地位保障的構成（status）へ転換を図る構想といえるかもしれない。

社会的統合という面からみて、BIGの構想には確かに就きたくない雇用には就かない真の自由が拡大されるという長所が含まれている。しかし他方において、BIGの基礎的な給付は、貧困を相当程度に減少するに足るほどの高い水準でなければならない反面、人々がBIGに加えて有償の労働を求めるよう促すに足るほどの低い水準でもなければならない、という水準決定上の困難をともなう。のみならず、BIGという無条件の最低所得保障の権利性を法理論上どのように根拠づけ、現代法秩序のなかに位置づけ得るかは、必ずしも明らかでない、という規範的な課題も残されている。

　いずれにせよ、皆保険・皆年金の再構築にあわせて、就労と地域社会生活への包摂を促進するためには、ベーシック・インカム論からの批判をも踏まえつつ、上述の諸原則を確立していくことが肝要であることは疑いない。

1) 河野正輝「社会保障法の目的理念と法体系」『社会福祉法の新展開』（有斐閣、2006年）10頁以下参照。
2) 「4分の3ルール」の問題については、倉田聡「短期・断続的雇用者の労働保険・社会保険」日本労働法学会編『講座21世紀の労働法2　労働市場の機構とルール』（有斐閣、2000年）265頁、加藤智章「社会保障法とリスク」長谷部恭男編『法学からみたリスク』（岩波書店、2007年）136頁以下、阿部和光「パート労働者への厚生年金保険の適用拡大」季刊労働法218号（2007年）128頁以下等参照。
3) 上田真理「被用者保険（医療、年金）の適用の拡大」脇田滋・井上英夫・木下秀雄編『若者の雇用・社会保障』（日本評論社、2008年）119頁以下参照。
4) 井原辰雄『医療保障の法政策』（福村出版、2009年）54頁以下参照。
5) 駒村康平「所得保障政策に関する提言」駒村康平・菊池馨実編『希望の社会保障改革』（旬報社、2009年）86頁以下参照。
6) 福島豪「ドイツ障害年金の法的構造（1）～（3）」法学雑誌53巻1～3号（2006～2007年）とくに同（3）、648頁以下参照。なお山田篤裕・駒村康平「雇用政策への提言」は失業が長期化した場合資力調査付きの生活保護へ連続させる考え方がとられているが、その前に障害リスクの捉え直しが必要であろう。駒村・菊池編・前掲書（注5）112頁参照。
7) 井原・前掲書（注4）68頁。
8) 駒村・前掲論文（注5）86頁。
9) 社会連帯の理念については、倉田聡が「保険料負担を正当化する根拠というよりはむしろ保険料負担を正当化するプロセスないし過程を規律する根本規範的な意味を有する」「すなわち、保険料負担の決定においては、被保険者の大多数の了解を得るものでなければならないという意味では手続法的な規範たりうるし、応能負担原則に沿って給

付と負担の有償関係の修正は許されるものの、そこには自ずから一定の限界があるという点では実体法的な規範になり得る」と述べていて、示唆に富む。同『社会保険の構造分析——社会保障における「連帯」のかたち』（北海道大学出版会、2009年）261-262頁参照。

10) 低所得のパート労働者への厚生年金適用拡大を図る場合、それに伴って、第1号被保険者とのアンバランスが生ずることとなるが、このアンバランスを避けながら基礎年金の最低保障機能の強化を図り、かつ、非正規雇用を自然な形で減少させる方法として、現行の第1号被保険者である被用者および第3号被保険者を雇用する事業主に、事業主負担分だけの保険料納付を求める提言がみられる。ドイツの僅少労働制を参考に、当面の労使拠出制の改善を図る見解であるが、ここにも基礎年金の最低保障機能の強化という労使拠出制の再構成に通ずる内容が含まれている。権丈善一『社会保障の政策転換——再分配政策の政治経済学 5』（慶應義塾大学出版会、2009年）256頁以下参照。

11) J. ファンランゲンドンク「社会保障の将来像」本書231頁以下参照。本文の以下の叙述はファンランゲンドンクの研究に負うものである。なお OECD 編著（井原辰雄訳）『世界の社会政策の動向——能動的な社会政策による機会の拡大に向けて』（明石書店、2005年）も課題意識を共有している。とくに同書第1部「社会政策の文脈」（25-68頁）参照。

12) 河野正輝「自立支援サービスの新展開と権利擁護の課題」民商132巻 2 号（2005年）140頁以下参照。

13) Joel F.Handler, Social Citizenship and Workfare in the United States and Western Europe; The Paradox of Inclusion, Cambridge University Press, 2004, p. 248.

14) Joel F. Handler, op. cit., p. 274.

10-2 所得保障における社会保険の将来像

石橋　敏郎

1 年金部門における最近の改革

　2002（平成14）年1月、社会保障審議会年金部会が開催され、その中間報告「年金制度の将来的な見直しに向けて」が2008（平成20）年11月の会議で出されている。その大まかな内容は以下のとおりである。
　①低年金受給に対する対応──現役時の低賃金により低年金となっている者については、これを年金制度の射程外と決め付けずに、年金制度の中での対応可能性を考えるという立場に立って、具体的には、給付時の対応としての「最低保障年金」と、拠出時の対応としての「保険料軽減支援制度」の2つが提案されている。最低保障年金とは、基礎年金において、低年金者に一定額を公費で保障するものであるが、この制度では、保険料納付意欲を阻害することや生活保護との関係をどう理解するかという課題が残される。そこで、著しく所得の低い単身高齢者等の基礎年金に加給金を加算する「単身低所得高齢者等加算」の創設も考えられる。これはドイツの2001年年金改革で導入された無拠出の補足年金制度と類似するものであり、社会保険と社会扶助の中間的な性格を持つものと理解される。保険料については、現行の保険料免除制度のもとでは、満額の納付を義務付けるが、申請に応じて保険料を免除することとし、その代わりに保険料相当分の給付が減額される仕組みとなっている。これを廃止して、保険料拠出時に所得に応じて保険料の一部を軽減し、軽減された残りの保険料納付を求める一方、軽減された分を公的に支援するというのが保険料軽減支援制度である。これによって年金額計算上は保険料納付済み期間に準じた取り扱

いがなされるために、低年金問題が解決されることになる。保険料軽減支援制度は、所得に応じた保険料で満額の基礎年金を受けられる仕組みであり、社会保険方式の基本に立ち返った案であると考えられる。また、少なくとも、保険料を納めた期間のみが満額年金の基礎となるので、最低保障年金で考えられるようなモラルハザードが生じることがないという利点もある。

②パート労働者に対する厚生年金の適用拡大——正社員に近いパート労働者に厚生年金の適用を拡大する内容を盛り込んだ被用者年金一元化法案（国家、地方、私学教職員共済を厚生年金に統合）が2007（平成19）年4月に国会に提出された。これが成立すると、所定労働時間20時間以上、賃金月額98,000円以上、勤務期間1年以上のすべての要件を満たす者に厚生年金が適用されることになる（中小企業は適用猶予）。パート労働者等への適用拡大により、議論の的となっていた第3号被保険者（サラリーマンの妻）の範囲も縮小されていく方向に向かうという期待もあったが、この程度の緩和措置では、現在のパート労働者のごくわずかしか（10万人から20万人）カバーできないという強い批判もあった。結局、この法案は廃案となった。

第3号被保険者に関しては、社会保険機能の強化という観点から、抜本的には以下のような方向での改革が必要であろう。①パートタイマーへの厚生年金加入資格を大幅に緩和するか、その資格そのものをなくす。この場合、所得の低い人が厚生年金に多数加入することにより、年金財政を一層圧迫するという問題はある。②いわゆる専業主婦については、これまでの世帯単位から個人単位に切り替えて、妻自身が一定率または一定額の保険料を支払うか、夫がそれを支払うか、いずれかの方式を選択することにより、将来的には、第1号被保険者として取り扱うこととすべきであろう（「女性のライフスタイルの変化等に対応した年金の在り方に関する検討会」第Ⅰ案から第Ⅳ案、平成13（2001）年12月）。

2009（平成21）年9月、民主党政権が誕生した。民主党が掲げる年金改革案は、日本のこれまでの被用者、自営業者の区別立てを廃止して一元化し、保険料、年金額ともに所得比例を基本として、これに最低保障年金を加えたスウェーデン方式に類似した新しい年金制度となっている。その大まかな内容は次のようなものである。①公的年金制度は、すべての国民が加入する単一の制度とする

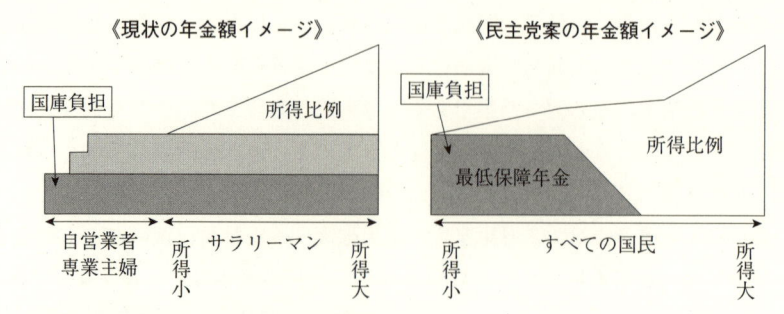

《現状の年金額イメージ》／《民主党案の年金額イメージ》

出典：藤井康行「年金制度改革法案（民主党案）の概要」

（年金制度の一元化）。②被用者、正規・非正規雇用、自営業者の区別なく、すべて納めた保険料をもとに年金受給額を決定する所得比例年金制度を基本とする。所得比例年金が一定額に満たない低所得者に対しては、これを補足するために月額７万円以上の「最低保障年金」を創設し、その財源は、将来消費税増額も見込んだところの国庫負担でまかなう。最低保障年金の支給額は、高齢者の生活の基礎的な部分を満たす金額を限度とするので、所得比例年金の額に応じて減額し、ある金額からは所得比例年金のみの支給となる（変則的二階建て方式）。ただし、この方式では、所得の低い人について、保険料の負担なしに一定額の最低保障年金を給付することになるから、公平性の面ですべての国民の正確な所得把握が重要なポイントになる。

　民主党のマニフェストでは、この新年金制度を2013（平成25）年までに創設するとなっているが、いずれにせよ、この改革法案が成立すれば、現在の１号、２号、３号と分かれている被保険者資格が一本化されるし、最低保障年金を全額国庫負担とすることで、無年金者、低年金受給者問題も解消されることになろう。低所得者であってもその所得に応じた保険料をとにかく支払ってもらうというこの制度は社会保険機能の強化という側面も持っているが、しかし、理論上も実務上も、いくつかの問題点も指摘できる。まず、被用者、自営業者の区分をなくすことになれば、これまでの使用者拠出部分をどうするか（一切廃止するのか、一種の税として徴収するのか）、スウェーデンのように自営業者には使用者負担部分まで保険料を負担させるのか、あるいは最低保障年金をめぐ

るモラルハザードの問題などである。

2 所得保障領域における社会保険の将来像

1 扶養原理の拡大

　諸外国の事例も含めて、所得保障分野における最近の社会保険の動向を見ていると3つの方向が同時に進行しているように感じられる。1つは、保険原理に対する扶養原理の優越が顕著になってきていること、もう1つは、保険原理の強化（拠出責任の強化）という方向[1]、最後に公的扶助への転落防止を模索する方向である。第1の方向については、ドイツの最低所得保障制度、わが国の最低保障年金あるいは単身低所得高齢者等加算制度構想が例としてあげられよう。ドイツ、フランスにおける所得保障財源について、社会保険料の占める割合が相対的に低下し、公費（税）の占める割合が次第に増加しているが、これはわが国にも当てはまる現象である。所得に比例した保険料（応益負担）、および保険料の額に応じた給付水準（貢献の原則）を特徴としてきたビスマルク型の社会保険は最近の社会情勢の変化を受けて大きく変容を遂げようとしている。少子高齢化、景気後退、低所得者層の増大等の現象は、当然にして、保険料だけで生活保障サービスの大部分を賄ってきたこれまでのやり方に修正を迫ることになる。いまや社会保険財源だけでは賄えなくなり、そこに公的資金による最低保障年金制度が導入される契機が宿っていたといえる。こうした現象をとらえて、これを「社会保険の衰退」あるいは「社会保険神話の崩壊」と表現する研究者もいる。また、こうした現象に対して、「目の前の使いやすさや制度維持のために保険原理を安易に逸脱することは、社会保険そのものを危機に陥れる恐れがある」と批判する見解もある。

　わが国でも、保険料滞納者が出るという社会保険制度の弱点が顕著になってきたこともあり（平成19年度の国民年金保険料納付率は63.9％）、基礎年金部分をすべて租税で賄うという案が有力になってきている。しかし、これでは社会保険方式の持ってきた「自立自助」のメリットを放棄することになる、全額公費で賄われている生活保護制度との関係をどう理解するか、制度の切り替え時点

において、これまで保険料を納付してきた者と納付していない者との公平をどうはかるのかといった点で税方式年金には問題点も多い。1909年から実施されているオーストラリアの税方式年金では、受給要件として所得および資産に関するミーンズテストが課されている（1997年以前のニュージーランドの年金制度も同じ）[2]。全額を公費で賄う所得保障方式にはミーンズテストが付きまとう可能性がある。

2　保険原理の強化

第2の方向の例としては、パート労働者に対する厚生年金の適用拡大とそれによる第3号被保険者の縮小や保険料軽減支援制度がこれに当たるであろう。厚生年金の第3号被保険者は、被保険者でありながら保険料負担義務がない（被用者年金制度全体で配偶者を扶養する仕組み）という点で、社会保険の原理からは説明がつかない制度となっている。パート労働者への厚生年金の適用拡大は、サラリーマンの妻を社会保険の仕組みへ取り込むことになるし、被扶養者たる専業主婦にも何らかの形で保険料の支払いを求めて、厚生年金保険の枠内に包摂する必要がある。と同時に、そもそも被用者、自営業者、被扶養者といったこれまでの区分そのものの意義も問い直されなくてはならないであろう。

低所得等の場合、申請により保険料が免除されるが、これは保険料納付済み期間とみなされるだけで、年金額は国庫負担相当分（現在3分の1）に減額されることになっている。これに対して、保険料軽減支援制度は、所得に応じて保険料を軽減し、その分を公費で負担するものであるが、軽減されるとはいえ残りの保険料の納付は義務付けられるし、給付額も満額受け取れるという意味で社会保険原理により近づいた仕組みであるといえよう。育児期間について、申請に基づき保険料を免除し、その期間については保険料納付済み期間とみなすという案もこれと同様の趣旨であろう。この場合も、その期間の費用を税で賄うのか、社会保険料で対応するのかの問題は残されている。

3　公的扶助への転落防止策

景気回復が一向に見込めないなか、失業者の多くが、ごく短期間の社会保

給付（失業給付）受給期間を経て、すぐに公的扶助給付の対象になっている現状を打開するために、各国で中間的給付の創設とワークフェアの組み合わせを柱とする公的扶助転落防止策が進められている。イギリスでは、1996年、求職者手当てのなかに、新たに拠出制の失業保険給付と資産調査を伴う無拠出の求職者給付が設けられている。ドイツでは、ハルツ改革により、2003年12月、就労可能な社会扶助受給者を、社会扶助から分離して、これまでの失業扶助受給者を加えた新たな「求職者基礎保障制度」（社会法典第2編）が創設された。すなわち、社会保険による失業給付期間が終了し、無拠出の失業扶助を受けている者と、社会扶助受給者のうち稼働能力のある者をひとまとめにして「求職者」という新たな概念をつくり、最低生活保障と就労支援を一体的に行おうという趣旨である。求職者という新たな概念の創設により、これまで社会扶助を受けていた者の一部が、医療・年金について、被用者保険の適用対象者となったことも大きな改革であろう（社会保険の強化）。

3　所得保障における社会保険

　格差社会がさらに拡大し、固定的な貧困層の問題が指摘される現代社会にあっては、貧困層を社会の中に取り込んでいく社会的包摂が緊急の課題となっている。この課題に応えるべく社会保険制度はその基本となっている保険原理を修正しながら、すなわち、公費負担部分が徐々に多くなってきているという意味で「変容」をとげてきている。その一方で、拠出責任（個人責任）を果たすことによりリスク分散の機能を維持するという保険原理本来の役割を強化することにより、社会保険制度は非正規雇用労働者や被扶養者をその枠内にとりこもうとしている。社会保険における保険料拠出は、その多寡に関わらず、リスク分散機構に自ら参加するという意思を明確に表示する責任遂行行為であり、それは近代市民社会の自由主義や自助努力という思想に適合する。また、拠出という行為により所得保障に対する国家からの無用の干渉を排除できるという側面も有する。オーストラリアの税方式年金にはミーンズテストが課せられているし、租税を財源とするベーシック・インカム給付にはおそらく何らか

の形で国家が介入してくることが予想される。だとすれば、やはり社会保険は他の社会政策の方法に比して今なお優位性を保っているといえよう。社会保険は、もはや新しいニーズや長期的事故に対応できないと考えるのではなく、社会保険という大枠を維持しながら、現代的ニーズに柔軟に適応しようとしていると見るのが素直な見方であろう。

　しかし、優位性といっても、それは相対的なものにすぎない。「社会保険方式と社会扶助方式の最大の違いは、保険の仕組みを用いるかどうかにあるのであって、その財源を保険料のみとするか一部に公費を導入するかにあるわけではない」という指摘もある。また、上記中間報告は、「税方式、社会保険方式にはそれぞれ長所、短所があり、また、両者は必ずしも対立的な概念ではない。今後の無年金・低年金問題への対応として…それぞれの利点を活用するポリシーミックスを行うことにより、制度に対する中長期的な信頼確保に寄与することも期待できる」と述べている。ただ、社会保険は貧困層転落を防止する防貧的セーフティネットの役割を果たすべき重要な役割を担っているにもかかわらず、最近の社会・雇用情勢の変化に十分対応できていないところがあったので、公費導入、中間的制度の創設、ワークフェアといったさまざまな形でこれを補って所得保障の役割を果たせるようにしようという改革が推し進められているのである。もっと将来的には、被用者・自営業者の区別撤廃、使用者拠出部分の廃止、リスク概念の統廃合（業務上災害とそれ以外との統合、長期失業と障害との統合）といった改革も進められていくかもしれない。また、いくら社会保険機能の強化を図ったとしても、被用者・自営業者あるいは雇用形態の相違に完全に対応できないのであるから、それよりも個人の価値観、生活スタイル、労働形態に中立的で、すべての国民に一定額を保障するベーシック・インカム制度のほうが望ましいという主張も強くなっていくかもしれない。ただ、ベーシック・インカムには、仕事をするより給付に依存するという給付の罠という問題もある。しかしこれは現在の公的扶助にも当てはまることでもある。

　これからも所得保障給付において、社会保険方式はその中核としての位置を持ち続けるであろう。「自立自助」を基礎にして社会連帯による相互扶助を実現しようとする社会保険の考え方は、社会保障財政が困窮している現代にあっ

ては、なおさらその意義を認められてしかるべきである。あくまでも、現行の社会保険制度を前提とした上で、それだけではカバーしきれない問題に対して租税やその他の方法で、適宜最小限度これを補完していくというのが、わが国における所得保障政策の現実的な対応策であるように思われる。[5]

1) 河野正輝「諸外国における社会保険改革と基本理念」社会関係研究13巻2号（2008年）29頁以下。
2) 江口隆裕『変貌する世界と日本の年金──年金の基本原理から考える』（法律文化社、2008年）111頁以下。
3) 堤修三・品田充儀編『市民生活における社会保険』（放送大学教育振興会、2008年）186頁。
4) 堀勝洋『現代社会保障・社会福祉の基本問題──21世紀へのパラダイム転換』（ミネルヴァ書房、1997年）99頁。
5) 西村淳「社会的排除の克服に向けて」駒村康平・菊池馨実編『希望の社会保障改革』（旬報社、2009年）52頁以下。

10-3 医療保障における社会保険の将来像

石田　道彦

1　近時の動向と検討課題

　2006年の医療制度改革は、国民皆保険の実現（1961年）、老人保健制度の創設（1982年）と並ぶ大きな制度改革となった。しかし、施行直後から高齢者医療制度に対する批判が相継ぎ、制度の見直しが開始されることとなった。2009年に発足した民主党連立政権は後期高齢者医療制度の廃止を予定しており、高齢者医療のあり方を中心に医療保険制度の将来像が模索されている。医療保険制度が直面する課題はさしあたり次の3点からとらえることができる。

　第1に、保険制度の編成に起因する財政負担問題である。被用者保険と地域保険からなる制度体系の下では、地域保険である国民健康保険に多くの高齢者や低所得者が加入するため、制度間で財政負担に不均衡が生じる構造となっている。この問題を解決するために、国民健康保険に対する公費負担や老人保健制度の創設といった対応がとられ、直近の2006年改革では、後期高齢者医療制度の創設、前期高齢者医療費の財政調整という対応がとられた。このように保険制度の分立がもたらす財政負担をいかなる理念と手法を用いて解決するかが医療保険制度における長年の課題となっている。

　第2は、国民皆保険による医療保障体制の再構築である。わが国では、医療保険の適用拡大を通じて国民に対する医療保障の確立が図られてきた。しかしながら、社会経済構造の変化に伴う雇用形態の多様化は、健康保険等の適用を受けない被用者を増加させることとなった。他方、その受け皿となる国民健康保険では、長期の保険料滞納者に資格証明書を交付するという対応が行なわれ

たため、十分な受診機会を得られない者が発生することとなった。このため、社会保険としての枠組みを維持しながら実効的な医療保障をいかに確保するかが課題となっている。

　第3は、保険給付のあり方である。2004年の健康保険法改正による被用者保険の一部負担割合の引き上げにより、保険制度間での給付率格差は解消されることとなった。一方、保険給付の内容については医療技術の進展に対応して拡充が図られてきたが、医療技術や創薬技術の急速な進展に伴い保険給付でカバーされない医療の存在がしだいに意識されるようになった。とくに最近では規制改革の見地から、混合診療を原則的として禁止する現行制度のあり方に疑念が示され、大きな論争を呼ぶこととなった。

　上記のような課題を抱えながらも、医療保険は医療保障の中核的な制度として機能しており、今後もその役割を果たし続けるであろう。以下では、このような医療保険の機能を前提に医療保険の将来像とその課題を検討することにしたい。

2　保険者と費用負担のあり方

1　保険者間の財政調整

　社会保険としての医療保険は同質的集団の相互扶助を基盤に構築されたため、規模の異なる多数の保険者が分立する制度となっている。保険者の分立は、加入者の年齢構成や所得水準に基づく費用負担面での格差を生じさせており、この問題を解決するために、これまでに公費負担の投入、保険者間の財政調整、高齢者を対象とした保険制度の創設といった対応がとられてきた。[1]

　こうした保険者間の格差は保険者自治の観点からある程度容認されるとの見解もみられる。しかしながら、現行制度の下では、加入者の所得水準が相対的に低いために高い保険料負担の設定を余儀なくされる保険者（市町村国保や協会けんぽ）が存在する一方、一部の保険者は、低い疾病リスクや高報酬といった加入者の特性によるメリットを享受しており、保険者間の公平な費用負担のための対応が求められている。また、後期高齢者医療制度の廃止が予定されてい

ることから、高齢者医療費について新たな対応が必要となっている。これらの課題に対する具体的な施策としては、前期高齢者を対象に行なわれている保険者間の財政調整を拡大し、加入者の年齢構成や所得水準を対象とした財政調整を実施することが適切であろう[2]。

上記のように保険者間での財政調整を拡大すると同時に、医療保険のリスク分散機能と保険者の自律的な財政運営を維持するために、保険者の再編成をすすめることが必要となる。年齢構成の偏りなどを基準に保険者間で多額の費用が移転する場合には、財政調整の継続的な実施が困難となる可能性が高いためである。すでに政府・与党医療改革協議会（当時）の「医療制度改革大綱」(2005年)にもとづき、都道府県単位での保険制度の再編に向けた動きが進行している[3]。医療提供体制は医療計画の策定などを通じて都道府県レベルで構想されており、都道府県単位での保険者の統合は、保険財政を安定的にするとともに、医療提供体制と関連づけながら保険財政の統御を可能にするという意義を有している[4]。

上記の仕組みの下では、保険者の責任にできない要因（加入者の年齢、所得）は財政調整の対象となる。そこで、公費負担については低所得者の保険料負担の軽減に重点的に用いることとし、あわせて非正規労働者への被用者保険の適用拡大を図ることにより、実効的な医療費保障を確立していくことが求められる。

2 一本化方式の課題

このような構想の延長線に位置するものとして医療保険制度の一本化方式がある。この構想は、被用者保険制度を廃止し、都道府県などの地域単位で被用者保険と地域保険を統合するというものである。被用者と自営業者の区別を設けることなく、共通の地域医療体制を利用する者によって保険集団を再編成するという構想は、保険制度を通じた社会連帯の将来像として魅力的なモデルとなっている。長期的にこの目標を実現するためには、所得捕捉の方法を改善するなど各種の制約を解消していくことが必要となる。このほかにも一本化方式を実現するためにはいくつかの課題がある。

1つは、地域単位で統合される保険者の運営方法である。後期高齢者医療制度における広域連合は都道府県単位で運営されており、保険制度の統合化のモデルとなる制度である。広域連合には国民健康保険運営協議会のように被保険者の意見を反映させる組織は存在せず、保険料率の決定など運営に関わる事項を広域連合議会が定めることになっている。このため、広域連合の運営における被保険者の参加は広域連合議員（市町村議会の代表）を通じた間接的なものとなっている。保険集団の拡大は財政上の安定をもたらすが、被保険者の意見を反映する機会は低下することになる[5]。このため、これを補う保険運営のあり方の検討が求められる。

いま1つは、被用者保険と地域保険にみられる給付および負担面でのさまざまな相違点の克服であり、最大の問題が事業主負担の扱いである。保険料の事業主負担は、被用者の雇用という事業主の社会的地位に基づき、事業主の法的義務の一部を構成している。しかし、一本化された保険制度においては、被用者も「住民」という属性にもとづいて加入資格が把握されるため、事業主による費用負担の根拠が希薄化することになる[6]。また、事業主負担が行われる場合であっても現在と比べて低額なものとなる可能性があり、負担の新たな根拠づけが求められることになるであろう[7]。

3　医療保険の給付

医療保険制度は分立しているが、所得保障給付を除いて保険給付の範囲は同一のものとなっており、1994年の国保法改正以降、保険給付を担当する保険医療機関も統一的な仕組みの下で運営されている。以下では、診療報酬制度、混合診療、保健事業として実施される疾病予防の課題について取り上げる。

1　診療報酬制度

診療報酬点数表は保険給付の範囲を定めるとともに、各保険点数の調整を通じて医療費総額を制御する機能を果たしてきた[8]。診療報酬点数表は病院から診療所まで共通の報酬体系を定めており、全国の医療機関に対して統一的な価格

体系が適用されてきた。しかし、近年、診療報酬点数表の算定要件、施設基準において地域特性を踏まえた内容の導入が検討されており、このような報酬体系のあり方に変化の生じる可能性がみられるようになっている。入院医療に関する包括払い方式においても地域特性への対応が予定されているほか、医療費適正化計画においても、必要に応じて都道府県単位で診療報酬が設定される可能性が示されている（高齢医療14条）。

現行の診療報酬改定手続では、中央社会保険医療協議会において診療側代表と支払側代表、公益代表が参加し、給付範囲と価格設定が同時に行われてきた。地域単位での保険財政と医療提供体制の一体性が強化されることにともない、基本的な報酬体系は集権的に決定した上で、一部の診療報酬を地域の特性に対応して決定する可能性が検討されるべきであろう。前者については、給付範囲の決定という側面が強くなるため、改定手続における専門性の強化や保険給付の受け手である被保険者の参加が要請されることになるであろう。後者に関しては、地域単位で保険者、医療提供者などの参加によって決定する手続が検討されるべきであろう。

2 混合診療

保険診療において制限診療が撤廃されて以降、保険給付の具体的内容の決定においては保険医の判断を尊重し、保険給付の範囲を拡大する方針がとられてきた。しかし、近年、医療技術と情報化の進展に伴って保険給付でカバーされない治療や薬剤の存在が意識されるようになった。新たな治療方法や薬剤が所定の手続を経て保険収載されるまでには一定の期間が必要となる。そこで、こうした治療の一部については、将来の保険収載を前提に特定療養費（2006年以降は、保険外併用療養費）の対象とする対応がとられてきた。その一方で、保険給付の対象とされない治療や薬剤を患者が希望する場合には、保険適用となる診療部分も含めて自由診療扱いとされ、その費用を全額負担しなければならないとの方針が採用された。

近年の規制改革を契機に、このような混合診療禁止の根拠やその是非をめぐって活発な議論が展開されることとなった。混合診療の禁止により、保険給

付の対象である基礎的診療部分についても給付が提供されないことは患者の選択を軽視し、不当な費用負担を強いるものであるとして混合診療の全面的な解禁に積極的な見解もみられる。しかしながら、医師と患者の合意のみに基づいて、安全性や有用性の定まっていない医療行為が提供されることにはさまざまな弊害があり、保険財源の用い方として問題が多い[13]。保険外併用療養費を用いて混合診療の範囲を限定するという現行制度は一定の合理性を有した仕組みであり、問題点の改善を図りながら運用を進めることが適切であろう[14]。

3 疾病予防

包括的な医療保障の観点からは、予防、リハビリテーションの医療保険への取り込みが課題とされてきた。近年の疾病構造の変化により、慢性疾患予防の必要性が認識されることとなり、医療費適正化計画に基づいて保険者の保健事業を通じた疾病予防が導入されることとなった（特定健康診断、特定保健指導）。疾病予防、とりわけ慢性疾患の予防においては継続的な医学管理が必要とされており、その性質上、被保険者と継続的な関係にある保険者が疾病予防を保健事業として提供することが適切である[15]。ただし、現行制度は、医療費適正化の観点から保険者に対する経済的な誘因と制裁を通じて疾病予防の促進が図られており、その目的と手法には問題がある。保険者による疾病予防は、医療保険加入者の健康で自立的な生活の維持を第一義的な目的として実施すべきであり、高リスクとされた個人の意識や行動変容を促すことが求められる。このような観点からは、加入者への情報提供や啓発手法が課題となる。さらに、慎重な検討が必要であるが、予防に積極的な加入者に対するインセンティブの付与（受診時の一部負担金の軽減など）についての検討が求められる。

4 医療提供体制における保険者の役割

医療保険による医療保障は、保険医療機関による医療サービスの提供を通じて完結する。そこで、給付内容の改善を図るためには、保険給付の範囲や給付率と並んで、必要な医療機関の整備や非効率な医療提供体制の是正など医療提

供体制の改革が不可欠となる[16]。医療保険と医療提供体制との制度的な接点は、診療報酬制度や保険医療機関の指定であるが、これらの決定に個々の保険者が関与することはこれまで重視されてこなかった。しかしながら、今後の医療提供体制においては、疾病構造の変化への対応や医療提供体制の効率化の観点から医療機関の機能分化と連携体制の構築が求められている。その1つの手段として、個々の保険者が医療提供体制の構築に積極的に関与し、保険給付の質的向上を図るといったアプローチが検討されるべきである。このような可能性として次のような方法が検討されるべきである。

第1に、保険医療機関の指定である。現状では、保険医療機関の指定及び指定の取消は、地方社会保険医療協議会への諮問に基づいている(健保82条2項)。地方社会保険医療協議会は、保険者、被保険者等を代表する委員、医師、薬剤師を代表する委員、公益を代表する委員より構成されており、個別の保険医療機関の指定について個々の保険者がその意思を反映させることは困難である。保険者に対して指定取消しの権限や申立ての機会を付与することが検討されるべきであろう[17]。

第2に、地域の医療提供体制の構築に関わる各種の手続への保険者の参加である。例えば、医療計画の策定にあたる医療審議会において、医療提供体制の利害当事者として保険者および住民の参加を活性化させる方策が検討されるべきであろう。

第3に、保険者による情報提供機能の拡大である。現在、医療機能情報提供制度を通じた都道府県の役割が検討されているが、保険者がレセプトの分析やDPCに基づく診療報酬支払いの際に得られた情報を活用することにより、都道府県とは異なった観点から医療機関についての有用な情報を被保険者に提供することが期待される。また、運用の見直しにより、新規の実施が可能となった健康保険組合と保険医療機関との割引契約についても、費用面での措置を通じて、保険者が適切と判断した医療機関への被保険者の受診を促す仕組みとして活用を図ることが可能であろう。

1) 後期高齢者医療保険制度は、高齢者医療費の財政責任の明確化という意義を有して

いる。しかし、この制度では高齢者医療費をおもに公費や保険者の支援金で支える構造となるため、高齢者医療に焦点をあてて費用適正化の圧力が加わる可能性が高いという問題点を有している。堤修三「高齢者医療制度改革をもう一度考える」（２）文化連情報376号（2009年）33-34頁参照。
2) 2001年に公表された厚生労働省「医療制度改革の課題と視点」における「年齢リスク構造調整方式」にあたる。
3) 後期高齢者医療制度における広域連合、市町村国保における各種の財政支援事業、協会けんぽの運営などである。健康保険組合についても都道府県内での再編・統合が可能となっている。
4) 池上直己「都道府県単位の医療費適正化——その課題と展望」社会保険旬報2368号（2008年）17頁以下。
5) 被保険者の参加可能な範囲で保険集団を設定すべきであるとの方策も示されている。井原辰雄『医療保障の法政策』（福村出版、2009年）。
6) このほか、保険料の負担を根拠に行なわれてきた事業主の保険制度運営への関与が後退するとの問題点も指摘されている。島崎謙治「健康保険の事業主負担の性格・規範性とそのあり方」国立社会保障・人口問題研究所編『社会保障財源の制度分析』（東京大学出版会、2009年）155頁参照。
7) 井原・前掲書（注5）68頁では、事業主負担に相当する額を税負担とする提案がなされている。
8) 伏見清秀「診療報酬制度におけるDPC包括評価の意義」尾形裕也・田近栄治編『次世代型医療制度改革』（ミネルヴァ書房、2009年）179-183頁。
9) 例えば、急性期入院医療の包括評価（DPC）では、医療計画で定めた事業に基づいて医療機関の機能評価係数を定める方針が示されている。
10) 笠木映里『公的医療保険の給付範囲——比較法を手がかりとした基礎的考察』（有斐閣、2008年）301頁以下では、このような特質を指摘した上で、独仏比較に基づいて給付範囲の決定過程と経済性の審査を機能分化させる可能性が指摘されている。
11) 保険外併用療養費の対象には、このほかに選定療養（差額ベッドなど）がある。
12) 東京高判平21・9・29判タ1310号66頁は、特定療養費制度の創設により、この方針は医療保険法上明確になったとしている。
13) 患者の健康に被害がもたらされるおそれがあるほか、保険給付費の拡大、保険収載へのインセンティブが損なわれるなどの弊害が指摘されている。島崎謙治「混合診療禁止の法理と政策論」（下）社会保険旬報2364号（2008年）16頁。
14) 現行の保険外併用療養費制度に関しても、海外で承認されているにもかかわらず、国内で未承認となっているため薬剤が利用できないなどの問題が指摘されていたが、2008年4月から高度医療制度が導入され、医師の申請に基づいて、こうした薬剤の使用が可能となった。もっとも、迅速な承認手続が実施されなければ現行制度の問題点が顕在化することに留意する必要がある。この点について島崎・前掲論文（注13）16頁以下参照。
15) 倉田聡「医療保険法の現状と課題」日本社会保障法学会編『講座社会保障法4　医療保障法・介護保障法』（法律文化社、2001年）52頁以下では、生活習慣病予防が保険組

合による保健事業と親和的であることが指摘されていた。
16) 医療提供体制における医療法と医療保険法の役割と両者の関係については、田中伸至「医療提供体制確保の法的構造概観」（１）（２・完）法政理論41巻2号41頁以下、3・4号71頁以下（2009年）参照。
17) 加藤智章「医療保険制度における保険者機能」山崎泰彦・尾形裕也編『医療制度改革と保険者機能』（東洋経済新報社、2003年）148頁参照。

10-4　福祉サービスにおける社会保険の将来像

阿部　和光

1　介護保険の今日的課題

　現行制度で福祉サービスが社会保険化されたのは、2000（平成12）年に施行された介護保険法である。介護保障と介護保険の課題は多岐にわたるが、ここでは次の論点の検討を通して介護保険の将来像を考察する。

　第1は、市町村保険者体制を今後とも維持すべきかである。介護保険法を立法化する準備段階では国、都道府県、市町村を保険者とする案が検討されたが、福祉の市町村一元化の流れから保険者は原則市町村とされた。しかし、近年の医療保険改革が都道府県レベルの保険者（保険集団）を志向しており、介護保険も将来的に市町村保険者でよいのか検討する必要がある。

　第2は被保険者の対象範囲を拡大するか否かである。介護保険制度の創設時に議論され、結局、1号被保険者を65歳以上、2号被保険者を40歳以上65歳未満とした。今後対象となる被保険者の年齢の下限を下げるか（20歳ないし30歳）、年齢制限を外し全ての者とするか、現行のままとするかの選択肢がある。現行制度の変更は、同時に障害者介護サービスの介護保険への統合も視野に入れることになる。

　第3は、2005（平成17）年の介護保険法改正で導入された予防重視システム（新予防給付・地域支援事業）の「予防」を、介護保険においてどのように位置づけ、積極的に発展させていくか否かの検討である。

　第4は、介護保険給付として家族介護手当とダイレクト・ペイメントの導入の当否である。家族介護手当は現行制度で採用されなかったが、家族が介護を

しても事実上の貢献にすぎず、介護保険の法的評価の対象にならない。介護保険実施後も、家族が過重介護に苦しむ状況は必ずしも解消されていない。改めて家族介護と介護保険のあり方の検討が必要である。

ダイレクト・ペイメントは、金銭給付による包括的サービス保障であるが、イギリスなどで利用者の主体性を保障する効果的・先進的な給付方法として、高く評価されている。これからの介護保障にとって、わが国でも検討すべき課題である。

2　介護保険の保険者と保険集団の範囲の拡大

保険者を国、都道府県、市町村のいずれにするかは、保険集団の規模の問題であり、リスクの分散機能と所得再配分機能が働くかどうか、保険財政の安定的運営が可能かどうかに関係する。

現行介護保険制度は市町村保険者を原則とし、複数の市町村による広域連合で保険集団を組織できること、および2号被保険者の保険料を全国規模で介護給付費に応じて配分する財政調整システムをとっているところに特徴がある。

今後、高齢化がさらに進み、介護保険給付費は推計によると2015年に12兆円、2025年度には30兆円になる。[1] 公費と共に保険料の上昇が予測され、高齢化率の高い市町村ほど介護保険料が高騰する。介護保険料の著しい地域間格差は公平とはいえない。地域間の高齢者の偏在は、当該市町村と住民の責任に帰することはできないからである。2号被保険者の保険料の財政調整で対応が不十分であれば、都道府県単位の保険者・保険集団への変革が必要である。[2] 医療保険改革では都道府県単位で保険者集団を統一する方向で動いているが、介護保険も問題状況は同じである。現行制度の広域連合は保険料を自治的に決定するが、形式的平等・公平の観点から、加盟市町村の介護給付費額に応じて複数の保険料基準を決定すれば、同じ保険集団内で保険料格差がつくられ、連帯とリスク分散の効果が弱まる。[3] したがって、都道府県単位の保険者に移行する改革で、これらのマイナス効果を除去し、保険者の財政基盤を強化する必要がある。

3　介護保険の被保険者の範囲の拡大

1　有識者会議の中間報告
　厚生労働大臣の諮問機関「介護保険制度の被保険者・受給者の範囲に関する有識者会議」は、2005（平成17）年5月に被保険者の範囲について、30歳以上への拡大案と全年齢を対象とする普遍的な制度案の両論を併記した中間報告を出した。今後、さらなる高齢化の進展による介護保険財政の逼迫を考慮すると、保険料収入を確保するために被保険者の範囲を拡大する選択するのは政策主体にとっては当然である。しかし保険料収入の増額を目的にした若年世代への被保険者の範囲の拡大は、法案準備段階からの難問であった。若年世代は介護給付を受給する可能性が少なく、所得水準も低く保険料負担能力が乏しいので、未納者・無保険者が増大するとの批判を克服できず、有識者会議は結論を一本化できなかった。

2　普遍的介護保険構想
　菊池馨実・駒村康平を中心とする「新しい社会保障像を考える研究会」は、次の点を骨子とする「普遍的介護保険」構想を提案する。[4]①介護保険の被保険者は全国民とする。②保険料の免除制度を整備し、20歳未満は一律免除とする。③現行の2号被保険者のような給付範囲を加齢に伴う特定疾病に限定せず、共通の介護サービスを支給する。この構想は現行介護保険の合理化であり、高齢者・障害者は年齢を問わず生活障害を有する点で共通性があるという考え方を基礎にして、シンプルな介護保障制度を志向する。わかりやすい制度は社会保障の制度論として、めざすべき理想であり魅力的な将来像である。しかし障害者の福祉ニーズは高齢者以上に多様であるから、以下で述べるように、障害者を介護保険に統合することには慎重な検討が必要である。

3　障害者の福祉ニーズの多様性と障害者権利条約
　福祉サービスは生活障害のある人々のハンディキャップを除去・軽減・緩和

するための社会サービスである。障害者福祉サービスは、利用者の障害の多様性にパーソナルにキメ細かい対応が必要で定型化になじみにくい。

さらに、現行介護保険給付は身辺自立が中心であり、そのため高齢者の介護サービスはかなり限定されたものであるので、高齢者介護サービスを障害者と共通の基礎的サービスとすれば、障害者の社会的活動、地域生活、雇用などの多様なニーズが充足されない。障害者の日常的な食事、トイレその他の身辺自立を超える活動は、障害者福祉制度（措置）で対応するとしても、身辺自立とその他の活動は障害者の生活のなかで密接に結びついている。障害者権利条約上の権利を充足する障害者福祉サービスは、日常生活（家庭内）の身辺自立に限定されないので、基礎的ニーズを介護に限定するのは適切ではない。障害者自立支援制度を介護保険に吸収するだけでは、条約の水準をクリアできない。

さらにわが国の障害者福祉立法は「医学モデル」にとどまっており、今後「社会モデル」を重視する障害者権利条約の要求を満たす改革をしていけば、障害の概念の拡大により障害者人口が増加し、また必要な障害者福祉サービスを質的・量的にも種類的にも増やさなければならない[5]。また、一般に障害者は経済的負担能力が限られており、社会保険の応益負担（定率自己負担）には適さないのではないかという問題もある[6]。なによりも、今日においては条約の基準を満たす障がい者の総合的福祉制度（障害者差別禁止法を含む）の実現が優先される。しかる後に社会保険化の可能性と必要性および介護保険との統一の当否が検討課題となる。

4　新予防給付と地域支援事業

1　新予防給付の意義

2005年介護保険法改正が取り入れた新予防給付と地域支援事業は、新たな予防重視制度であり、伝統的な社会保険からみると１つの「進化」である。予防は介護給付費の増大を抑えることが予測されるが、本質的には介護保険法における「予防」制度の法理論的基礎付けが重要である。介護保険法は要介護者の「尊厳の保持」と「自立した日常生活」の支援により、「保健医療の向上及び福

祉の増進」を目的・理念とするので、「要介護状態」の予防・防止は被保険者にとって最も望ましく、法の目的に適っている。包括医療とのアナロジーでは、事前の要介護の予防と発生後の介護給付と回復を目指すリハビリテーションは、「包括介護」と称することができよう。社会保険の捉える事故（リスク）概念が事故の発生の予防にまで守備範囲の外延を拡大させるのは、雇用保険の雇用促進給付などや労災保険の第二次健康診断など他の社会保険にも共通の傾向である[7]。ただし保険事故概念であるから無制限な拡大はできない。そのため、要介護の発生の可能性の一定の高さ（＝虚弱状態）を保険事故と捉え、予防給付をするのである[8]。

2 地域支援事業の意義

地域支援事業は要介護認定には非該当であるが、要支援・要介護状態になるおそれのある高齢者に対して、市町村が介護予防事業、包括的支援事業、任意事業を実施して、要介護状態となるのを防止する取組みである。保険事故が発生していない段階で、要支援のさらに外側にある保険事故発生の蓋然性の高い高齢者層（いわば要介護予備軍）に対する予防措置である。医療における保健事業とも共通するが、上述したように、要介護状態の発生の予防は高齢者の自立的生活の持続を支援するので、今後重点的に取り組むべき高齢者福祉の中心課題である。地域支援事業は保険事故の発生を予防する積極的対応であり、医療保険の保健事業、雇用保険の雇用安定等三事業、労災保険の労働福祉事業などとも共通する社会保険の新たな傾向（変容）である。

3 予防給付と地域支援事業の課題と展望

予防給付は利用者の契約利用であるから、利用者本人の自由意思に基づくのは当然であるが、予防活動をしない場合に給付制限等をして、参加・実行を間接的にも強制するのは妥当ではない。地域支援事業についても同様に、高齢者の自由意思、主体的参加が尊重されなければならない[9]。高齢者の自己決定による予防システムの利用を、制度的に担保する必要がある。介護保険法は市町村が地域支援事業を「行うものとする」と規定するので、実質的には「義務規定」

と解されるが、現状ではまだ支援事業の展開が十分でない。高齢者の人生の生活歴と個性を考慮した多様な地域支援プログラムを、効果的に実施できる仕組みを実現しなければならない。予防給付・地域支援事業が要介護状態の発生に対する予防効果の発揮が、高齢者の地域における自立（律）生活と社会への統合の実現に資する。

5 介護保険における金銭給付の役割

1 家族介護手当の導入

家族介護手当は法制定の準備段階において、老人福祉審議会等で議論された問題であるが、家族介護手当の支給が家族、なかでも女性に介護を押しつける結果となるのを恐れて制度化をしなかった[10]。しかし女性（家族）への介護の押しつけを防止する法的配慮を具体的に行って、家族介護手当を制度化するのが望ましい[11]。家族の介護を経済的に正当に評価し、介護手当を支給するのが公正・公平である[12]。無理のない自然な家族介護と介護給付が調和的に機能することが、要介護高齢者の効果的な自立支援になり、市民としての普通の地域生活を実現する。

2 ダイレクト・ペイメントの活用

介護保険が金銭給付を原則とするのは、要介護度ごとに介護限度額を示す必要からであるが、代理受領の仕組みを採用したので、実際的機能は現物給付と同様である。代理受領制度は効率的であるが、事業者と保険者の間でサービス費用の精算をするので、利用者はサービス利用過程で事実上、主体性を必ずしも発揮できない。利用者の主体性を確保するには、介護給付としてダイレクト・ペイメントの選択を保障するのが望ましい[13]。ダイレクト・ペイメントのキーワードは「自立」、「自己選択」、「自己コントロール」であり[14]、介護保険法の立法趣旨に適合する。障害者権利条約は障害者の地域における生活支援、さらに地域社会からの孤立・隔離を防ぎインクルージョンを支援するために、パーソナル・アシスタンスを含む在宅サービスへのアクセスを保障する（19条(b)項）。

高齢者の介護サービスの利用にもパーソナル・アシスタンスを導入すれば、高齢者が主体性を高め生活スタイルを自己決定し、自立（律）的な在宅生活を実現するために有効である。施設介護から脱却できずにいる現状の改善にも、効果的である。介護保険給付にダイレクト・ペイメントを取り入れ、利用者にサービス給付と選択的にか、あるいは両者を組み合わせて利用できるようにする。ダイレクト・ペイメントには利用者の自立（律）を支援し、地域生活への包摂・統合を促進することが期待される。[15]

1) 厚生労働省「給付の将来推計」（但し、平成14年度は予算ベース）http://www.mhlw.go.jp/topics/kaigo/kentou/15kourei/zuhyou20.html
2) 駒村康平・菊池馨実編『希望の社会保障改革』（旬報社、2009年）31頁。
3) 全国最大規模の福岡県介護保険広域連合（37市町村、77万人）では、平成17年度よりグループ別保険料（3ランク）を採用し、平成21年度の保険料では上位と下位の基準額を比べると約1.67倍の格差がある。福岡県介護保険広域連合ホームページ http://www.fukuoka-ukaigo.jp/guide/index.html
4) 駒村・菊池編・前掲書（注2）31頁（提言）、154頁以下（関芙佐子執筆部分）。
5) 障害者の全人口に対する割合は日本が約5.5％であるのに対して、アメリカは約17.4％であり、約3倍の割合である。障害の定義によって、福祉サービス対象者である障害者の数が大きく変化する。
6) 河野正輝『社会福祉法の新展開』（有斐閣、2006年）117-118頁。
7) 社会保険事故概念の拡大は、菊池馨実の指摘するように社会保障事故概念の「希薄化」である。菊池『社会保障の法理念』（有斐閣、2000年）9-10頁。
8) 石田道彦「社会保障法における保険事故概念の変容と課題」社会保障法21号（2006年）131-133頁、原田啓一郎「医療・介護保険制度における予防重視型システムの転換と自立支援」菊池馨実編著『自立支援と社会保障』（日本加除出版、2008年）288-290頁。
9) 石田・前掲論文（注8）134頁以下。
10) 家族介護手当をめぐる経緯については、増田雅暢『介護保険見直しの争点』（法律文化社、2003年）169-190頁参照、介護手当に関する消極説と積極説の論拠の要点を整理したものに佐藤進・河野正輝編『介護保険法』（法律文化社、1999年）230-232頁がある。
11) 介護手当の制度化を主張するものに、増田・前掲書（注10）191-196頁。伊藤周平『介護保険法と介護保障』（法律文化社、2008年）82頁。
12) 西村健一郎『社会保障法』（有斐閣、2003年）289頁は、家族介護手当を立法化しなかったのは、利用者の選択の幅を狭め不公平感を増幅すると指摘する。
13) ダイレクト・ペイメントを介護保険の給付とすることに肯定的な主張として、石橋敏郎「介護保険給付」（本書第6章6-2（91頁））、伊藤・前掲書（注11）83頁。なお、イギリスのダイレクト・ペイメントについては、小川喜道『障害者の自立支援とパーソナル・

アシスタンス、ダイレクト・ペイメント』(明石書店、2005年)。
14) 小川喜道「障害者──ダイレクト・ペイメントの行方」海外社会保障研究169号(2009年)92頁、注2)。
15) イギリスでは高齢者にも、ダイレクト・ペイメントが高い評価を受けている。Leece, J. and Bornat, J., (eds.), Developments in Direct Payments, University of Bristol, The Policy Press, 2006, pp79-93.

第11章 社会保障の将来像[1]

ジェフ・ファンランゲンドンク
(河野正輝訳)

1 時代遅れの諸構造を取り除くこと

2 ビスマルク型社会保険

　古典的なビスマルク型社会保険が成立した経緯には、特筆すべきストーリーが含まれている[2]。宰相ビスマルクが1881年11月帝国議会に強制疾病保険法案を上程したときは、彼は社会的なニードに応えたというより、むしろ政治的な必要に応えたのである。その当時、労働者階級の悲惨な生活状態はすでに一定程度、改善をみていた。その改善とともに現れてきたのが労働者による社会主義運動の目覚ましい勃興であった。それは既存の政治秩序に対する重大な脅威として受け止められた。このことが、ビスマルク改革が阻止しようと欲したことなのである。
　この改革を実現するために、ビスマルクは強い抵抗に立ち向かわなければならなかった。その抵抗は、政治支配層や（無論予想された）使用者からの抵抗のみならず、労働者や彼らの労働組合からの抵抗もあったのである。労働者や労働組合は彼らの宿敵から提案されるものは何一つ信用できなかったからである。しかし、ビスマルクが提案した制度には、これらの利害関係者から、それぞれ承認を勝ち取るだけの要素を含んでいた。
　政治支配層について言えば、提案された制度は国法のもとで強制加入の制度とは言え、国家から独立した制度となるということであったし、その運営は労働者の既存の相互扶助の基金によって行われる、そうした基金が存在しない場

合は、地方段階で新たにつくって、労働者と使用者によって運営されるということであった。

　使用者たちについて言えば、提案された制度は財政のコントロールと基金（積立金）の利用を提供するものであった。使用者の拠出分は、初めから使用者側にとって、ほんの一時的な負担に過ぎず、すぐに賃金や労働条件について団体交渉を行う過程で取り戻せるものと理解されていたが、使用者はその拠出と引き換えに基金の管理運営を握る椅子の半数を与えられた。だから使用者は拠出と給付の額を決定する過程に参加した。そして基金（積立金）の利用に対して監視の目を維持することができたのである。このようにして、使用者たちは社会保険給付が労働者らの団体行動を支援するために使われないよう確保することができた。労働者らによる団体行動こそが、当時の使用者らにとって主要な恐怖であった。

　労働者について言えば、彼らはもちろんこの改革案の中に、病気や事故、障害、老齢、早期の死亡といったリスクに対する、よりよい保護を見出していたのである。彼らが保険料を払い込む基金は破綻や倒産から守られていた。さらに労働者のなかでも信じやすい者たちは、労働者の拠出分は、将来、賃金に上乗せされる形で使用者によって負担されることになると、信じることができた。

　そして労働組合についても、この改革案によれば、刑罰を受ける団体から公に承認された社会組織に、思いもかけず格上げされることとなった。労組のリーダーらはかなりの規模をもつ基金の管理者となり、かつ企業の経営者と肩を並べて管理者となったのである。

　そういうわけで、この制度に関与する当事者たちがそれぞれ、彼らに与えられた利点に強く執着したことは容易に理解される。この方式は高い成功を収めたのであった。それはヨーロッパ中に広がり、そして全世界に普及して行ったのである。この仕組みが確立されている国では、それは社会の伝統にいまや深く根を下ろすに至っている。とはいえ、それでも、この仕組みが今日の世界が抱えている社会問題にたいしてもはや適しないという事実から逃れることはできない。

　我々が既に指摘してきた事実は、雇用労働者というカテゴリーはもはやプア

（貧民）というカテゴリーと一致しない（たとえかつて一致したとしても）ということである。今日では社会の貧困グループは典型的には雇用されていない人々である。雇用労働者に焦点を当てる社会保障制度は、その保護をもっとも必要としている人々の問題を解決することができない。

　もう１つの時代遅れの要素は、労働者と使用者の代表による基金の運営にある。ほとんどの場合、これらの基金は今日ではもっと大きなグループの人々の要求を満たすものとなっているが、基金はこれらの人々の声を代表する機関を何も持たない。実際には、労使の代表というのも現実的な意味を何も有していない。代表を選ぶ選挙が行われても、人々の関心の喪失ゆえに通常棄権されてきている[3]。このことは、また、基金の運営委員会が全般的に権限を喪失してきたということと結びついている。社会保険、そして社会保障の現実の管理運営は政府に握られているのであって、運営委員会における労使の代表ではない。たとえるなら、労使の代表は社会（法）的な花鉢といえるであろう。彼らは飾りに過ぎず、特定の目的に奉仕するものではない。結局、消え去るほかはないであろう。

　我々はここでビスマルク型妥協のもう１つの重要な要素を指摘しておきたい。つまり、労働者と使用者の間における拠出の分割ということである。この仕組みももっともポピュラーな特徴のひとつで、実際に世界中のすべての国に見出される[4]。しかし、それにもかかわらず、この仕組みも取り去るべき時が来ていると我々は信ずる。それにはいくつかの正当な理由があるのであるが、ここでは、もっとも重要な３つの理由を挙げることにする。

　　a)　この仕組みは被用者にのみ適用されうる。自営業者は、明らかに、使用者により支払われる拠出分というものを持つことができない。このことが社会保険において被用者と自営業者に平等の待遇を与えることを不可能にしている。今後は、両者の境界がもっとぼやけてくるにつれて、平等の取扱いという要請がますます強まることになる。

　　b)　使用者の拠出が存在することによって、拠出を累進制にすることが不可能となっている。労働者が引き続き、または同時に２人以上の使用者に雇用されるという場合、使用者はこの労働者の報酬総額がいくらにな

るかわからない。したがって、拠出は、報酬のレベルにかかわらず一定の率とされるほかはない。所得税においては、このやり方はひどい、捨ててはおけない不正義と考えられるであろう。それなのに「社会的な」拠出において、なぜこのやりかたを受け入れるべきなのか誰もわからない。

c) 使用者拠出の存在は、種々のタイプの税によって彼らの拠出の一部（時には全部）を代替することによって、「賃金コスト」を軽減するという政策へと導く結果となっている。そうした政策が、企業の競争力を改善することを通じて雇用を促進するという名目のもとに追求されている。しかしそれは社会保険に誤った効果をもたらしている。社会保険は従前の報酬に比例した給付を提供しようとするかぎり、それは同じく報酬に比例して課される保険料によって財政運営されなければならない。報酬の高いグループほど、高い給付を支給するのに一般の税財源を使用することには、何も正当化できるものはない。

ビスマルク型の社会保険は将来、姿を消さなければならないと、われわれがここで述べるとしても、それは必ずしも、社会保障制度が必然的に国家によって運営される公的行政となると言おうとしているわけではない。これらの制度は分離、独立して管理運営されるように、すぐれた論拠がつくられている。しかし、この管理運営は使用者と被用者の代表の手には残され得ない。それはこの制度によってカバーされるすべての人々を代表する者によって指定された受託機関に与えられねばならないだろう。これらの受託機関によって被保険者集団を代表する方式があまり説得力のあるものではないことはほとんど疑いがない。同じことは大企業の取締役によって株主を代表する方式についても当てはまる。しかし受託機関の指定は、基金の管理運営のやり方に満足していない被保険者らが、変更の必要性について他を説得する可能性をもつという、そのような方法でなされなければならないだろう。もし彼らが、労働組合または消費者組織のようないくつかの組織の支援を多分に受けながら、十分に多数の人々を説得することができたら、彼らは現任の管理者を投票で追い出し、他の者に取って代えることができる。それこそ、民主主義が全体としての社会において

と同じく、社会保障の管理運営において機能する方法として、人々が欲するものである。

3 時代遅れの区分

将来の社会保障制度は公共政策の第1の通則、すなわち非差別という通則に従わなければならないであろう。このことは、社会保障の目的に照らして適切でない——あるいは、もはや適切でない——運用上の区分を廃止しなければならないことを意味する。ここでは2つの最も重要な区分として、被用者と自営業者の区分、および公共部門と民間部門の区分について言及する。もう一つの時代遅れの区分は社会保障と扶助の区分である。これらの区分は、私見では、主として19世紀の課題に関連したものであって、もはや社会的、経済的な適切性を失っている、したがって完全に姿を消すべきものである。

(1) **被用者と自営業者** 世界の実際上すべての国々において、社会法上の最も重要な区分は、被用者と自営業者の間のそれである。被用者は労働法によって保護された雇用契約を有する。彼らの雇用期間と条件は労働組合によって集団的レベルで交渉される。これらの集団的な協定は、極めてしばしば、産業の全体を、あるいはすべての被用者とその使用者を拘束するものとされる。自営業者は会社法の規則に従って彼ら自身の事業を経営する。被用者用と自営業者用の社会的保護システムは、伝統的にほとんどの国で異なる。自営業者用のそれは典型的には（もし存在するとしても）遅れて創設されており、給付の水準が低い。その財政と管理運営の構造は被用者のそれと異なっており、とりわけ、そして当然のこととして、使用者による拠出が存在しないことおよび基金の管理運営において使用者の代表が存在しないことが異なっている。

20世紀の後半に、とりわけ1970年代以降に、労働市場に重要な変化が生じた。すなわち雇用の形態が大きく多様化してきたのである。被用者か自営業者か必ずしも容易に分類されない新しいタイプの非典型雇用が登場した。この問題は2つの反対の動きによってさらに複雑となっている。すなわち一方では、社会法上の義務を回避しようと欲する使用者は、その被用者の弱いグループに対して、「独立」契約を受け入れるよう、一貫して強制しようとしている。他方で

事業主は被用者としての地位と結びついたよい社会的保護を享有するために、彼ら自身、被用者としての地位を得ようとしている。これらの「似非自営業者」と「似非被用者」は、今日の労働市場において誰が何であるかを決定することの難しさを例示するものである。

事実は、労働法および社会保障法が被用者を自営業者から区別する明確な基準を提供できないことに気づいているということである。この区別は、一般に、法的な根拠というよりむしろ社会学的な根拠にもとづいている。[7]

労働者の大部分については、彼らが一方のグループに属するか他方に属するかということは、実際には争われない。ある人を全体として、被用者としてまたは自営業者として同定する諸特徴のタイプから帰結される。しかしこれらの諸特徴が別々の方向を指し示す場合に——今日、その傾向があるように——それらの諸特徴のうちのどれが他よりも重要であるか、そして疑わしいケースにおいてはどの特徴が決定的な要素となるか、を言い表す明確なルールは存在しない。

結論は明確である。もし2つの状況の間に法的に明確な区別をつけることができないなら、2者は等しく取り扱われなければならない。このことは、彼らの契約の名称が何であれ、労働者は全て同じように保護されなければならないということを意味する。国家によって組織される社会的給付のシステムは、すべての関係者にとって、その費用負担と給付の構造において同一でなければならない。この原則からの乖離はどのようなものも、現在以上に将来においては我慢できない差別であると考えられるであろう。

(2) **公共部門と民間部門**　世界のほとんどの国において、社会的保護ははじめ軍人と公務員から始まった。歴史的に長い間、これらのグループは年金制度を享有する唯一のグループであった。被用者のための社会保険制度とそしてその他のグループの社会保険制度はずっと遅れて登場したのである。今日でも、社会給付なかんずく年金はしばしば公務員部門の方がはるかに良いことに気付くであろう。[8]

これらのグループは国家の権力構造の一部をなすことから、そうした有利な位置を利用することができた。彼らは、王はその権力を神から授かると考えら

れたという国家の伝統的な概念から恩恵を受けてきたのである。現代では政府はその権力を単に国民から受け取ると理解されている。国家は市民に不可欠なサービスを提供するために必要な機関として、もっと機能的に、考えられているのである。この機関で働くことはそれ自体、財やサービスの製造で働くことと異ならない。今日でも、公務員のための特別の位置付けが存在するところでは、それは国家の権力を行使することに直接関わる政治的な役職に限定される傾向にある。[9]

　被用者と自営業者の区別と同じように、今日の社会では公共と民間部門の区別も以前より困難となっていることが分かる。2つの部門の境界線上に中間組織がますます増えてきていることが見出される。すなわち、国によって（一部）所有される民間企業、ある程度民営化された公的機関、および両部門の性格を具有する混合機関である。それに加えて、伝統的な公共部門の中においても、多くの形態の雇用が見出され、そのあるものは公法的な性格を有し、またあるものは雇用契約の性格を有しており、その間の区別をつけることは必ずしも容易ではない。

　ここでもまた結論は明確でなければならない。もし将来において国が労働者に特別の保護を与えることを欲するならば――我々はそう欲するであろうと信ずるが――その保護はすべての労働者に平等の条件で与えられるものでなければならない。彼らの使用者の法的な立場や、彼らの契約あるいは雇用形態のタイプが何であれ、である。たしかに、労働者のグループによっては、大規模であれ小規模であれ、付加的な保護を提供するよう自らを組織するかもしれない。そして使用者もその被用者に付加的な年金その他の給付を与えることを許されるであろう。国もその被用者たちに対してこのことを行うことができる。しかし、国は他の被用者に対するのと同じ諸条件でこれを行う場合にのみ、これを行うことができるのである。国は、他の者よりそれ自身の職員を有利に遇するために公的財源を使用することがないよう注意しなければならないのである。

　(3)　**社会保障と扶助**　　社会保障の古典的な概念においては、社会保障は社会扶助と本質的に異なるもの、あるいは逆のものとしてさえ考えられている。社会保障に関する最も重要な国際的法律文書はその適用範囲から社会扶助を除外

している。社会保障の権利を第12条に、社会扶助の権利を第13条に含む、1961年のヨーロッパ社会憲章の場合、そうである。ヨーロッパ評議会(Council of Europe)は社会保障用と社会扶助用の、国際協調のための別々の法律文書を制定している。すなわち社会保障のための、1953年12月11日のヨーロッパ暫定協定および1972年12月14日の社会保障に関するヨーロッパ条約、そして社会扶助のための1953年12月11日の社会扶助および医療扶助に関するヨーロッパ条約である。ヨーロッパ共同体(EC)加盟国圏内を移動した被用者と自営業者およびその家族のための社会保障にかんする有名な EC 規則第1408/71号は、明文で、本規則が社会扶助に適用されないことを定めている。

その結果として、EC 裁判所は社会保障と社会扶助という2つの概念を区別することができるような定義を見いださなければならないこととなった。これは極めて困難な問題である。G. Perrin はこの問題に関する著名な研究において次のように結論付けている。「社会保障と社会扶助を区別する明確な一般的基準を探すことは虚しい結果に終わるように思われる[10]。」と。そしてこの問題をめぐる最初の画期的な事件において弁護人代表(Mayras)もこの見解に心から同意しているのである[11]。

社会保障と社会扶助の区別はビスマルク型の社会保険の時代から流れてきていることがますます明らかになっている。あの時代にあっては、社会保険と社会扶助の違いはきわめて明瞭であった。基本的に、社会保険は拠出制であって、社会扶助はミーンズテスト付きであった。しかし、現代の社会保障概念のもとでは、社会保険は国がすべての人に社会保障の権利を実現するために用いる技術の一つにすぎない。そして社会扶助はもう一つの技術なのである。多くの制度において(実際には制度のほとんどにおいて)、保険の要素と扶助の要素が互いにないまぜになっていることに気づくであろう。我々にとっては明らかに、社会保険と社会扶助の区別は将来、維持されえないし、維持されないだろうと思われる。

4 リスクと原因

社会保障は、その発端において、社会保険という先行の制度に強く影響され

た。それらは明らかに保険概念に基づくものであり、リスクと原因の上に構築されたものであった。[12] それらはカバーする種々のリスクを区分し、これらのリスクの各々によって引き起こされる損害に対して別々の制度を設けた。労働はとりわけ危険な環境で行われることを理由に、業務に起因する損害には、労働環境の外で引き起こされる損害と対抗する特別の制度さえ存在した。

真の社会保障システムのもとでは、その思考は完全に異なるものでなければならない。その基本は、国家は社会保障の権利を実現しなければならない、ということにある。このことは何を意味するか？　それは、すべての市民が見苦しくない人間らしい生活を営み得るのでなければならないことを意味する。彼らは少なくとも最低限の資源を持ち、通常の社会生活への統合のために不可欠な財やサービスを利用できなければならない。それはまた通常、労働者は労働市場にアクセスできなければならないことを意味する。そしてそれは、彼らが疾病、事故、失業、老齢、障害または早期の死亡に対して稼得を保護するための社会保険制度を持たなければならないことを意味し得る。

社会保障システムのもとでは、最初の論点が本質的であると理解することが重要である。それらは十分な資源の欠如をもたらす可能性のある原因とは何の関連もない。唯一、最後の論点に関してだけ、一定のリスクまたは原因という要素が一定の役割を果たす。他のもっと重要な論点については、そうした思考は不適切である。最低限の保護は、資源の欠如または社会的統合の欠如の原因や理由が何であれ、すべての市民に支給されなければならない。

我々はここで、業務上の災害と業務外の災害との区分、失業と障害との区分、および社会的リスク全般の古典的なカタログについてとくに注意を払うこととしよう。

(1) **労働災害と職業病**　労働災害補償制度は社会保障制度のなかでも最も古くかつ最も広く普及している制度である。この制度を社会保障制度の中の分離された部門として組織していない国はほんのわずかしかない。たとえば、ギリシャは業務上の災害・職業病の被害者に対する補償を、通常の社会保障給付制度を通じて、ただし受給資格や算定方法については若干の特則を付して、提供する。他はその国の制度の見直しの後に、既存の社会保険の廃止を選択するに

至っている。スイスとニュージーランドでは、現存の制度がすべての事故を、業務に関連するか否かにかかわらず、カバー（適用）するよう拡大された。このことがニュージーランドでは1972年[13]に、スイスでは1981年[14]に行われた。オランダは労務不能の原因または発端にかんする取扱い上、いかなる区別も一切廃止することとして、さらに前進している[15]。

　将来、とるべき方向はどうか？　疾病や災害が業務に関連する場合、これを別に分けて取り扱うことに十分な正当性が存在するであろうか？　それとも、この制度もまた順次廃止されると考えるべきであろうか。

　労働災害の特別制度が創設されたのは19世紀末で、それは引き起こされた損害について使用者に責任があることを十分に立証できなった職場の事故の被害者である多くの労働者を救済するためであった。これは彼らに補償を受け取る唯一の可能性を提供した。

　状況は今や明らかに変わっている。まず第1に、労働に伴うリスクは車社会の交通や現代の住宅、台所の装置に伴うそれより、一般的に言って、高くはないというように、高い労働安全基準によって、軽減されている。第2に民事責任法は責任の推定の方法によって、または厳格な責任の原則もしくは無過失責任の原則といった方法によって、被害者が補償を得易くしており、それによって社会のニーズに適応するようにされている。そして第3に、すべての労働者と大部分の居住者は、医療、労働不能、早期の死亡に対して、社会保障によってカバーされている[16]。問題はもはや被害者が補償を受けるべきか否かではなくて、もしその災害が他の環境によって引き起こされた場合、被害者が受けるであろう補償と異なる補償を受けるべきか否かということである。

　事故や疾病の発端が雇用契約にあるとき、その被害者により多く支払うことを正当とする明確な根拠を見出すのは、実際上むしろ困難である。社会保障の実務が示していることは、事故や疾病の原因は正確に何であるかを決定することがたいへん困難であるということである。裁判所および不服審査会がそうしたケースについて裁決するために用いている判断基準は、極めて人工的な作りものである。疾患や事故が実は労働に起因しない多くの被害者を補償し、他方では同時に労働条件の影響がはるかに現実的であるケースに対して補償を拒む

ということは疑いなくあり得る。確かに、境界線上の多くのケースは非常にきわどいから、それらの事例間の取扱いの差異はほとんど正当化し得ないのである[17]。

　予防の（観点からの現状維持の）議論がしばしば聞かれる。特別の労働災害および職業病補償制度を設けておくことによって、その費用を使用者に負担させ、安全対策が劣悪な使用者には高い保険料というペナルティを課することができるというわけである。しかし、この議論は実際上、説得力に欠けている。この保険制度の保険料はしばしば大変低いからである。その費用は、もっと労働安全を達成するために必要とされる生産工程の改善のコストとは比較にならない。補償制度のための保険料は、使用者にとって大多数の場合、生産方法を変えるより安上がりであろう。

　企業における事故や疾病の予防のために特別の措置が講じられなければならないことは疑問の余地がない。しかし、被害者が被った損害を補償するということは別の問題である。社会正義にたてば、社会保障制度の下では、同じハンディキャップまたは災害を被った人はすべてひとしく取り扱われるべきである。

　この分野の改革には、この領域で活動している災害保険基金または保険会社のみならず、使用者からも強い抵抗が予想される。彼らはきわめてしばしばこの制度の正当性を、彼らが引き起こした損害に対して彼らが賠償責任を負わねばならないということが法に照らして十分に成立しうるという場合でも、その被害者に満額の補償を支払わないですむという点に、見出している。しかしこの抵抗は時とともに次第に説得力を失っていくであろう。民法の賠償責任の傾向は、危険な活動における被害者にたいしてもっと十分な保護を与えるという厳格な賠償責任制度へ向かっている。他の状況における事故の被害者、たとえば交通事故や欠陥製品による被害者などが、満額の補償をより容易に獲得できているところで、事故が雇用の場に関係するときには、被害者はそれほど補償されるべきでないなどと主張するのは、非常に困難になるだろう。

　かくして、将来の社会保障システムは、補償（給付）に関する限り、労働災害を別扱いすることを廃止しなければならないであろう、とわれわれは信ずる。

業務上であるか業務外であるかに関わらず、すべての事故をカバーする事故保険を備えており、しかしそれ以外は古典的な社会保障制度に完全に統合されているスイスの制度は、おそらく大部分の産業化した国々によって手本とされるだろう。

(2) **失業と障害**　現存する社会保障制度のなかで大きな差別の一つは失業者と障害者の間の取扱い上の差異である。失業保険の方が障害保険より適用範囲は狭く、受給資格期間は長い期間を要求され、厳格な条件を課され、支給期間は短くかつ給付は低く、さらに受給者は厳しい制裁で脅かされるのである。こうした状況の淵源には歴史的な背景がある。すなわち失業は障害よりももっと低い階層のリスクであるという間違えようのない事実に基づいた社会の反応のなかに、この淵源もまた見出されるのである。[18] しかしそのことは差別を正当化しうるものでは決してない。

失業のリスクは社会保障制度が保護しようと欲する他の社会的リスクとともに、もちろん、平等の条件で取り扱われねばならない。解雇後に賃金を失った人を、事故または疾病ゆえにそれを失った人と違う方法で取り扱う正当な理由は存在しない。[19] 両方ともに、怠惰（不就労）は自発的なものも非自発的なものもあり得る。両方ともに、受給者は受給期間を延長しようと誘惑されうる。両方ともに、彼は自分の怠惰に終止符を打つことができそうな救済手段を拒否してよい。両方ともに、濫用の危険たとえば闇市で就労する、あるいは偽造の診断書または他の証明書を提出するなど詐欺罪の危険性さえ存在する。失職した労働者の方が障害のある労働者の疾病よりもっと疑わしいとすべき理由は何もないのである。もし彼が意図的に労働につかず給付を受けることを欲しているということが証明され得ず、そのことに合理的な疑問をさしはさむ余地もないのであれば、彼は社会的なリスクの善意の被害者として取り扱われるべきであり、そのような者として援助され補償されなければならない。

解雇された労働者の状況は、疾病になり又は事故を被った人のそれと客観的に異なると主張する人がいるかもしれない。が、この違いは雇用の喪失の最初の期間についてのみ言えることである。半年又は1年後にはもはや両者の間に状況上の差異は存在しない。廃疾は医学的な条件の備わった被害者であり、し

たがって客観的に見て労働を期待し得ない、それに対して、長期失業者は健康であり、多くの雇用機会のある世界で生きていける労働能力者であると、理論的に装うことができるかもしれない。しかし、現実はもちろん両方のグループともに、完全に異なっている。完全に労働できないという廃疾の人は極めて少ない。彼らのほとんどはいくつかの種類の仕事ならすることができるが、彼らの健康状態がよくないこと、彼らの年齢、技能や職業訓練の不足その他の環境があいまって、労働市場におけるハンディキャップとなっているので、そうした彼らに合理的な仕事を提供しようという使用者を見出せる望みがないのである。同じことは大部分の長期の失業者の状態に正確にそのままあてはまる。彼らは、労働能力が減退しており、健康状態は悪く、年齢、技能や商業訓練の不足その他多くの事情があいまって、そうしたハンディキャップとなっており、彼らに雇用の提供をしようという使用者をなかなか期待し得ないでいるのである。

　このことはもっと明確に言えば、長期失業者が社会保障において長期の障害者または病弱者と同じ方法でカバーされなければならない、ということを意味する。このことは、障害に対してリスクに基づく補償を設ける国々（たとえばベルギー、オランダ）では、同じ給付が長期失業者に提供（多分、就職困難給付（unemployability benefit）という名称のもとに）されるべきであり、そして障害年金を持つもっと多くの国々では、「就職困難」年金または「早期退職」年金が長期失業者に対して同じ条件で提供されるべきである、ということを意味する。

　長期失業者を公的扶助の制度にずり落とすのは尊厳に反する取扱いであって、文明化した社会ならそうした取扱いが存在することを許すべきではない。それは基本的人権として他の市民に対してと同様に、もちろん、長期失業者にも等しく適用される社会保障の権利とは相容れない。そしてそれは明らかに1966年12月19日、国際連合において採択された経済的、社会的及び文化的権利に関する国際規約に違反する。同規約はその第9条において、「社会保険を含む」社会保障に対するすべての者の権利を保証する。[20]扶助タイプの基礎的で資力調査付きの給付は、国家がその市民に給付する社会保障の一部であり得るが、それは十分ではあり得ないということを、これは明らかにするものである。人間

の尊厳は、保険タイプの拠出制の給付も存在すべきであることを要求する。そのような権利は財産権と同様であって、裁量行政や資力調査に服することはできない。長期失業者はそれを剥奪され得ないのである。

このことが適切に理解され、そして大部分の産業化した国々で実践に移される時が将来いつかやって来るということを、われわれは固く信ずる。

(3) **リスクのカタログ**　国際的に受け入れられている社会的リスクのカタログは、国際労働機関による社会保障の最低基準に関する第102号条約（1954年）において形づくられている。

あいにく、同条約は社会保険と社会保障とを区別できていない。社会的リスクのリストは社会保険制度にはすぐれて適切かもしれないが、それと異なる方向づけを持つべき社会保障制度においては不適当なのである。「リスク」の観念はここでは適切ではない。

リストそれ自体もまた、時代遅れのように思われる。たとえば、それは労働災害および職業病を別のリスクとして挙げているが、実際にはこれらの部門はすでにリストに挙げられている医療、疾病、障害および死亡をカバーするものである。唯一の違いは、それらが別々のグループの事例に対してそれを行うということだけである。それはまた、失業を疾病および障害と異なるリスクであるとして挙げている。この区別についてわれわれが考えることはすでに述べたとおりである。そして、それはまた早期の死亡（遺族に対する給付）を別のリスクとして言及している。このことは、結婚を一つの所得保証と考えるという、将来社会にはありえないであろう古い概念と結びついているように見える。遺族年金は多くの国々で問題とされつつあり、この世紀ではもっとそうなるであろう。

このリストは医療および家族責任を含んでいるが、一方、住宅、教育、障害者の統合といった家計に対する他の大きな脅威は取り残されている。これらは間違いなく、医療や家族責任と同じく社会的関連性を有するものである。このさい、社会保障を所得保護のみに限ると考えるか、それとも不可欠のサービスに対するニーズを含むものと考えるか、選択をすべきである。最初の考え方では、医療と家族給付はその一部とならないが、2番目の仮説にたてば、単にそ

れら2つだけでなく、すべての適切な関連性を有するサービスが含まれるべきである。

　リスト方式によって、社会保障——社会保険を含む——を定義することを望むなら、支給されるべき給付のリストを提案する方がはるかによかろう。社会保障の介入のタイプはそれらの原因によってではなく、それらの機能によって定義されるべきである。社会保障は所得を奪われている人に所得を提供しなければならない。すなわち、一時的に離職している人に代替所得を保証しなければならない。恒常的に雇用を喪失している人には適切な雇用または代替所得を提供しなければならない。障害のある人に社会的統合の可能性を提供しなければならない。そして、自立した生活を営むことができない人に必要なケアを提供すべきである。これらは現代社会の社会保障によって、かつ将来においては確実にカバーされる「リスク」であるべきである。

2　新たな社会保障の外観

　新しい機能的な社会保障は、課された目的を達成するための適切な手段でなければならない。したがって、その目的とは何かを明確に同定することは最も重要なことである。もちろんその目的は普遍的に承認された「社会保障の権利」と一致したものでなければならない。社会保障は単純にこの権利の現実化であるべきである。

　残念ながら、「社会保障の権利」が実際に何を意味するかは、少しも明らかでない。[21] ILOのフィラデルフィア宣言およびILO憲章、国際連合の経済的、社会的及び文化的な権利に関する国際規約、およびヨーロッパ評議会のヨーロッパ社会憲章といった基本的な法律文書はこの点についてあまり詳しく述べていない。それらはただ「社会保障の権利」に触れているだけで、はっきりした定義を何も与えていない。

　世界人権宣言は一歩前へ進んでいるように見える。その第22条は単に「社会保障の権利」に言及するだけであるが、第25条第1項は次のとおり詳しく定めている。すなわち「何人も、衣食住、医療及び必要な社会サービスを含む自己

及び家族の健康及び福祉のために充分な生活水準を享有する権利、並びに、失業、疾病、障害、寡婦、老齢、又は不可抗力に基づく他の生計不足の場合に保障を受ける権利を有する」と。同条第2項は、母と子にたいする特別の保護を要求する。この第25条は、社会保障の目的の定義の方向へいくらか向かったものである。それは後にILOの社会保障の最低基準に関する102号条約によって公式に（というより、むしろ不十分に）明記されることになる。われわれが既にこの法律文書について検討したとおり、それはむしろ不満足なものであった。それは将来のためではなく、むしろ過去のための定義（かりにそれが定義であるとして）のように見える。そして悲しいことに、それは達成されるべき目的からではなく、カバーされる事故からみた定義に逆戻りしているのである。

　社会保障の目的による定義をもつ唯一の国際法律文書はE.C.評議会によって1992年7月27日に採択された「社会的保護の目的と政策の収斂に関する」勧告（No. 92/442/EEC）であるように見える。

　これらの目的は、3つの部分を持つ、すなわち、

　──すべての人々に、医療を含め、人間の尊厳に則した生活のための十分な資源を提供すること、

　──すべての住民の社会的統合およびすべての就労可能な人々の労働市場への統合に寄与すること、

　──労働生活が終了したとき、または疾病、事故、出産、障害もしくは失業により稼得が中断したとき、労働者（被用者および自営業者）に代替所得を提供すること。

　これら3つの目的は、実際は4つであるように思われる。社会的統合に関する第2の目的は、完全に異なる2つの要素から構成されている。つまり社会生活への統合と労働市場への統合である。第1の要素はすべての市民に保証されるべき基礎的な保護に関わる。第2の要素は労働者のための特別の保護に関わる。そこで、われわれはこれらを2つの目的と2つの要素として取り扱うこととする。まず次の節で、社会保障が将来において、異なる目的と性格を有する2つの部分から成ることを示す。次いで2つの部分が各々含む2つの要素、すなわち所得保護の要素と社会的統合の要素について叙述する。

1　2つの部分；基礎的保護と労働保険

　歴史的に社会保障は2つの基本的なモデルに従って発展してきた。それらはドイツの宰相オットー・フォン・ビスマルク（Otto von Bismarck）およびイギリスの公務員サー・ウイリアム・ベヴァリッジ（Sir William Beveridge）の名前を与えられている[22]。ビスマルクモデルは基本的に雇用と結びついた特定のリスクをカバーする社会保険を労働者に提供することを目的とする。ベヴァリッジモデルは包括的、基礎的な保護をすべての人々に提供することを目的とする。

　一定の期間は、とりわけ第二次世界大戦後の数年間は、両システムは互いに競い合っているように見えた。ヨーロッパ大陸の国々では比較的多くビスマルク方式が採られたのにたいして、ベヴァリッジモデルは英米の勢力範囲と北欧諸国に比較的容易に広がった。デュペイルー[23]は、両タイプが実際には収斂しつつあることを、すなわちビスマルク方式の国々はすべての人々に対する最低保護の要素をもって彼らの制度を完成させつつあること、そしてベヴァリッジに影響された国々は報酬比例制の給付を持った補足制度を採用しつつあることを示した。これは両モデルを一つに結合しながら、「ヨーロッパ」モデルを生じさせているとも言うことができる[24]。

　国はなぜ両目的（基礎的保護と労働保険—訳者注）を同時に追求すべきであるか、その理由を理解することが重要である。これらの理由は各々まったく異なっている。結果として、社会保障は各々の目的を異なる組織機構と財政をもって別々に追求しなければならないのである。

　第1の部分は一人ひとりの市民に保証されるべき基礎的な保護から成る。これは本質上社会保障にたいする基礎的な権利の履行である。それは国の基本的な義務である。国は人間の尊厳に則して生活を営むに必要な財とサービスをすべての市民に提供する責務を、それが国の権限の範囲内にある限りにおいて、負っている。国がそうした給付を提供できる場合は、国はそれらの配達を簡単に割愛することはできない。

　国の基本的な義務として、国の他の活動と同じように、通常これは国の行政機関により運営され、一般の税財源によって賄われる。しかし、これは必然的にそうでなければならないわけではない。国はこれらの給付の財政と管理運営

について、1つ以上の独立の機関または民間機関に委託したり、その費用負担のために特別税を創設したりすることによって、異なる方法を選択することができる。しかし国はこの制度に対する最終の責任を逃れることはできない。そして国はすべての市民がこの制度の下で等しく取り扱われることを確保しなければならない。

　このシステムの第2の部分、すなわち労働所得にたいする社会保険の提供は全く別の問題である。労働することそして生計を稼ぐことは基本的に個人自身の責任である。市場経済の下では——将来世界の事実上すべての経済はそうであると想定する——労働による稼得は各人の能力と努力、そして幸運に応じてさまざまである。そうした稼得の差異は偽りのない手段によって得られたものであるかぎり、完全に許容できる。そうした稼得が将来において維持されることを保障することは確かに国の責任ではない。もしある人がそれまでに獲得した生活水準を将来も確保したいと欲するならば、自分自身でそのために必要な手段を取らなければならない。彼は貯蓄と投資を行い、もしくは保険を購入すべきである。

　国が関わるところは、そうした保険を必要とするすべての人のために、保険の利用を保証することである。将来にそなえて労働から得る所得を護りたいという欲求は、どのような種類の雇用であれ、雇用についている人々に一般的な欲求である。人々が労働するとき、彼らは通常——一時的な作業に従事している若者のような特別のグループを除いて——ただその時の所得を稼ぐこと以上のことを欲するものである。彼らは現在および将来にわたって一定の生活水準を確保しようと欲する。そのための通常の方法は貯蓄であり、または保険を購入することである。しかし保険を購入するとなると、リスク状況は人によって相当に異なる。労働者によっては、同じ保険を購入しても他の人より多額を支払わなければならない。そして一定範疇の労働者については、保険は全く不可能となるであろう。これらの高リスクの人々は、最も保護を必要としている人々と正確に一致するのである。彼らは慢性患者、障害者、資格の乏しい人、および様々な理由から使用者にとり一般的に魅力のない人々である。彼らが疾病、事故、または解雇により雇用を失う可能性は平均の労働者よりはるかに高い、

かつはるかに長い期間にわたってそうした状態にとどまるであろう。現代社会で、彼らがどの保険からも排除されることは耐えられないことと思われる。

　国がこの領域に介入する明白な手段は、ビスマルクモデルに従った社会保険の技術である。それは労働者の大きな集団を対象に、最終的には国内のすべての労働者を対象に、強制加入とすることから成り立つ。掛金は個々のリスクに応じてではなく、集団全体の平均リスクに応じて算定される。高リスクの人が同じ保険でカバーされるのを許容するために、より低いリスクのグループは高く支払わなければならない。それでもそれは保険なのである。それは被保険者の労働者から、保険によって保護される稼得に同じく基づいて算定される掛金（または保険料）によって賄われる。掛金（または保険料）と給付（プラス管理運営コスト）の間に均等性がなければならない。政府補助金は原則として許されない。より高いまたはより低い従前稼得の被保険者に、より高いまたはより低い給付を支給するために、一般納税者の金銭を使うことは許されない。

　現代国家はこの第2の部分から手を引き、第1の部分すなわちすべての人にミニマムの保護のみを保証することに集中することも可能である。これは労働者が自分の所得保護のため民間保険に頼らねばならなくなることを意味するだろう。高リスクの人は、国がすべての市民に保証するミニマムの所得しか持てなくなるであろう。そうした政策の提案者が世界中に、とりわけ最低のリスクグループの間に、多数存在する。しかし産業化した事実上すべての国々で選択された政策は、ごくわずかな例外を除いて、システムの両方の部分を持つことである。実際、ほとんどの国のシステムは第1より第2の部分に対して多く支出している[25]。政治家たちは社会のうち労働者たちの保護に多くの価値を付与しているように見える。このことは、とりわけ労働者がりっぱに組織されている時には、労働者の力のある地位によるのかもしれない。しかしそれはまた個人および社会全体が労働のうえに大きな価値を置いたことによることも確かである。この価値は今後も承認され続けるであろう、それどころか将来においてはもっと高く評価されるであろう。それがわれわれの確信である。したがって国は社会保障システムの両部分を今後も提供し続けるであろうと、われわれは信ずる。

2 2つの部分のうちの基礎的保護

　すべての市民に支給されるべき基礎的な保護は、人間らしい生活を営むのに必要なすべてのものから成る。[26] 人間らしい生活の定義は文化による。それは理解力の問題であり、社会的な意識の問題である。初期の社会では、人々は飢餓または遺棄で死なない限り、苦情を訴えることはできない。しかし、もっと発展した社会では、人々が水道水のないもしくは適当な便所のない家屋に住む場合、彼らの子供たちが学校に行くことができない場合、または彼らが適切な医療を受けることができない場合、それは我慢ならない恥辱と考えられる。もっと豊かな社会では、人間らしい生活の定義は、他の社会では贅沢と考えられるかもしれない交通、コミュニケーション、および娯楽の通常の可能性まで拡大するであろう。世界の人々の生活水準の一般的な向上を考慮すると、何がすべての人に保証されねばならないかについての規範はたえず改善されていくと予想すべきである。

　われわれの目的にとっては、最低保護制度のなかの2つの異なる目的を区別しておくことは重要である。この制度は、一方で、人間らしい生活を営むのに必要と考えられる最低限度の資源をすべての市民に提供すべきである。そして他方で、社会生活を構成するノーマルな活動から、あまり裕福でない人々が排除されるのを防止するための適切なサービスを提供すべきである。われわれは最初の目的を「最低所得」と呼び、第2の目的を「統合」と呼ぶ。

　(1) **最低所得**　もっとも重要なことは、誰もが自国において人間らしい生活を送るのに十分な生存手段を有するとすることである。その達成を可能とする2つの方法が基本的に存在する。一つはニーズに基づく伝統的な福祉の方法であって、これは必要な技術として不人気な資力調査を伴う。他の一つは普遍的な最低保障給付の方法であって、これは無条件ですべての市民に支給されるが、他に十分な所得を有する人については（他の所得と合わせて─訳者注）課税の対象とされる。最低所得保障問題は、最近の2,30年の間に、産業化した国々ではすでに社会政策論争の主要な争点となっている。[27] われわれはここで、この論争に参加することを欲しているわけではない。[28] すべての人々に対する無条件の基礎所得（ベーシック・インカム）と最も厳格な条件付きの「ワークフェア」

という両極端の間には、国がさもなければ貧困となる人々に対して厳密に何をなすべきとするかについて、多数の構想が存在する。

　ここでは、十分な資源もしくは「貧困線」という一般的な基準が向上することは確実だと述べるに止めておきたい。それは単に一般的な所得上昇の結果なのではない。それはまた生産性の増大および大量生産のグローバリゼーションの帰結でもある。この生産システムは、極めて要求のきびしい雇用条件の下で、雇用に──どのような理由であれ──適しない人々を常に多数、労働市場から締め出すであろう。この生産システムが社会において正当であるためには、このシステムが拒絶した人々に対して適切な生活条件を提供しなければならない。それは高い生産性のために支払われるべき代償（の一部）なのである。

　この給付が品物やサービスの給付でなく、所得の形で行われることは重要であり、それは今後も変わらない。所得は、本人の選択に従って、必要なものにいくら消費するかを決定する可能性を付与する。これらの選択は社会の側の選択や政治権力のそれと異なるかもしれない。人々は、生物学的に栽培された野菜の代わりに、たばこ、酒または薬物にその金を消費することを選択してもよい。人々が自分自身または他人を害するのを止めるために、福祉当局が介入するよう強要される場合があるであろう。この権利と困窮者に対して必要な監督を行うことまたは彼らの行動を望ましい方向へ適応させることとを、いかに調和させるかは確かに将来における我らが社会の大問題の1つであろう。しかしそれは別として、最低所得給付の受給者は、その所得を自分の欲することに使う自由を有すべきである。それもまた基本的人権すなわち自己決定権なのである。

　(2)　**社会的統合**　他の目的は、社会から排除されるリスクを負っている人々を社会に統合させることである。これはアメリカ合衆国およびヨーロッパ共同体において、社会政策の別の目的として、近年多くの注目を集めている[29]。それは本質的に、社会において不利な条件に置かれたグループが社会におけるノーマルな生活を構成するすべての活動に参加する権利を有することを意味している。もしこれらの活動の一部から排除されたら、それは差別として非難されるだろう。

社会における「ノーマルな」生活という観念が曖昧なものであることは明らかである。それは本質的に文化的な観念である。それは国民が一般的にノーマルであると了解するものに完全に依存している。これは社会によって、また時代によって異ならざるを得ない。

　重要なことは、この権利を実現するには国が一定の財とサービスを提供する必要があることを理解することである。古い市民的自由の概念の下では、差別禁止とは他から不当な干渉を受けない自由を意味した。しかしこれが十分であり得ないことはすでに長く承認されている。人々が平等の権利を享受するには、これらの権利を行使するのに必要な手段を提供されなければならない。基本的人権は国がこれらの権利を実行する手段を提供することを要求する。

　この概念が応用された最初の領域は、医療、教育そして住宅であった。理解すべき重要な点は、統合とはこれらのサービスをいくらか利用できるということではないことである。とりわけ医療と教育において統合とは、それらのサービスを（いくらかではなく――訳者注）等しく利用できることを意味するのである。もしある人が他と比較して教育に対し少ない可能性しか持たず、質の高い医療に対し少ないアクセスしか持たない場合、彼が人間らしい生活を営むことができるとは考えられない。住宅においては、もちろん、事柄がやや異なる。しかしここでは、恵まれない人々の住宅条件は、他のすべての市民にとって欠かせないと考えられる基準を満たすものでなければならないことを少なくとも意味しなければならない。

　障害者の社会的統合には特別の注意が払われるべきである。医療における技術的進歩が重大な健康問題を抱えている人々の生命を救うにつれて、そして平均寿命が伸びるにつれて、大部分の人々が、あれやこれやで、ある程度の不利益または障害を被るのはますます普通のこととなるだろう。これらの人々は、可能な限り、ノーマルな生活を営む権利を有するのである。

　障害者がノーマルな生活を営むのを援助する可能性は、将来、大いに改善されるということは十分期待してよい。これらの可能性は、次の3つの要素いかんによっている。すなわち、技術的な装具、人的資源、および財政手段である。これらのすべては、将来、確かに発展するはずである。この発展は、社会にお

けるノーマルな生活へ統合することを求める障害者の請求を力強く支援するであろう。

　現時点では、この分野は社会保障の権利が最も実現されていない分野の一つである。[30]もっとも発展した国においてさえ、障害者はいまだに彼らの障害（不利益）に縛られた捕虜である。障害者用の製品やサービスは、一般消費者用のほとんどの商品のように大量生産されるものではないから、はるかに高価である。アパートを障害者用に改築することは新築するくらいのコストがかかる。障害のある運転手用に改造される小型の自動車は、大型の高級乗用車より高くつく。列車またはバスのような公共交通機関を利用する代わりに、障害者はタクシーを使わなければならない。一定の障害者は既製品の衣服を購入することができない。彼らはもっと高い費用のかかる、あつらえの衣服または手作りの靴を必要とする。こうした例はいくらでも挙げることができる。現行の給付にもかかわらず、今でも障害者は障害によって引き起こされる特別の出費で破滅するか、それとも社会から孤立し片隅でひっそり暮らすかというジレンマに直面しているのである。

　もし将来、技術的にも経済的にも発展するならば、もし生産性の著しい拡大が本当に実現するならば、このことは障害者の利益となるべきである。彼らの社会保障の権利は、日常生活の普通の活動に付き合うのに要する特別の出費に対して、全額かつ実際に補償することを、段々に含んでいくべきである。このことは医療に対する方法と同じ方法で行われ得る。障害者は提供者を——合理的な限度内で——自由に選択することができるべきである。これは「パーソナル・アシスタンス費」、すなわち障害者はこの費用を自己の選択に応じ消費する自由を有するが、これを個人的な富を肥やすために保持する自由は持たない、という形を取ることができるであろう。あるいはそれは医療保険の方法、すなわち提供者が基金から支払を受けるか、または基金が利用者にその費用を償還するという形を取ることもできよう。確かに、彼がサービスを利用するときの支払は、サービスの利用が現実に保証される程度・範囲に制限されるべきである。ほとんどの現行制度に見出されるような障害者に対する均一給付方式は、過去のものとなるべきである。

3　2つの部分のうちの労働者保険

　労働者の社会保険は100年以上存続している。社会保障制度の中でも最も発展した部門である。しかし、将来はさらに発展することが可能であり、かつ発展するであろうとわれわれは信じる。この制度は労働者の地位や雇用形態が何であれ、自営業者を含めて、すべての労働者をカバーすることとなるであろう。それは、所得税と一緒に、同じ手続きを通じて納められる単一の統一された社会保険税または社会保険料によって賄われることとなるであろう。

　ここで再び、われわれは労働者保険を2つの部分に、すなわち所得維持および労働市場への統合の2つに区分する。

　(1) **所得維持**　社会保障なかんずく社会保険の現行制度によって最もよく実現されている目的は、災害、疾病、失業、障害、老齢または死亡といった古典的なリスクが生じた際に、労働報酬を保護するということである。識者によっては、この部門はすでに発展し過ぎており、将来はスリム化されねばならないと言うであろう。ある人はもっと進んで、この部門はすべて廃止されるべきであり、代わりに拠出能力のある人は民間保険により、拠出能力のない人は公的扶助または最低所得給付により、取って代えられるべきであるとさえ言うであろう。[31]

　われわれがこの社会保障部門は将来も維持されるであろうと信じる理由はすでに簡潔に述べた。それにわれわれは、どのような重要な変化がこの分野に生じると期待できるかについても、すでに示した。この制度は将来、ビスマルクモデルの保守的な影響から解放されるであろう。この制度は次第にいくつかの時代遅れの区分、たとえば業務上と業務外の災害・疾病の区別、障害と長期失業の区別、被用者と自営業者の区別などを廃止するに至るであろう。またこの制度は、しだいに古い「リスク」思考を捨てて、損失を引き起こした出来事ではなくカバーされるべき損失に焦点を当てた、機能的な方向へとこの制度を再適応させるであろう。

　「民営化」イデオロギー[32]の多くの支持者の意見に反して、私は社会保険制度が被保険者である労働者に対して将来もっと多くのもっと良い保障を提供することになると信じている。われわれの社会はもっとリスクに手を出す方向へ動

いていくのではなく、動いていくとすれば、リスクを避ける方向へ動いていく。社会がその社会の構成員の大きなグループに対して、彼らが不安を感じている将来の損失に備える保護を提供できるとしたら、彼らはその保護が提供されるよう要求するだろう。

　もちろん、そうした保護は民間事業によって提供され得る。人々が一般に民間企業を信頼するほどには国を信頼していないことは事実である。「世界は騙されることを欲する」(Mundus vult decipi)のである。銀行や保険会社の宣伝キャンペーンの方が政府の社会政策をめぐる公開討論より人々を納得させる。しかし民間保険はリスクの選択によってはじめて生き残ることができることも事実として変わらない。それは最低リスクの限られたグループにとってのみ、安くて良いとなり得るのである。平均的なリスクのグループにとっては、社会保険の諸経費をはるかに超える重い諸経費のゆえに、もっと高価となる。そして高リスクのグループにとっては問題にもならない。民間保険をあてにすると、社会的不平等という悲話に至ることは避けられない。そのことはアメリカのメディアが特に医療に関連して、しばしば提起していることである。保険業の金融汚職や倒産の危機のたびに、人々は、国による保証がやはり地上で持つことのできる最善のものという事実に気付かされるのである。

　疾病給付のような短期的なリスクについては、事情は異なるかもしれない。来るべき世紀における比較的恵まれた労働者の場合、その所得の大部分は投資による収入から成るであろうが、彼らが短期間の稼得の減少にあまり強い関心を抱くことはないだろう。彼らがそうした給付のために保険料を支払う意思を持続するか確かではない。代わりに、彼らの使用者から、そうした給付によって通常カバーされる期間の所得保証を獲得しようとするだろう。オランダモデルは、疾病または災害のため休業する場合、休業1年まで賃金を引き続き支払う（70％まで）までに使用者の責任を拡大した最近の改正後、オランダの長期の欠勤（オランダ病）に対する異常な狼狽した反応のごとく見られているかもしれないが、これは将来のモデルに転ずるかもしれないのである。

　長期の給付については、事情はまったく異なる。年金制度は重要性を増し続けるであろう。この分野では、公的制度は容易には民間制度に取って代えられ

得ない。どんな民間機関であれ現在の年金制度がカバーしているほどのたいへん長い期間、給付を保障し続けることができるとまでは信頼され得ない。しかし同時に、現在の年金制度は伝統的な特徴をいくつか失い民間の年金に近くなると予想してよい。年金はわれわれが今日知っている社会保険年金制度より、もっと個人単位化され、もっと年金数理にかなったものとなり、もっと家族における地位によらないものとなるかもしれない。無条件の老齢年金が現行の退職年金に（再び）取って代わるであろう。遺族年金は徐々に無くなるであろう。遺族年金、障害年金および長期失業者に対する給付は「早期退職」年金へ統合されるであろう。ここではデンマークモデル——デンマークらしい典型的な奇抜さだと多くの人が（デンマーク人でさえ）考えているけれども——が将来の年金制度の方向を指し示しているかもしれない。[34]

　そして財政方式について言えば、私は完全な積立方式を称賛する人々の合唱に与しない。[35] 財政手段としての積立ては、将来の年金制度においては小さな役割しか演じないであろう。それが私の確信である。積立金の投資がたとえ驚くほどの収益を時にもたらし得るとしても、それは長期的に頼れるものではない。政府は投資銀行を救済するために納税者の負担でこれまでに何度も介入しなければならなかった。年金制度の財政は、長期的に見ると、そうした疑わしい基盤の上に築くことはできない。それで、世界中の年金制度の大多数が全面的に積立方式になった場合に生ずるであろう技術的な問題については触れないこととする。これらすべての積立金にとって一番有利な投資先がひどく不足するという事態になるだろう。そして、金融市場を年金積立金が支配するという問題が生じ、ついには世界経済のほとんどを年金基金の運営責任者がコントロールするということになるであろう。[36] これらはすべて極めて望ましくないことと思われる。

　管理運営自体について言えば、われわれは、年金基金および社会保険一般の管理運営は民間保険のスタイルに戻る傾向になるだろうと信じる。このことは、その管理運営が国から独立しており、かつ（少なくとも潜在的には）被保険者代表によってコントロールされることとなることを意味している。それはまた、管理運営責任者は制度の善良な運営にたいして責任を負わねばならないことも

意味している。彼らは十分な財政運営と十分な内部留保を提供しなければならない。給付の支払いは迅速かつ正確でなければならず、被保険者全員へのサービスは満足を与えるものでなければならない。もし被保険者のうち大きなグループが満足しない場合、彼らは個々の運営責任者または管理運営委員会全体を替えさせる可能性を持たねばならない。彼らが、この制度はそのように機能していると判断したときにはじめて、一般の人々はこの制度にたいして真の信頼を寄せることができるだろう。

(2) **労働市場への統合** 古典的な社会保険制度に対する一定した批判は、それが補償のみに焦点を当てて、労働市場への再統合には焦点を当ててこなかったことにある。近年の10〜20年間における「積極的な福祉国家」への動きはこれを変革することを意味している。将来における社会保険制度はこの新しい路線に沿って発展していくだろう。それがわれわれの想定である。社会的リスクの被害者を労働市場へ統合することを促進するという目的は過去と比較してはるかに重要となるであろう。

ちなみに老齢年金について述べておきたい。上記の問題がこれに当てはまらないことはもちろん明らかである。この年金の受給者は労働市場へ復帰することを予定されていない。労働市場への統合問題はここでは逆方向に適用され得る。年金の受給資格には、労働市場からの引退の要求が含まれ得る。過去においては、公的年金制度は老齢年金と退職年金という2つの概念の間で揺れてきた。[37] 失業率が高い時は、次の世代の労働者に仕事を開放するために、比較的きびしい退職調査を適用するという圧力のもとにあった。そうした政策は時の試練に耐えられないだろうと、われわれは信じる。被保険者たちは、老齢年金は彼ら自身の拠出により支払われるという考えを濃く貼り付けられている。結果として彼らは、一定の年齢に達したとき、それ以上の条件なしで、年金受給資格を有しなければならない。実務において、退職調査の精度を監督することが困難だと判明する。退職調査の厳格な履行は基金にとって多額の出費を伴い、そして使用者と年金受給者にとっては多くの面倒な事態を伴う。現実には、生産性の高い産業が高齢労働者を相当数雇用するということはありそうにない。傾向としては他の方向を向いている。使用者たちは労働者を、より若い年齢で

解雇する傾向にある。年金受給者たちは自分たちを役に立つ存在とすることができるし、比較的生産性の低い部門またはインフォーマルな経済部門の一時的もしくは短時間の仕事に就くことによって年金収入を補足することができる。彼らがそうすることをやらせてそして止めるというのは、役に立たず、無駄であるように見える。

社会保険の他のすべての部門（早期の年金を含めて）では、給付の受給資格は、受給者が労働市場において適職を見つける能力がないと証明ないし見做されたことに基づいている。社会保険制度はそのような受給者ができるだけ早く復職することに明確な利害を持っていることは直ちに明白なことである。そうすることによって社会保険制度は2つを得る。すなわち、給付を削減でき、保険料は労働者の稼得に基づいて徴収できる。なぜ、これを実行に移すことが、そんなに遅れたのか？

現実には、社会保険受給者を復職させることは、社会保険制度がまだ十分に解決できていないいくつかの深刻な問題を含んでいる[38]。個々の人間と労働市場との関係は複雑で錯綜した性格を持っている。労働は、アメリカ合衆国議会が表現したように、商品ではないのである[39]。したがって労働市場は通常の市場ではない。労働権は基本的人権である。しかも、この権利は職業を自由に選択する権利を含んでいる（世界人権宣言22条、23条1項）。この権利を、労働市場への再統合の要請と調和させることは容易ではない。

これらの問題は、労働不能と労働意思の判定をめぐる年来の混乱に最も明らかに現れている。この2つは相互に密接に関連している。災害、疾病または解雇の被害者を再び統合できる見込みは、彼の医学的な条件や労働市場の状態によるのと同じくらい彼自身によるということは、事実である。強い動機づけを持つ人は比較的早く復職するし、自己のハンディキャップを驚くほど上手に克服するだろう。これに対し消沈した人はもっと軽い身体障害でも、彼の再統合のためにどんな努力が払われようと、生涯、離職のままでいるかもしれない[40]。受給資格要件としての「労働不能」の判定は「労働の意思」の判定に変わることが非常にしばしばみられる。しかしこれは個人の心のなかを調査することを含む。災害や疾病の結果としての本当の鬱状態と、働こうとするよりむしろ何

もしないで給付を受けることを選択する受動的な態度とをどうやって区別するのであろうか？　誰が、いかなる方法で、それを判定するのであろうか？

　他方では、個人が労働市場に再統合される可能性は、彼を雇用しようという使用者の意欲に強く依存する。「意欲」問題のこの側面は、決して同じ注意を払われてはこなかった。ほとんどの国で、数種類のタイプの補助金や給付金が障害のある労働者の雇用を促進させるために使用者に交付されている。しかし、その効果は極めて低い[41]。ここにもまた将来改善されるべき点がたくさん存在する。

　近年、もう一つの深刻な問題が認識されるようになった。すなわち給付の「罠」の存在という問題である[42]。この言葉が意味している状態は、障害者または失業者は、復職するより給付に依存する方が実際に暮らし向きがよいということである。補償制度は事実上しばしばリハビリテーションや再統合の意欲を削ぐのである。受給者がその身体的な状態や職業上の技能を改善するために払う努力は、彼の金銭給付や多くの他の利点を失わせ、結果として低賃金で不安定な雇用に終わるかもしれないのである。

　過去においては、社会保障制度はこれらの問題を解決するために、医師やその他の専門家に主として頼ってきた。労働能力、職業紹介の適切さおよび労働意欲の調査は、次第に複雑化されてきた一連の調査によって判定されてきたが、その調査はしばしば軍隊における医療・療養から派生してきたものであった。こうした方法は全体として完全な失敗に終わっていると結論するほかはない[43]。将来は完全に新しい方法がこの問題の解決のため開発されなければならないであろう。

　この問題においては、基本的な区別が、短期間の問題と長期間のそれとの間につけられなければならない。短期間においては、この問題は労使関係の領域に属する。労働者が十分退職に値するほどの疾病または傷害を負っているかどうか、あるいは彼が辞職する他の十分な理由を有しているかどうかは、その企業における使用者と労働者の関係のレベルで評価・判断されるべきである。同じことは、使用者が労働者を業務に復帰するよう要求するのは正しいか、または彼の（再）雇用を拒否するのは正しいかという疑問についても当てはまる。

第11章　社会保障の将来像

外部の者がこうした問題にかかわるのは困難で、それは企業もしくは産業内の労使関係の文化に属することである。

　長期間においては、事情は異なる。長期の障害または失業状態にある労働者は企業もしくは産業とのつながりを切断している。彼が労働を再開する可能性や意欲は、彼に開かれている労働市場の全体に関連して評価・判断されるべきである。それをどうやって行うか？

　いくつか単純なケースもある。大変ひどい傷害を負っているか、または労働市場で非常に大きな不利益を負っているため現実にどのような復職も不可能と思われる場合がありうる。もしくは公的機関が労働への復帰を望ましくないとみなすカテゴリー（たとえば一定の年齢を超えた労働者）に属するという場合がありうる。そうした場合は、安心して給付を受給できるようにされるべきである。この場合は、社会への参加（統合）が可能な範囲において、その参加の支援のみを提供されるべきである。

　その他のすべてのケースについては、雇用の喪失は、医療上の理由であれ経済上の理由であれ、いかなる理由かを問わずすべて、再統合の問題として直ちに取り扱われなければならない。その個人のためのリハビリテーションのプランが組み立てられなければならない。そのプログラムに従事している間、彼は稼得に代わる社会保障給付および彼の社会的統合を促進するための他のすべての給付を受給できるとすべきである。

　この受給はもちろん、少なくともリハビリテーションプログラムの期間中、継続しなければならない。この期間に、新しい雇用を見つけるのに通常必要な期間が追加されるべきである。受給者がリハビリテーション活動への通常の協力を拒否した場合、早期に受給資格を失うこととなるであろう。彼が雇用を見つけることができないのは彼自身の過失によらないことが（協定により、または裁判所の決定により）認められた場合は、彼はその受給資格を延長できることとなるであろう。そして彼に新しい雇用を提供する合理的な望みが現実に存在しないと思われる場合は、彼は期限を限定しない受給資格を得ることとなるであろう。

　そこでつぎに、まったく異なる疑問に移って、問題全体を考えてみよう。す

なわち誰がリハビリテーションプログラムを決定するのか、また受給者がプログラムのもとで行わなければならない努力の中身を誰が決定するのか？

　リハビリテーションおよび再統合は単に医師その他の専門家の問題ではないことを考慮しなければならない。それはすべて、個人の将来の生活（人生）を計画だてることにかかわるのである。そして、それは多くの努力や忍耐を、単にサービス提供者側のみならず、むしろそれ以上に個人の側に負わせることさえあることを意味するのである。その個人がその決定過程において重要な役割を果たすべきことは確かである。医師その他の専門家によって決定された職業に再統合するよう個人に課することは、彼がその選択に同意できないとき、職業選択の自由の権利にたいする違反となるであろう。この権利を尊重することは、その決定が真に患者自身によって行われるべきであって、誰か他の人によって行われてはならないことを意味する。医師及び他の専門家は助言を与えることはできるが、決定を行うことはできない。他方、その決定はまた社会保障基金にとっても重要な意味をもっている。基金と受給者の間において、彼がいくらの受給額を、どれくらいの期間受けることとしなければならないかについては、受給者の一方的な決定に任すことはできない。そうした決定方式のもとでは社会保障基金は存続することができない。採るべき方法は一つである。すなわちその決定は社会保障基金と受給者の間の合意によって行われなければならないということ、そして、そうした合意が得られない場合の決定は、裁判所によってのみ行われ得る、ということである。

　受給者は、構造上、基金にたいして非常に弱い立場にあるということを念頭に置いておかなければならない。彼にとっては、それは彼の残りの生活（人生）を左右する一回きりの決定である。彼は単独で、有資格の職員を備えた専門の機関と向かい合う。したがって肝要なことは、受給者が彼の利益を防御してくれる機関もしくは専門職によって援助されるべきだということである。そうした機関は労働組合であり得るし、またそうした専門職は事務弁護士または権利擁護に従事する者であり得る。そしてこの権利擁護のサービスの費用は――その権利擁護者が労働組合の有給の職員でない場合――社会保障基金によって支払われるべきである。この基金は被保険者によって又は被保険者のために支払

われる保険料からなるものである。もしこの金が受給者のためにではなくて、受給者に反対する専門家の助言に対する支払いに用いられるならば、それは極端な不公正である。

　以上は、遠い未来に関すること、もしくは空想のようにさえ見えるかもしれない。しかし、われわれが第3の1000年の全期間を射程に入れて、社会保障の将来を論じていることを忘れるべきではない。われわれが固く信じていることは、その1000年の終わりよりはるか前に、労働者の長期失業にたいする労働者の社会保険が、ここでわれわれが述べているものにいくらか似たものとなるであろうということである。

1) 本訳稿は、J. ファンランゲンドンク教授（Jef VanLangendonck、ベルギー、ルーヴァン・カトリック大学社会法研究所）が熊本学園大学における講演（2008年11月29日）のさいに用いたドラフト「The Future of Social Security」の一部を、同教授による翻訳出版の承諾を得て、訳出したものである。同論文は、第Ⅰ部「第3ミレニアムにおける世界」、第Ⅱ部「社会保障の将来像」、第Ⅲ部「グローバルな社会保障」の3部構成から成っているが、ここでは、本書の目的・構成と関係の深い第Ⅱ部「社会保障の将来像」の全文（ただし「第Ⅱ部1（1）古い保護方式の残滓」を除く）を訳出した。
2) D. Zoeller, *Eind Jahrhundert Sozialversicherung in Deutschland*, Berlin, Duncker & Humblot, 1981, 135p.
3) ドイツで1999年に実際に選挙が行われたのは、550の社会保険基金のうちわずかに15だけであって、他の基金はすべて、使用者と労働組合が無投票を要求する「平和」リストを提出した。
4) 世界中でこれを採用していない国々は、オーストラリア、ニュージーランド、チリー、アイスランド、パキスタン、アフガニスタン、キューバ、ジンバブウェ、南アフリカ、およびまだ自分たちの立法を採用していない旧ソヴィエト共和国の少数の国だけである。See: "Social security programs throughout the world" (U. S. Dept. of Health and Human Resources, Social Security Administration, Research Report No.63, 1994), with 163 country descriptions.
5) スカンディナヴィア諸国、および一定の程度において英国とアイルランドを除いて。
6) C. Hakim, *Social Change and Innovation in the Labour Market*, Oxford University Press, 1998, 318.
7) L. Morgenthai, "La subordination, le fait et le droit", in: Dialectica, 2007, 3-4, 553-567.
8) R. Palacios & E. Whitehouse, *Civil Servants Pension Schemes around the World*, Pension Reform Primer, Washington, World Bank, 2004.
9) D. Bossaert, C. Demmke, K. Komden & R. Polet, *Civil Services in the Europe of*

Fifteen: Trends and New Developments, Maastricht, European Institute of Public Administration, 2001, p. 340.
10) G. Perrin, "Les prestations non contributives et la sécurité sociale", in: Droit Social, 1961, 182.
11) Conclusion of Advocate-general Mayras, Court of Justice of the European communities, Case 1-72 (Frilli), 22 June 1972.
12) John Dixon, *Social security in global perspective*, Greenwood Publishing Group, 1999, 53-59.
13) Accident Compensation Act, see: D. R. Harris, "Accident Compensation in New Zealand: A Comprehensive Insurance System", in: Modern Law Review, 1974, 361-376.
14) Loi sur l'assurance-accidents, LAA, see: A. Berenstein, *Droit privé et assurances sociales*, Editions Universitaires Fribourg, 1990, 56.
15) Wet op de arbeidsongeschiktheid, WAO, see: L. J. M. de Leede, *Inleiding sociaal verzekeringsrecht*, Alpen a.d. Rijn, Samsom, 1981, 98ff.
16) M.Voirin, "Quel avenir l'extension de la réparation des dommages corporels par la Sécurité sociale laisse-t-elle à la branche accidents du travail?", in: Revue internationale du travail, Genève, AISS, 1980, 1, 1-45.
17) G. Rejda, *Social insurance and economic security*, University of Michigan, 1994, 294.
18) See my "The social protection of the unemployed", in: International Social Security Review, 1997, 4, 29-41.
19) 「失業または障害が一定期間継続してきていることを理由に、失業者または障害者の所得を直接的にもしくは資力調査の適用によって減ずることは、原則として誤りである。」W. Beveridge, *Social Insurance and Allied Services*, London, H. M. S. O. 1942, p. 57.
20) E. Riedel, *Social Security as a Human Right*, Berlin, Heidelberg, Springer, 2007.
21) See my contribution in: J. Van Langendonck (ed), *The Right to Social Security*, Antwerpen, Intersentia, 2007.
22) 顕著なことは、両者とも真に当該計画の主たる創始者であったことである。
23) J. J. Dupeyroux, The systems of social security of the member countries of the E. E. C. and Great Britain, Brussels, European Economic Community, 1996, p. 184-185.
24) このことはヨーロッパ共同体のヨーロッパ委員会（European Commission）によって定期的に発行される、「MISSOC」社会保障比較表からも明白である。
25) International Labor Office, *The Cost of Social Security*, Fourteenth international enquiry 1987-1990, Geneva, ILO, 1994. この出版は1990年以降停止された。
26) C. Fabre, *Social Rights under the Constitution; Government and the Decent Human Life*, Oxford University Press, 2000, 17.
27) See e.g. the 200 publications of the Luxemburg Income Study, Luxemburg, Syracuse, Center for the Study of Population, Poverty and Public Policy (CEPS). Also; G.Brittan & S. Webb, *Beyond the Welfare State*, Aberdeen University Press, 1990 and G. Standing,

Beyond the New Paternalism, Verso, 2002.
28) この論争では、高い評価を受けているベルギー人の同僚である Philippe Vanparys (Université Catholique de Louvain-la-Neuve) が主要な役割を演じている。
29) See e. g. M. Minow, Making all the difference; inclusion, exclusion, and American law, Ithaca (NY), Cornell Univ. Press, 1990, 403p.; Council of Europe, Exclusion, equality before the law and non-discrimination, Proceedings of a conference at Taormina, 29 Sept. -1 Oct. 1994, Strasbourg, Council of Europe, 1995, p. 193; A. B.Atkinson e.a., *Social Indicators. The EU and Social Inclusion*, The Policy Press, 2007, p. 202.
30) U. N. Dept. of Economic and Social Affairs, *Social Barriers to the Integration of Disabled Persons into Community Life*, United Nations, 1977.
31) G. Esping-Anderson, *Welfare States in Transition, National Adaptations in Global Economics*, London, Sage, 1996.
32) See e. g. J.Ferrera & M. Tanner, *A New Deal for Social Security*, Cato Institute, 1998, p. 262.
33) L. J. M. Aarts (ed), *Curing the Dutch disease; an international perspective on disability policy reform*, Avebury, Aldershot, 1996, p. 171.
34) R. Holzmann, *Toward a Reformed and Coordinated Pension System in Europe; Rational and Potential Structure*, World Bank Social Protection Discussion Papers, 2004.
35) R. Holzmann, R. P. Hinz & H.von Gersdorff, *Old-age Income Support in the 21st Century*, The World Bank, 2005, p. 232.
36) Gordon Clark, *Pension Fund Capitalism*, Oxford; Oxford University Press, 2000; Journal of Economic Geography, Vol. 1, Issue 2, pp. 251-252, 2001.
37) See; M.Honig & C.Reimers, "Is it worth eliminating the retirement test?", in American Economic Review, 1982, 2, 103-107.
38) この課題に関しては膨大な文献が存在する。See e.g. D. Morrison & G. Wood, *Workers' Compensation and Return to Work. A Compendium of Research*, Workcover Western Australia, 1998, p. 160.
39) Clayton Act, 1914.
40) Niklas Krause, John W. Frank, Lisa K. Dasinger, Terry J. Sullivan, Sandra J. Sinclair, "Determinants of duration of disability and return-to-work after work-related injury and illness; Challenges for future research", American Journal of Industrial Medicine, Volume 40 Issue 4, Pages 464-484.
41) Lawrence F. Katz, *Wage Subsidies for the Disadvantaged*, Havard University-Department of Economics; National Bureau of Economic Research (NBER), Jury 1996.
42) See; M. Pearson & C.Prinz, "Challenging the disability benefit trap across the OECD", in; C. Barnes & A. Roulstone, *Working Futures?*, The Policy Press, 2005, 135-152.
43) Frank S. Bloch & Rienk Prins, *Who returns to work and why?, A 6-country study on work incapacity*, New Brunswick, Transaction Publishers, 2001, p. 306.

Ⅳ 社会保険法理の国際比較

第12章　EU諸国における社会保険改革の動向と基本理念

河野　正輝

1　改革を促した要因——社会保険を取り巻く社会・経済的背景と制度的要因

1　社会保険を取り巻く社会・経済的背景

　世界の社会政策の動向を分析した第4回OECD社会保障大臣会合報告（2005年3月）は、すべてのOECD加盟国に共通の構造的な要因として、次の諸要因を挙げている。[1]それらは各国の社会保険改革を促している社会・経済的背景に通ずるものである。すなわち、①市場所得のより不平等な分配への変化（1980年代半ば〜2000年における相対的な貧困の増大）、②人口の急速な高齢化による年金・医療・介護ニーズ等の増大と一方で少子化による支え手の減少、③家族形態・婚姻形態の多様化、女性の社会進出と就業形態の多様化、および離婚・非婚の増加、さらに④変化していく労働市場、とりわけ非正規雇用（パート・派遣・請負）の増加、失業の増加と長期化、などである。

　なお、このような構造的な変化から生じている特徴的な社会問題として、しばしば「社会的排除」が取り上げられる。社会的排除とは、すなわち、人々の社会参加を可能とする様々な条件（例えば、雇用、住居、諸制度へのアクセス、文化資本、社会的ネットワーク等）を欠く状態が継続することにより、人々の社会参加が阻害されていく過程であって、従来の所得ベースの貧困とは異なる事象である。被排除者像は必ずしもホームレス、母子世帯といった従来の弱者像と重ならない。ライフコースにおける様々な過去の不利（解雇経験、離婚経験、病気・怪我、15歳時の経済状況や家族構成といった生育環境）が、現在の社会的排除に結

びつく。EU 各国では既に「反排除法」(フランス)や「社会的排除問題対策本部」(イギリス)などの取り組みが見られる。

2 制度的要因——社会保険の伝統的な概念・区分の限界

上記の社会的・経済的変化が社会保険改革を促している一方の要因とすれば、これらの社会・経済的変化に対応できない伝統的な社会保険制度の概念・区分そのものも改革を余儀なくしているもう一方の要因といえる。たとえば、①伝統的な被保険者の概念において用いられてきた被用者と自営業者、常用労働者と臨時的労働者、民間部門の被用者と公的部門の被用者などの区分が、今日の社会的排除や差別にたいする対応を困難にしている。②伝統的な保険事故の概念が限定的・固定的で、今日の要保障状態の変化に必ずしも対応していない。③保険者・保険集団の編成において従来分断されてきた保険集団とその労使自治組織では、給付と財政の管理運営を適切に担うことが困難である。④伝統的な労使拠出制の概念は、保険料負担の逆進性という問題や事業主負担の根拠および事業主負担の最終的な帰着問題などを避けられない。⑤社会保険と公的扶助の従来型の連携だけでは、無年金者・無保険者など制度の谷間の問題を解決できない。概略すれば、以上の要因が挙げられる。

こうした背景・要因を踏まえて、本章では、顕著な改革動向がうかがわれる、(1)非正規雇用労働者の増加に対応した社会保険の適用拡大、(2)女性の就業形態と家族形態の多様化に対応した社会保険(とりわけ年金保険)の変容、および(3)少子高齢化に対応した社会保険財源の改革に注目して、その基本的な傾向と理念について検討する。

2 EU 諸国の改革の動向

1 非正規雇用労働者に対する社会保険(年金)の適用

(1) **EU 諸国における非正規雇用の拡大と非差別原則** 非正規雇用労働者の増加傾向は一様ではなく、OECD 諸国の中でも国により差異が見られる。西村淳によれば、1984年から2004年の20年間にフランスの雇用に占めるパートタイ

ム比率は13％前後とほとんど変わらないものの、しかしドイツ（11.0％→20.1％）、イタリア（7.8％→14.9％）、イギリス（19.6％→24.1％）、オランダ（27.7％→35.0％）、日本（16.4％→25.5％）というように、一般に増加している。パート比率が増加したこれらの国々では、女性のパートタイム比率も高い。最も高いオランダで60.2％、イギリス、日本でも40％以上である。

　このようなパートタイム雇用の増大に対して、「ヨーロッパ諸国においては、サービス経済化への対応や女性活用を図るために、パート労働の発展が重要との観点から、1980年代の前半から同一労働同一賃金の考えに立脚した差別的取扱い禁止の立法化がおこなわれてきた」[5]。ことに、1997年のEU指令（97／81／EC）によって、パートタイム労働者はパートタイムで労働するだけの理由で、比較可能なフルタイム労働者より不利な取り扱いを受けない、という非差別原則が確立されたことは注目される。その後、有期労働や派遣労働など他の非正規雇用にも非差別原則の適用が拡大されている。

　もっとも、このEU指令による非差別原則によって、すべてのパート労働者の差別取り扱いが解消されているわけではないことに留意が必要である。たとえばイギリスでは、労働時間が週16時間以下である約160万人の女性については基礎国家年金（Basic State Pension）、職域年金の加入資格がないとされる。

　(2)　EU諸国における社会保険（年金）適用の例　　さて、これらの非正規雇用労働者に対してEU諸国の社会保険(年金制度)はどう対応しているであろうか。フランスでは、年収の下限なく、収入を有する者はすべて強制加入とされ、ただし年収約15万円未満では負担しても給付に結びつかないとされる。イギリスやドイツでは、年収の著しく低い者は強制適用から除外されているが、適用除外の下限はかなり低く、ドイツで年収約45万円未満と設定されている[6]。

　さらに、使用者が社会保険料負担を逃れるために、擬似自営業者（実態は被用者）が増加していることを背景として、ドイツでは第2ハルツ法（2003年実施）により、擬似自営業者（建設業の1人親方、デパート販売員、保険外交員、トラック運転手などに多い）の被用者年金への加入を促進する改正が行われた。同様にイタリアでも、2003年の法改正（ビアジ法）により、専門職等として自営業者に分類されていた人々を、非正規雇用労働者として整理し直したうえで被用者年

金の強制加入対象者とする措置がとられた。

(3) **改革の特徴点——伝統的な社会保険に変容が見られるか**　以上の社会保険（年金）適用の動向から、非正規雇用労働者の取り扱いに関する社会保険改革の特徴点を次のとおり指摘することができる。

第1に前述のEU指令（1997年）に見られるとおり、パートタイムとフルタイムの間の差別取り扱いを禁止することが原則とされてきたこと、第2に非正規雇用労働者が所得の低さや勤務時間の短さゆえに、事実上社会保障へのアクセスが制限されるという実態に対応して、次の3つの改革に伝統的な社会保険の変容が見られることである。

①拠出要件の緩和、満額年金の拠出年数の短縮

拠出要件の緩和例として、ドイツでは、第2ハルツ法（2003年）で、月収400ユーロ以下のミニジョブの場合は、使用者のみが賃金の12％の拠出義務を負う（労働者は拠出義務なし）とされた。月収400ユーロを超え800ユーロまでのミディジョブの場合は、使用者は通常通りの拠出義務で、労働者は所得累進的な保険料拠出義務を負うとされた。対象となる労働者数はミニジョブ600万人、ミディジョブ70万人程度である。

②免除期間への受給権の付与

低所得または所得ゼロの期間を補填するために、育児休業、介護、疾病、障害などの期間を年金額に反映させる改革が行われている。

③最低所得保障制度の創設

低所得または不規則所得期間のある労働者に所得比例で年金保障を行うことには限界がある。そこで高齢者に対し、税を財源とする最低保障給付が創設されている。たとえば、イギリスでは、資力調査付きの新たな公的扶助として、1999年に最低所得保証（Minimum Income Guarantee　MIG）を導入、2003年にMIGを拡充する形で、低い年金受給者向けの給付（年金クレジット Pension Credit PC）に移行した。

さらに、イギリスの2006年年金法案（2007年成立）では、低所得者にも拠出制の制度による所得保障（基礎年金）を拡充する考え方がとられている。すなわち基礎年金の年金額はこれまでPCの給付額を下回っていたが、これを上回

るように改め、無拠出制の制度への依存から自立させる法政策がとられている。いわゆる Welfare to Work 政策の年金制度への反映といえるであろう。[7]

ドイツでは、基礎保障が社会扶助とは別の制度（資力調査の条件を緩和、財源は地方自治体の一般財源）として、2003年に導入されている。その導入の理由は、社会扶助は本来一時的な事態における生計維持のための最後の手段として位置づけられるものであるが、高齢者等に一時保護の後、就業生活へ復帰することを期待するのは無理であること、子による扶養義務の履行を行政庁から求められることを恐れて社会扶助の申請を諦める例が多いことなどによるとされる。

スウェーデンでは、1999年の制度改革により税財源による最低保証年金 (Guaranteed Pension　GP) を導入している。加えて、国内の居住期間が短いなどにより GP が少ない者に対して所得保障を行うことを目的として、公的年金でカバーできない者を補う高齢者生計費補助も定められた。

④被用者と自営業者の間の区分の見直し

なお、非正規雇用労働者の取り扱いに関連して、伝統的な社会保険に見られる被用者と自営業者を峻別するという取扱いも、スウェーデンの年金制度改革の例に見られるとおり、抜本的に見直される動向であることが注目される。

2　就業形態・家族形態の多様化等に対応した女性と年金に関する改革

(1)　家族像や就業形態の多様化とジェンダー問題　　家族像や就業形態の多様化とは、具体的には近年における女性の社会進出の増加（とくにパートタイムの増加）、女性が一家の稼ぎ手となる事例の増加、そして離婚・非婚の増加などの変化を表している。このような多様化をうけてジェンダー視点から差別、不公平さらに老後女性の貧困等の問題が指摘されることが少なくない。

直接的な差別の例として、たとえば老齢年金の支給開始年齢が男女別に異なって規定されてきたこと、婚姻関係（離婚、死別）を支給事由とする給付の場合、男女別に異なって取り扱われてきたこと（例えば、遺族年金は寡婦と寡夫により支給要件が異なる）などが指摘され、また間接的な差別例として、無償の家事労働または育児・介護労働など経済活動として評価されない労働に従事したり、さらに労働市場においても非正規雇用に従事したりする場合、その労働

期間はしばしば社会保険の適用対象外とされてきたこと、その結果、既婚女性は少なからず無年金や低額の年金額に放置されてきたことなどが指摘されている。

(2) **女性と年金に関する改革の動向**　こうした既婚女性の生活実態の変化とジェンダー視点からの問題提起を受けて、社会保険制度に次のような改革の動向が認められる。

① EU諸国における基本原則の転換

まず「1978年12月に制定された『社会保障における男女平等原則の漸進的実施に関するEC79/7理事会指令』とこれに関連する一連のEC判例は大きな転換となった。」「基本原則は、社会保障に関する『性に基づく直接的差別もしくは間接的差別、とりわけ婚姻上もしくは家庭内での地位に基づく間接的差別の禁止』とされた」と指摘されている[8]。ただし、この指令にも例外規定があり、年金制度における男女の取り扱いの差別は指令の適用対象から除外されていた。以下、年金制度における女性の取り扱いの改革動向を、4点に分けて概観する。

② 被扶養配偶者に対する年金給付の改革

イギリスの国民保険では、1975年以降、既婚女性の保険料負担は男性と同じ扱いとされ、half test（結婚から受給開始年齢の60歳までの2分の1以上の保険料拠出で年金権を取得）の規定も廃止されている。しかし既婚女性は自身の年金権がない場合、夫の年金額の60%相当を受給（配偶者加算）できるなど、従前の取り扱いが残されている。

フランスの一般制度では、収入を有するものは強制加入（最低賃金の200時間分、すなわち2006年で約1,438ユーロが保険料賦課下限）である。無業者は任意加入とされている。任意加入しなかった専業主婦は本人が受給権を有する老齢年金としてではなく、夫の年金に対する扶養配偶者加給年金として加算されるのみである。加算額は年約9万5000円とされている。

ドイツおよびスウェーデンでは、保険料負担をしなかった被扶養配偶者に対し独自の年金権を与える、または加給年金額の対象とするといった取り扱いはない。ドイツの場合、年金の受給資格要件が5年で、女性も受給権を得やすく

なっていること、育児・介護期間の優遇措置ならびに2001年に導入された年金額の最低保障制度により、対応していると見られる。

スウェーデンの場合、女性の労働力率が高く生涯を専業主婦で過ごす女性はほとんどいないという前提があること、最低保証年金が確立していることに留意すべきである。これらドイツ・スウェーデンの例はジェンダー・インパクトを受けて、差別を克服しようとする先進的な動向と見ることもできよう。

③育児・介護期間への配慮

育児期間に配慮する諸外国の改革は2つの方法に大別される。すなわち、育児期間の低所得を標準報酬の算定対象から除外する方法（イギリス、フランス、日本など）、および育児期間の保険料拠出を免除するとともに、その期間を受給資格期間に参入する方法（ドイツ、フランス、日本など）の2つである。

イギリスでは、(i)育児や介護をしている者は、年収1万2800ポンド（約298万円）未満であっても年金額算定上は1万2800ポンドとみなされる。(ii)家庭責任保護措置（Home Responsibilities Protection, HRP）により、16歳未満を育児する者や週35時間以上家族の介護に従事する者は、当該期間（年度中すべての期間にわたって対象であることが必要）を資格期間に算入する。女性の場合、満額なら39年、最低でも10年の加入期間が必要である。このうち最大19年までを上記のHRPで埋めることができる。なお、2006年改革案では、HRPを週単位に改め、児童の対象年齢を12歳に引き下げ、介護の時間要件を週20時間に引き下げることとされ、女性が満額受給しやすいように配慮された（ただし、HRPはあくまで資格期間の優遇措置であって、給付額を引き上げる制度ではないため、育児・介護負担により高齢期に低所得に陥るリスクにたいしては離婚時の年金分割の方が有効性は高いとの指摘もある）。

ドイツでは、(i)子どもが10歳になるまでの間育児をしているものは、保険料納付がなくとも、資格期間に算入するとともに、(ii)その間、平均賃金で働いたものとみなされる。この取り扱いは、結婚の有無を条件とせず、1人親にも適用される。介護期間にも保険料納付期間の優遇措置がある。

フランスでは、(i)子ども1人につき3年間の拠出免除に加え、(ii)3人以上の子どもを養育した者に、10％の年金増額が与えられる。

④離婚時の年金分割

ドイツでは、比較的早く旧西ドイツにおいて、1976年の婚姻法および家族法改正により、離婚時の年金分割が導入された。さらに2001年年金改革により、従来の離婚時の年金分割に加えて、婚姻期間中の年金分割制度が導入された。2001年12月31日以降に結婚した者は夫婦とも25年の加入期間を有し、かつ支給開始年齢に達している場合、婚姻期間中に年金分割を利用できる。分割する場合、遺族年金の給付は廃止される。

イギリスでは、2000年12月より、離婚時に国家所得比例年金制度（State Earnings Related Pension Scheme; SERPS）、国家第2年金（State Second Pension）の年金受給権を分割する制度が導入されている。丸山桂によれば「離婚時の年金分割の方法は、(ⅰ) Set off、(ⅱ) Earmarking Orders、(ⅲ) Pension Sharing の3つがある。Set off は最も古くからある制度で、離婚時に裁判または当事者の話し合いで、資産分割をする際に、それぞれの将来の年金受給額を資産とみなし、年金分割に相当する額を他の資産におきかえて分割する方法」である⁹⁾。2000年12月より導入された Pension Sharing は、日本の制度と同じく、離婚時に同一の年金制度内での夫婦間の年金受給権の分割を可能にする方法である。

社会保障の視点からみれば、若年世代の女性にとっては、分割対象の期間が短いこと、幼い子どもを抱えての就業にともなう困難などを考慮すると、離婚時の年金分割は離別母子世帯の所得保障の効果としては小さいとする指摘も見られる。

⑤遺族年金の取り扱い

被扶養の配偶者に夫の拠出に基づく遺族年金を支給する制度は、今日でも、ほとんどの国に見られる。ただ、近年、遺族年金に所得制限を設けたり、受給期間を限定したりするなど、支給要件を厳格化する傾向がうかがわれる。

イギリスでは、基礎年金の遺族年金は夫の拠出歴に基づいた年金を100％受給できるが、二階部分に相当する前記の SERPS の遺族年金は2002年から段階的に50％にまで引き下げられる。

スウェーデンは、遺族年金の面でも、画期的な改革を実施しており、注目に値する。すなわち「スウェーデンでは、1990年1月1日より大幅な制度変更が

行われた。年金制度において家族を一単位と見る考え方はやめ、長期的には寡婦は被扶養の存在ではないという考えのもと、旧来の社会保険方式の寡婦年金を徐々に廃止した。さらに、1999年からは老齢年金から独立した、社会保険方式の遺族年金（Survivor's Pension）が創設され、財源は老齢年金から独立した、事業主負担および個人事業主のみが負担する1.7%の保険料収入のみで事業費も含め、運営されている。遺児年金は、2003年より社会保険から独立し、家族・児童給付と統合し、一般財源でまかなわれている」。新しい遺族年金制度では、最低保証の遺族年金（Guaranteed Survivor Pension）も所得比例部分の遺族年金（Earning-related Survivor Pension）も12ヶ月間支給される。この新しい遺族年金は本人が経済的に自活できない場合を除き、給付期間を厳しく制限しているのが特徴である。その背景には、年金制度における個人単位の考えや被扶養配偶者は永遠に被扶養の立場にあるわけではないこと、年金財政安定化への配慮などがあるとされる。

(3) **改革の特徴点──伝統的な社会保険に変容が見られるか** 以上の諸各国の動向には、ジェンダー・インパクトの強い影響をうかがうことができる。すなわち、男女による直接的な差別を徐々に廃止し、間接的な差別についてもできるだけ緩和しようとする傾向である。これらの改革は、とりわけ次の点で伝統的な社会保険（年金）の変容をもたらしつつあるといえる。

①世帯単位から個人単位への転換

具体例として、(i)老齢年金の支給開始年齢、受給資格期間、拠出義務等において、女性、男性を問わず同じ取り扱いとすること、(ii)保険料負担をしなかった被扶養配偶者にたいし、夫とは別に独自の年金権を与える、または夫の年金額に加給する加給年金額の対象とするという取り扱いをしない国も現れていること、(iii)離婚時における年金分割、さらに婚姻期間中に年金分割を認める国もあること、などが挙げられる。

②経済活動と評価されてこなかった育児・介護労働期間の取り扱いの変化

具体例として、(i)育児・介護期間の保険料を免除するとともに、その期間を受給資格期間には算入すること、(ii)育児期間中の低所得を除外して、従前の標準報酬月額または平均賃金で働いたものとみなすこと、などが挙げられる。こ

れらは拠出と給付の間の対価的関係を社会連帯の見地から緩和・修正するという社会保険に特有の性質の拡大ということができるであろう。

③遺族年金の老齢年金からの分離

具体例としては、これまでのところスウェーデンの改革に限られるが、とくに(i)遺族年金を老齢年金から分離し、独立の社会保険方式を創設したこと、(ii)遺児年金を社会保険から分離独立して、家族・児童給付と統合（一般財源化）したこと、が社会保険の変容をさらに進めた改革として注目される。

3 少子高齢化への対応──財源（保険料と税）に関する改革

(1) ドイツにおける改革の動向

①ビスマルク型社会保険の４つの特徴と近年の変化

ビスマルクモデルの特徴は次の４つに集約される（本書第Ⅰ部第１章参照）。すなわち、(i)労使による保険料拠出を財源とすること、および報酬に比例する拠出と給付であること（したがって働けない人の貧困の解消に焦点を当てた制度ではない）、(ii)男性が生計稼得者となる家族像を対象としており、妻と子はその被扶養者としてカバーされるにとどまること、(iii)職域ごとの複数の制度に分立した制度であること、(iv)労働組合と使用者団体の同数の代表よって構成される合議体によって運営されること、である。

このドイツ社会保険制度の機能（リスク分散、所得再分配、セーフティネット、社会・経済の安定化など）が近年、弱体化していると指摘されている[11]。

ドイツ社会保険に関して弱体化の要因として挙げられるのは、第１にリスクの変容に伴う社会保険財政の逼迫である。すなわち疾病、老齢、失業等のリスクが長期化・慢性化して大量に堆積しており、老齢、失業のリスクは社会保険機能だけではその分散・解消を果たすことができず、周知のとおり基礎保障制度を併設するにいたった。とくに失業は10％を超える高失業率が常態化しており、失業というリスクそのものが社会保険で対応できる限界を超えたリスクとなったとする指摘もみられる。加えて、疾病予防給付の導入など当初の想定を超える新しいリスクも登場している。

第２は、経済のグローバリゼーションに伴う保険料負担の抑制圧力である。

すなわち大量かつ長期の失業に対して雇用創出の必要性と企業による国内投資の拡大の必要性が指摘され、そのため企業の社会保険料負担を抑制することが与野党の一致した政策課題となったといわれる。

第3は、少子高齢化の進展による受給者の増大と拠出者の減少である。すなわち年金保険のみならず医療保険、介護保険でも受給者が増大し拠出者は減少している。雇用保険では拠出者と受給者が二分化し固定化している。さらに世代間の負担と給付のバランスが崩れ、拠出は増大しているのに給付は低下して、拠出者と受給者の双方とも不満を抱え、社会保険に対する信頼そのものに揺らぎが見られる。

第4は、無拠出給付（社会扶助）に対する拠出給付（社会保険）のバランスの危機である。すなわち基礎保障水準を下回る老齢年金受給者が増加する可能性が予想されることである。

ドイツ社会保険制度の財源は、上記のビスマルクモデルの下で主として労使による保険料で賄われ、日本のような国庫補助等はないとされてきた。しかし最近の調査でドイツ社会保険制度にもかなりの公費が投入されていることが明らかにされている。以下では②から⑤までの項目に分けて、国庫補助に関する改革の動向を述べる。

②公的年金への国の補助金

2005年度の公的年金収入合計（100％）のうち、連邦補助金が24.4％で、一方、保険料が74.9％である。この保険料のなかに育児期間の年金保険料（全額国庫負担）が5.2％含まれているから、これを考慮すると、公的年金への国の公的補助は29.6％となり、保険料は69.7％となる。

このように国庫が補助を行う理由としては、(i)子どもの養育は社会も責務を負うべきであるとする考えから、育児休業3年間まで連邦政府が一括して保険料を負担することとしている、(ii)産業の国際競争力を保つ上で、非賃金労務コストをある程度抑える必要がある（その手段としてエネルギー環境税を導入し、その一部を国庫補助の財源に充てる）、(iii)衰退する炭坑夫の公的年金制度を維持するため、国庫による赤字補填もやむを得ない、等々である。

ドイツ連邦労働社会省の見通しによれば、「将来的にも、公的年金の財源が

保険料を中心とすることは変わらない。国の補助金割合は、2030年までは安定的に推移するものと考えている。子どもが減るので育児（期間）の保険料は減るであろう。炭坑夫への支出は大幅に減るだろう。したがって長期的には、将来補助金は微減する。将来的には、保険料は年金給付総支出に対して約70％となるだろう。残り30％は連邦補助金と育児期間の年金保険料の国庫負担である。」とされている。[12]

③低所得高齢者の年金財源を補助する基礎保障制度

基礎保障制度は「老齢及び稼得能力減少の場合の需要に応じた基礎保障に関する法律」に基づいて、高齢者の生活保障を行う無拠出制の年金制度であるが、社会扶助に比して親族扶養の優先の程度が緩和されており、年金と社会扶助の中間に位置する制度といえる。給付財源の観点からいえば、この制度は「年金制度内での所得再分配を回避し、一般財源によって年金給付の最低額保障を行い、結果的に年金財政に補助を与えたものと評価することも可能」[13]と指摘されている。

④医療保険への国庫補助

ドイツの疾病金庫（地区疾病金庫、AOK）も2004年以来、税財源が投入されている。妊娠、母体保護、子どもの保険料など、とくに家族政策的なものは、社会全体で負担すべきものと考えられ（「保険になじまない医療」概念の導入）、シュレーダー政権下で医療制度現代化改革法により税財源を投入してきた。2004年以来たばこ税の段階的な引き上げ部分を公的医療保険の財源にあてるとされ、2004年17億ユーロ、2005年25億ユーロ、2006年42億ユーロがAOK連合会に支出された。

2007年2月医療保険改革法（後述）が成立して、2009年からドイツで初めて国民皆保険が導入されることになるほか、[14]被保険者の子どもに対する国庫補助も拡大されると伝えられている。少子化が進行していることから、政策的に公的財源が児童の医療費へ投入されると予想される。

⑤ドイツの2007年医療保険改革に見られる新動向

以上はドイツ社会保険における財源の変容（国庫補助の拡大）について述べた。以下では、2007年医療保険改革における新たな変容について補足的に触れてお

きたい。2007年に成立した「公的医療保険における競争の強化に関する法律」(Gesetz zur Stärkung des Wettbewerbs in der gesetzlichen Krankenversicherung) によれば、次のような重要な改革が新たに織り込まれている。

(ⅰ) 一般的保険加入義務の導入（すなわち、これまで強制加入の対象から除外されてきた高収入の民間被用者も含めて皆保険化を導入。ただし私的医療保険を含めた皆保険化であることに留意する必要がある）。

(ⅱ) 保険給付の範囲拡大（具体的には、終末期医療サービス、退院管理、リハビリテーション、在宅看護、予防接種等の義務給付化）。

(ⅲ) 患者の自己責任の強化（予防給付の導入に伴い、予防検診を定期的に受診した者に限り、自己負担額を一般の2分の1とする）。

(ⅳ) 疾病金庫間および医療提供者間の競争の強化（そのための手段として、選択料金表の多様化など私保険的手法を拡大）。

(ⅴ) 公的医療保険の組織の合理化（具体的には、疾病金庫の種類横断的な合併を促進。これにより疾病金庫と母体企業・職域との結び付きは減退）。

(ⅵ) 医療基金の創設およびリスク構造調整の強化（創設された医療基金は連邦保険庁が運営する。基金の財源は保険料と税で、その保険料率は全国統一的に法定される。その限りで疾病金庫自治は後退する。この財源をもとに医療基金から各疾病金庫へ基礎交付金とリスク構造調整加算金が交付される。これによって医療基金は州相互の所得再分配機能をも果たすこととなる。上記の基礎交付金とリスク構造調整加算金だけでは財源不足となる疾病金庫は別途付加保険料を徴収することができる。付加保険料は報酬の1％または82ユーロを上限とし、その負担は被保険者のみであって、使用者に負担義務はない。新たなリスク構造調整の方式により、年齢・性別のリスク調整のみならず被保険者の収入や被扶養者数に起因する疾病金庫間の格差も完全に調整される）。

(ⅶ) 連邦補助の段階的拡大（具体的には、児童にかかる医療費などにつき国庫補助を引き上げる）。

(ⅷ) 私的医療保険の改革（すなわち、私保険を含めて皆保険化を進めることから、私保険にも基本料金表を導入するなど社会的規制を加える。ただし私保険は所得再分配の機能までは持たされない）。

(2) フランスにおける改革の動向

①一般社会拠出金（CSG）の導入

フランスにおける社会保障財源は、1994年には社会保険料が75.27%だったが、一般社会拠出金（Contribution Sociale Généralisée、CSG）の導入とその後の同拠出金の引き上げ等により、税財源への移行が見られ、2003年には保険料の占める割合は67.06%と減少している。逆に税負担の割合はこの間21.47%から29.71%に増加している。

一般社会拠出金は、1991年に導入され、93年、97年および98年に率が引き上げられている。その使途は93年には、家族給付および高齢者生活最低保障（le minimum vieillesse）に充てられ、97年および98年には、家族給付、高齢者生活最低保障に加えて医療の被保険者負担の軽減に充てられている。一般社会拠出金の賦課率は現在、賃金等の稼働所得にたいして7.5%、年金などの代替所得にたいして6.6%、資産所得・投資益にたいして8.2%、賭博益にたいして9.5%である。このように賦課ベースは稼働所得に限定されず、年金給付、投資益を含め賦課ベースの広い拠出金となっている。その性格は法的には税として位置づけられているが、社会保障機関を通じて徴収され、一般会計に帰属せず、社会保障財源に直接充当される等、保険料類似の要素もある。[15]

上記の使途のうち、高齢者生活最低保障とは、老齢年金の分野全体に充当されるのではなく、所得制限のある無拠出制の最低生活保障手当を支給する老齢連帯基金（le fond de solidarité vieillesse）の財源として使われる。また医療保険の分野についても、制度の谷間で発生する無保険者問題の解決のために導入された普遍的医療保障（Couverture Maladie Universelle、CMU）に対応して、その財源に充当されるものである。他の税財源として補足的医療保険を販売する私法人に賦課される目的税等もある。[16]

②租税代替化と基本理念の変化

上記の一般社会拠出金に代表される税財源の投入によって、1994年から2003年まで社会保険料の割合が減少するとともに、被保険者負担と事業主負担の割合もいずれも減少している。被保険者は27.54%（1994）から20.91%（2003）へ、事業主は47.83%（1994）から46.17%（2003）へ減少した。なかでも被保険者

負担割合の減少が著しい。

こうした租税代替化は社会保険の4分野のいずれでも進んでいる。税財源の占める割合は、たとえば医療部門では40.48％（2004年）→43.16％（2005年）→44.70％（2006年推計）→44.64％（2007年推計）と進み、同様に家族給付部門では、20.53％（2004年）→21.39％（2005年）→27.62％（2006年推計）→27.66％（2007年推計）となっている。上記の2分野に比べれば、それほど大きい割合ではないが、老齢年金部門でも2.57％（2004年）→6.86％（2007年推計）に、労災・職業病の部門でも、0％（2004年）→15.65％（2007年推計）に上昇している[17]。

このことはフランスの社会保障の基本理念が職域連帯中心から国民連帯の理念を加えて、2つの理念の共存へと変化してきたことを意味している（そこからビスマルクモデルとベヴァリッジモデルの混成としてハイブリッド・モデルといわれる場合がある）。

3　EU諸国における改革の基本理念と政策指針

いわゆる「福祉国家の危機」はこの30年ほどの間に2度ヨーロッパを襲った。最初の危機は第1次オイルショック（1973年）後の1980年代の経済危機を背景として、第2の危機はそれから1世代後の人口構造の高齢化と経済のグローバリゼーションを主たる要因として、人々の生活に大きな影響を与えた。第1の危機のさいは新自由主義（フリードマンおよびサッチャー）が採用され、政策指針は①保険原理を強化すること、②給付水準はミニマムに抑えること、および③給付の提供体制は民営化（privatization）すること等へシフトされた。第2の危機になると、政策指針は民営化（privatization）ではなく積極化・能動化（activation）の方向が強調され、welfareからworkfareへの移行を中心とした改革がすすめられてきた。その基礎にある理念の変化とは一体どのようなものであったのか、以下に探ることとしたい。

1　S.ホワイトによる「第三の道」の基本理念と政策指針

(1)　「第三の道」の基本理念　　20世紀の終末にアンソニー・ギデンズ等によっ

て主唱され、ブレアによって政治的レトリックとして用いられた「第三の道」の理念は、S. ホワイト（Stuart White）によれば、機会（opportunity）、責任（responsibility）およびコミュニティ（community）の三位一体の理念からなるとされる。その概要は以下のとおりである。

①機会（opportunity）

「第三の道」において opportunity とは、形式的・抽象的な機会の保障（自由市場において、人々が抽象的に有する幸福追求の機会の保障）ではなく、しばしば social inclusion の考えと結びつけて用いられることから分かるとおり、自己の能力の開発（self-development）と生活の向上（material advance）にとって実効性のある基礎的な機会を保障することを意味するものである。ただしあくまで機会の保障であって、結果の平等を意味するものではない。むしろ結果の平等という考え方を強く非難する理念であるとされる。

②責任（responsibility）

「第三の道」において responsibility とは、公的援助なしに自身の足で立たねばならないという自由主義的な個人責任と同義ではない。もし同義であると解すると、第1の理念である opportunity の保障と矛盾することになる。なぜなら、opportunity とは一定の公的支援に対する権利を含意するものだからである。

他方で、responsibility の理念は、「第三の道」とそれ以前の社会民主主義思想との違いを明示するキーワードであることも強調される。というのは、そもそもティトマス（R. Titmuss）に代表されるフェビアニズムの特徴は、旧来の福祉措置の要件に見られたような何らかの素行調査を伴った、そして受給者に対し市民たるにふさわしい一定の行動基準の遵守を強要するようなやり方から脱皮すべきである（moralism からの脱却）という主張にあったのであり、したがってそのような考え方からティトマスは選別主義にたいして普遍主義の長所を最も強調した研究者の1人であった。裏を返せば、ティトマスは福祉が受給者の行動面に消極的・否定的効果をもたらすかもしれないという問題にはほとんど関心を示さなかったのである。受給者の行動面に関心を向けることは、むしろ貧困の原因を本人の行動面に求める考え方に通じ、その結果、困窮者に不当にスティグマや制裁を加える政策を導きやすいとしたのであった。

Responsibility の理念を改めて強調する「第三の道」は、このようなフェビアニズムの考え方と明らかに一線を画そうとするものである、とされる。

③コミュニティ（community）

「第三の道」において community とは、まず、opportunity および responsibility という上記2つの理念から派生する理念として提起される。すなわち十分な opportunity の保障がある場合は、だれも社会的排除をこうむることはないから、community が実現することとなると考えられること、また人々が自分たちの responsibility を果たすならば誰も他人の努力の上に不正にただ乗りしなくなるから、すなわち community が実現することとなるという関係にあるとされる。その一方で、community とは、opportunity を保障する基盤であり、市民が responsibility のセンスを養う基盤でもある。したがって、community は opportunity と responsibility を通じて実現される関係にあるとともに、後者の2理念の実現のための決定的手段でもある、とされる。

(2) **「第三の道」理念から導かれる政策指針（policy framework）**　以上の基本理念から導かれる政策指針は、S. ホワイトによれば、つぎの4つである。

①社会財をもとに実質的な機会の平等を保障すること（asset-based egalitarianism）

すなわち、より大きな平等を実現するのは、所得再分配を強化、拡大すること（すなわち社会保険給付の範囲・水準を拡大すること）によってではなく、むしろ社会保障・福祉給付は単に不利益な状態の緩和・除去を図ることを目的としないで、むしろ人々が自ら不利益を避けることができるように社会財を形成することによってであるとされる。このことによって、人々は機会を拡大することができるとともに、公正を高め、同時に競争と効率性を引き上げることができる（この考え方はイギリスの Commission on Social Justice, 1994 の考え方に通ずる）とされる。

具体的には、(i)就労と家庭（子育て）とを両立できるように、育児休業制度、児童手当、保育サービスなどの社会資源を整備するほか、育児中においてパート労働を請求できる法制（権利）を導入すること、(ii)社会的排除に対する対策として、若者、長期失業者、離婚後子育て中の片親、障害を持つ人など、それぞれのニーズに応じたインクルージョン施策を講ずること、(iii)低賃金労働者へ

の賃金補助を導入すること、であるとされる。

②一方的な給付ではなく、契約に基づく福祉給付として構成しなおすこと（welfare contractualism）

たとえば、失業の給付（国家による機会の提供）は受給者の積極的な求職活動と再訓練（受給者としての義務の履行）を条件としなければならないというように、国家（機会の提供義務）と市民（受給者としての活動義務）との間の双務的な契約として構成し直すことである。

③公的サービスの提供の仕方を改革すること（re-engineering public services）

この政策指針の核心は、国家の役割を、サービスの「直接提供者」から「保証者」の役割へ転換することである。

④相互扶助（mutualism）と自発的な市民組織を活用すること

サービスの提供の仕方を改革するという上記③の指針は、この④の指針と密接に関連することになる。すなわち、この政策指針は相互扶助組織や市民の自発的な組織が公的サービスの提供に参入したり、支援したりできるようにすることである。

2　J. ファンランゲンドンクによる福祉国家の理念

S. ホワイトが広い思想的文脈のなかで「第三の道」の理念と政策指針の特徴を描き出そうとしたのに対して、J. ファンランゲンドンクは新自由主義から積極的（能動的）な福祉国家（active welfare state）への転換に着目して、その転換の核心を次のように述べる。[19]

①危機における反応の転換

前述のとおり、福祉国家の第2の危機における反応は、第1の危機とはやや異なる方向を示した。それはもはや民営化（privatization）ではなく、積極化（activation）であった。J. ファンランゲンドンクによれば、第1の危機の際と同様に、社会保障は就労の誘因（インセンティヴ）を減殺しており、人々は給付の文化に依存しているといった考え方が依然として残っていたとはいえ、一方で、貧困の罠と失業の罠の存在が問題点として取り上げられていた。給付によっては、就労に復帰することが必ずしも状況の改善とならないような支給要件と

なっていたのである。したがって、単に社会保障財政の安定のためではなく、むしろ受給者の価値・利益それ自身のために、彼らを労働市場へ再統合するという手段がもっとつよく取られなければならない、と考えられ始めたのである。

②EUにおける行動計画の目的

EU加盟国によるヨーロッパ・サミット（1997年ルクセンブルグおよび2000年リスボン）において雇用政策のための共通の目標が合意され、「社会的な結合（social cohesion）」を促進することをEUの公式の目的とすることと決定された。その内容は、一方で、不平等を減らし「社会的な結合」を促進するため、伝統的な社会保障システムを維持・強化すると同時に、他方で、教育と訓練を通じて人々に投資することによって、また労働条件を改善し労働のインセンティヴを高めることによって、量的のみならず質的にも雇用を促進し、グローバルエコノミーにおける競争力を強めるというものであった。なお、こうした行動計画において「統合」というとき、それは単に労働市場で有給の就労機会を提供することだけを意味したわけではなく、有用ではあるが無償である活動、すなわちケアラー（介助者）またはボランティアとして活動する機会を提供することも重要な要素として考えられたことに留意しなければならない。

3　ドイツ、フランス等の社会保険改革の動向と基本理念との関連

「第三の道」であれ、積極化（アクティベーション）であれ、その理念と政策指針は、福祉国家政策の全体像にかかわるものであって、個々の社会保険改革に直接かかわる理念や指針として唱導されたわけではない。社会保険の小さな改革ごとに規範的な改革があるとは言えないし、社会保険の小さな修正のすべてに共通する理念を探そうとすると、その理念は見つからないかもしれない。そのことを前提として、社会保険改革の動向と基本理念との関連について2、3言及しておきたい。

第1に、上記の三位一体の理念に込められた基本的な考え方の一部はもともと伝統的な社会保険の思想のなかに見出されるもの、または社会保険の制度に含意されていたものでもあるという意味で、伝統的な社会保険思想の基礎と通底しているといえるだけでなく、今日の社会保険の改革を部分的に領導してい

ることも認めるべきであろう。一例を挙げれば、非正規雇用労働者への社会保険適用の拡大や、無業ないし非正規雇用の主婦にたいする世帯単位の取り扱いの廃止などは、社会保険における扶養原理の拡大の側面のみならず、拠出義務（個人責任 responsibility）を明確化する意味合いをも有している。さらにドイツの2007年医療保険改革における競争の強化や選択料金表の多様化、患者の自己責任の強化などの改革は、そこに「第三の道」のかかげる responsibility の強調の影響・浸透があることを否定できない。responsibility やその政策指針としての contractualism が今日の社会保険改革においても留意されてきたことは明らかであろう。

　第2に、給付の「直接提供者」から「保証者」への国家の役割の転換は、福祉サービスのような現物給付においてだけでなく、社会保険（年金）のような金銭給付においても見出され、また相互扶助（mutualism）の活用は、もともと社会保険において採られた方針であるだけでなく、今日の改革でも保険者の再編において、たびたび強調されていることは周知のとおりである。

　第3に他方で、所得再分配の強化、拡大を図る改革が存在することも軽視すべきではない。それらは実効性のある機会（opportunity）の拡大を図ろうとするものというべきであろうか。たとえば、フランスの社会保険における租税代替化の顕著な動向、換言すれば一般社会拠出金の導入とその料率の引き上げによって職域連帯のうえに国民連帯を重ね合わせる改革や、ドイツの2007年医療保険改革における国民皆保険化、医療基金の創設、および被保険者の収入や被扶養者数に起因する疾病金庫間の格差についても完全に調整するという新たなリスク構造調整の導入などは、明らかに所得再分配の強化、拡大を図る動きにほかならない。

　最後に、J. ファンランゲンドンクによれば、積極的（能動的）な福祉国家への改革の核心は、とくに専門的な資格のない人々・若者・高齢者・女性・外国人および障害のある人々といった社会的に弱いグループに対して、労働市場と地域社会生活への包摂を図ることにあるとされる。この核心に関わる改革の動向は、しかし、本稿が検討対象として取り上げた3つの領域だけではとうてい捉えられ得ない。さらに考察の範囲を広げて調査を重ねていく必要があり、そ

れは本稿に残された課題といわなければならない（この課題については本書Ⅰ部第1章およびⅢ部第10章を参照していただきたい）。

1) OECD編著（井原辰雄訳）『世界の社会政策の動向――能動的な社会政策による機会の拡大に向けて』（明石書店、2005年）23頁以下参照。
2) 菊池英明「排除されているのは誰か？――『社会生活に関する実態調査』からの検討」季刊社会保障研究43巻1号（2007年）4頁以下。
3) 社会保険の伝統的な道具概念をめぐる問題点については、河野正輝『社会福祉法の新展開』（有斐閣、2006年）10頁以下を参照。
4) 本稿は本書の出版を予定してあらかじめ執筆された拙稿「諸外国における社会保険改革と基本理念」熊本学園大学紀要・社会関係研究13巻2号（2008年）に若干の修正・補強を加えたものである。そのため論述の内容は2007年までに公刊された邦文の文献に主として依拠している。なお、本稿は本文に述べたとおり3つの改革動向に限定して概観しているが、そのほか保険事故の概念、社会保険における給付範囲、保険者自治と国家責任の関係、労使拠出制のもとでの労使の負担割合等の各側面においても伝統的な概念の変容が見られる。
5) 西村淳「非正規雇用労働者の年金加入をめぐる問題――国際比較の視点から」海外社会保障研究158号（2007年）38頁。諸外国における社会保険（年金）適用の動向に関する以下の叙述は西村淳の本研究に主として負っている。
6) 西村・前掲論文（注5）39頁。イギリスの非正規雇用と社会保障については、丸谷浩介「イギリスの年金制度の現状と課題」世界の労働2008年3月号16頁以下〔①〕、同「イギリスの非正規雇用と社会保障」季刊労働法218号（2007年秋季）137頁以下〔②〕を参照。
7) 有森美木「先進各国の公的年金制度と高齢低所得者対策」海外社会保障研究158号（2007年）50頁。丸谷・前掲論文①（注6）25頁以下参照。
8) 丸山桂「女性と年金に関する国際比較」海外社会保障研究158号（2007年春季）19頁。女性と年金の諸外国の改革動向に関する以下の叙述は丸山桂に負っている。
9) 丸山・前掲論文（注8）25頁。
10) 丸山・前掲論文（注8）26頁。
11) 土田武史「ドイツ社会保険制度の持続可能性」週刊社会保障2455号（2007年11月5日号）42頁以下。
12) 漆原克文「ドイツの社会保障制度財源における社会保険料と税について」『平成17・18年度総合研究報告書――税制と社会保障に関する研究』（国立社会保障・人口問題研究所、2007年）296頁。
13) 漆原・前掲論文（注12）304頁。
14) 田中謙一「ドイツの2007年医療改革」（1）～（4）週刊社会保障2436～2439号（2007年）、藤本健太郎「医療保険改革2007の動向――保険者間の競争強化」けんぽれん海外情報74号（2007年）。
15) 本田達郎「フランスにおける一般社会拠出金の我が国に与える政策的含意――一般社

会拠出金はなぜフランスで受け入れられたか」〔①〕、同「欧州諸国における社会保障財源（税と保険料）の構造」〔②〕、いずれも『平成17・18年度総合研究報告書　税制と社会保障に関する研究』（国立社会保障・人口問題研究所、2007年）所収、309頁以下および252頁以下参照。
16)　笠木映里「公的医療保険の給付範囲」（５）法学協会雑誌124巻５号（2007年）1124頁。
17)　本田・前掲論文②（注15）276頁。
18)　Stuart White, welfare philosophy and the Third Way, in Jane and Rebecca Surender ed., Welfare State Change; Towards a Third Way? ,Oxford Univ. Press, 2004, pp. 25-46.
19)　J. ファンランゲンドンク（prof. Jef VanLangendonck　ベルギー、ルーヴァン・カトリック大学社会法研究所）が熊本学園大学における講演（2008年11月25日）の際に用いた Draft, "The Active Welfare State" による。

第13章　国際条約における社会保険の位置付け

井原　辰雄

1　多国間条約等における「社会保険」、「社会保障」

　「社会保険」が「社会保障」に含まれる概念であることは、1950年の社会保障制度審議会の「社会保障制度に関する勧告」等を踏まえても異論のないところであるが、それを規律する規範の存在、特に、国内法令を制定、改正するに際しての、実定法上の規範は存在するのであろうか。法律の上位規範ということでは、憲法、条約があるが、憲法上は、第25条第2項に「社会保障」という文言はあるものの、「社会保険」という文言は存在しない。それでは、条約上はどうであろうか。本稿では、ILO条約・勧告を始めとした国際規範における社会保険の位置付けを見ていくことにより、「社会保険」制度を規律する規範について考察を進めるものである。

　多国間条約等の中で「社会保険」について規定しているものは、後述のILO条約・勧告以外に「経済的、社会的及び文化的権利に関する国際規約」（1966年12月16日国連総会採択）第9条の「この規約の締約国は、社会保険その他の社会保障についてのすべての者の権利を認める。」、「児童の権利に関する条約」（1989年11月20日国連総会採択）第26条第1項の「締約国は、すべての児童が社会保険その他の社会保障からの給付を受ける権利を認めるものとし、自国の国内法に従い、この権利の完全な実現を達成するための必要な措置をとる。」という規定があるのみである（圏点は筆者）。

　これに対し、「社会保障」について規定しているものは、ILO条約・勧告以外に、世界人権宣言（1948年12月10日国連総会採択）第22条、難民の地位に関す

る条約(1951年7月25日難民および無国籍者の地位に関する国連全権会議採択)第24条、女子に対するあらゆる形態の差別の撤廃に関する条約(1979年12月18日国連総会採択)第11条及び第14条、あらゆる形態の人種差別の撤廃に関する国際条約(1965年12月21日国連総会採択)第5条[5]、欧州社会憲章第12条[6]がある。

　これらの国際人権条約は、基本的に締約国に対する個人の権利を規定したものであり、社会保障の一つの要素である社会保険に対する権利をわざわざ特記する必要もないと考えられる。社会権規約については、第9条の草案段階では「この規約の当事国は、社会保障についてのすべての者の権利を認める。」となっており、「社会保障」という概念の範囲について議論がなされ、「「社会保障」の意味に関して包括的に作成することは、社会保障問題に取り組むにあたって必要な自由を国家に対して否定することになるかも知れないことも懸念され」、また「すべての者ではなく、より特別に労働者およびサラリーマン使用者の社会保障についての権利を語っている別の用語と比して現在の用語が選択された」ものである[7]。また、児童の権利条約についても、第26条に「社会保険」の語句が挿入されたのは、起草過程の議論においてである[8]。

2　ILO条約・勧告

　このような国際人権条約における「社会保険」の位置付けは、第二次世界大戦後のILO条約・勧告における位置付けと同様のものである。ILO条約・勧告における「社会保険」の位置付けの変遷については、「国際社会保障法の研究」[9]において詳細に分析されているが、ILOの考え方として、「社会保障への途」に示されているように「社会扶助と社会保険とを統一した一元的な社会保障体系」を目指すことがその変遷の原因の根本にある。

　ILOの基本的な認識としては、ILO憲章前文に示されているように、「世界の永続する平和は、社会正義を基礎としてのみ確立することができる」、「世界の平和及び協調が危くされるほど大きな社会不安を起すような不正、困苦及び窮乏を多数の人民にもたらす労働条件が存在し、且つ、これらの労働条件を、たとえば、1日及び1週の最長労働時間の設定を含む労働時間の規制、労働力

表 社会保障分野のILO条約・勧告（平成20年3月末現在）

	現状に適合する最新の条約・勧告	現状に適合するとは必ずしも言えないが、改正の必要性等が決定されていないためその他と分類されている条約・勧告	現状に適合しない時代遅れの条約・勧告
◎総合的な基準	＊1952年の社会保障（最低基準）条約（第102号）、1944年の所得保障勧告（第67号）	1921年の社会保険（農業）勧告（第17号）、1944年の社会保障（軍隊）勧告（第68号）	
◎社会保障の分野別の保護			
○医療及び疾病給付	1969年の医療及び疾病給付条約（第130号）、1969年の医療及び疾病給付勧告（第134号）	1944年の医的保護勧告（第69号）	1927年の疾病保険（工業）条約（第24号）、1927年の疾病保険（農業）条約（第25号）、1927年の疾病保険勧告（第29号）
○老齢、障害及び遺族給付	1967年の障害、老齢及び遺族給付条約（第128号）、1967年の障害、老齢及び遺族給付勧告（第131号）		1933年の老令保険（工業等）条約（第35号）、1933年の老令保険（農業）条約（第36号）、1933年の廃疾保険（工業等）条約（第37号）、1933年の廃疾保険（農業）条約（第38号）、1933年の遺族保険（工業等）条約（第39号）、1933年の遺族保険（農業）条約（第40号）、*1933年の廃疾、老令及遺族保険勧告（第43号）*
○業務災害給付	＊1964年の業務災害給付条約（第121号）、1964年の業務災害給付勧告（第121号）	1921年の労働者補償（農業）条約（第12号）	1925年の労働者補償（災害）条約（第17号）、＊1925年の労働者補償（職業病）条約（第18号）、1925年の労働者補償（職業病）勧告（第24号）、＊1934年の労働者補償（職業病）条約（改正）（第42号）、1925年の労働者補償（最低限度の規模）勧告（第22号）、1925年の労働者補償（裁判）勧告（第23号）
○失業給付	1988年の雇用の促進及び失業に対する保護条約（第168号）、1988年の雇用の促進及び失業に対する保護勧告（第176号）		1934年の失業給付勧告（第44号）、1934年の失業給付条約（第44号）、*1921年の失業（農業）勧告（第11号）、1921年の失業（年少者）勧告（第45号）*
○移民労働者に対する社会保障	1962年の均等待遇（社会保障）条約（第118号）、1982年の社会保障の権利維持条約（第157号）、1983年の社会保障の権利維持勧告（第167号）	＊1925年の均等待遇（災害補償）条約（第19号）、1925年の均等待遇（災害補償）勧告（第25号）	1935年の移民年金権保全条約（第48号）

注：＊は我が国が批准している条約、斜体は撤回された条約・勧告
資料：ILO駐日事務所ホームページ掲載の資料をもとに作成
http://www.ilo.org/public/japanese/region/asro/tokyo/standards/subject/subjl3.htm

供給の調整、失業の防止、妥当な生活賃金の支給、雇用から生ずる疾病・疾患・負傷に対する労働者の保護、児童・年少者・婦人の保護、老年及び廃疾に対する給付、自国以外の国において使用される場合における労働者の利益の保護、同一価値の労働に対する同一報酬の原則の承認、結社の自由の原則の承認、職業的及び技術的教育の組織並びに他の措置によつて改善することが急務である」、「いずれかの国が人道的な労働条件を採用しないことは、自国における労働条件の改善を希望する他の国の障害となる」というものである。そして、このような認識に基づき、総会において、これまで、数多くの条約、勧告が採択されてきている。[10]その多くは、我が国の国内法との関係で言えば、労働関係法規に関連するものであるが、社会保険に関係する内容を含む条約、勧告もある。社会保障分野のILO条約・勧告については、表に示すとおりであり、その表中、我が国が批准している条約は、＊を付したものである。なお、採択された条約については、未批准の場合であっても、ILO加盟国は、それを権限のある機関に提出するとともに、理事会の要請に基づいて一定の報告を行わなければならず、また、勧告についても同様の義務がある。[11]

　この表からわかるとおり、医療、年金の分野では、第二次世界大戦前の条約・勧告の題名には、「保険」という用語が使用されていたが、これらは「現状に適合しない時代遅れの条約・勧告」であるとされている。一方、戦後に採択された「現状に適合する最新の条約・勧告」の題名には「給付」という用語が使用されている。これらの条約・勧告の内容を見ても、例えば、「工業及商業に於ける労働者並に家庭使用人の為の疾病保険に関する条約[12]（第24号）」第6条において、「疾病保険は、権限ある公の機関の行政上及財政上の監督の下に在る自治の機関に依り管理せらるべく、且営利の目的を以て行はるべからず。私人の発意に依り設立せらるる機関は、権限ある公の機関に依り特に認可せらるることを要す。」（第1項）、「被保険者は、当該国の法令又は規則に依り定められるべき条件に従ひ、自治の保険機関の管理に参加すべし。」（第2項）、「尤も疾病保険の管理は、其の管理が国の事情に因り特に使用者団体及労働者団体の発達不充分なるに因り、困難、不可能又は不適当なる場合及期間は、国に於て直接に之を為すことを得。」と規定されているように、「被保険者」の疾病保険の

運営について規定していた。これに対し、同条約を改正した1969年の「医療及び疾病給付に関する条約（第130号）」は、第31条において「公の機関の監督を受ける機関により又は立法機関に対して責任を負う政府機関により運営が行なわれていない場合には、(a)保護対象者の代表者は、所定の条件の下に運営に参加するものとする。(b)国内法令は、適当な場合には、使用者の代表者の参加について規定するものとする。(c)国内法令は、公の機関の代表者の参加についても同様に規定することができる。」と規定し、「被保険者」ではなく「保護対象者」[13]という用語を使用しており、必ずしも、制度として、「社会保険」方式をとるかどうかは関係のない規定振りとなっている。

また、実際にも、医療保障の分野で言えば、英国の NHS の創設に見られるように[14]、社会保険方式以外の保障制度をとる国が現れてきたということも影響していると考えられる。1944年に採択された「医的保護に関する勧告（第69号）」においては、「Ⅰ 一般」の第5項において「医的保護は、社会保険の適用を未だ受けない貧困者の要求に関し社会扶助により補充される社会保険の医的保護施設を通じ、又は公の医的保護施設を通じ、これを提供しなければならない。」とし、社会保険方式と税方式による医療サービス給付の両者について規定されている。

3 被保険者の保険運営への参加と社会保障協定

それでは、ILO 条約を含め、これらの国際的な規範上は、「社会保険」は、条約上の権利を保障するためにとる締約国の手段の一つにすぎず、このような手段をとるかどうかは、締約国に委ねられており、規範としての意味をあまり持たないということになるのであろうか。「社会保障の最低基準に関する条約（第102号）」第72条第1項において[15]「公の機関の規制を受ける団体又は立法機関に対して責任を負う官庁によつて管理が行われていない場合には、保護対象者の代表者は、所定の条件に従つて、運営に参加し又は顧問の資格でこれに参与する。使用者及び公の機関の代表者の参加についても、国内の法令において定めることができる。」と規定されているように、制度運営への「保護対象者」

の参加、関与の規定が置かれており、「保護対象者」を単なる「客体」とする考え方をとっているわけではない。むしろ、このような規定からは、制度運営の自主性が認められる範囲では、保護対象者の運営への参与を求めているとも考えられる。つまり、「社会保険」との関係で言えば、「保険者自治」が認められる範囲で、被保険者の運営への参与を認めるべきであるとの考え方であると言えるのではないか。どの程度の「保険者自治」を認めるかは、締約国に委ねられていると考えられるが、我が国を含め「社会保険」方式をとる締約国においては、社会保障最低基準条約第72条の趣旨を踏まえ、被保険者の保険運営への参加を保障することが求められていると考える。

被保険者の保険運営への参加という場合、当該被保険者が一定の保険集団に属することになるわけであるが、国際的な人の移動が活発となる中で、複数国の社会保障関係法令が同一の人間に適用され、当該者が複数の保険集団に属することとなる事例が増えてきており、このような法令の二重適用の調整や年金加入期間の通算等を行い、保険料の二重負担や掛け捨ての問題を解消することを目的として社会保障協定が締結されている。法令の二重適用については、一定期間を超える就労について就労国の法令を適用することとすることで調整が行われており、我が国の締結した社会保障協定においては、5年が基準となっている。

しかし、被保険者の保険運営への参加の観点から見た場合、この5年という基準については、一考の余地があるのではないか。つまり、例えば、5年以内の派遣で、健康保険組合の被保険者が、海外の企業に勤務する場合、事実上、健康保険組合の運営に参加することは困難となることから、健康保険組合の運営方法の見直しなどが必要となってくるのではないかということである。これは、法令上の問題ではなく、健康保険組合の運営上の問題であるとも言えるが、今後の社会保障協定の交渉に際しては、保険料の掛け捨て等の問題と併せて、被保険者の保険運営への参加の保障という観点からも検討を進める必要があるのではないかと考える。

1) 後述の世界人権宣言やILOの勧告は、厳密な意味での法的拘束力を有するものでは

2) 同条には「すべて人は、社会の一員として、社会保障を受ける権利を有し」という文言がある。
3) 同条第1項(b)に、「社会保障（業務災害、職業病、母性、疾病、廃疾、老齢、死亡、失業、家族的責任その他国内法令により社会保障制度の対象とされている給付事由に関する法規）」という文言がある。また、同条第3項にも「社会保障についての権利」という文言がある。
4) 第11条第1項(e)に、「社会保障（特に、退職、失業、傷病、障害、老齢その他の労働不能の場合における社会保障）についての権利」という文言がある。また、第14条第2項(c)に、「社会保障制度から直接に利益を享受する権利」という文言がある。
5) 同条(e)(iv)には、「公衆の健康、医療、社会保障及び社会的サービスについての権利」という文言がある。
6) 欧州評議会の"DIGEST OF THE CASE LAW OF THE EUROPEAN COMMITTEE OF SOCIAL RIGHTS"(1 September 2008)においては、同条の「社会保障」の解釈として、普遍的な制度及び職域制度を含む社会保障は、一定のリスクに関連する、拠出制、無拠出制及びこれらの組み合わせの給付を含むものとしている。同89頁参照。
7) 芹田健太郎編訳『国際人権規約草案註解』（有信堂、1981年）229頁、宮崎繁樹編著『解説国際人権規約』（日本評論社、1996年）60-61頁。
8) 波多野里望『逐条解説　児童の権利条約〔改訂版〕』（有斐閣、2005年）178頁。
9) 高橋武『国際社会保障法の研究』（至誠堂、1968年）。
10) 2007年6月現在、188の条約、199の勧告。我が国が批准している条約は、48である。
11) ILO憲章第19条第5項及び第6項。
12) 日本は未批准、仮訳は、ILO駐日事務所ホームページ掲載のものに依った。以下の未批准条約、勧告の仮訳についても同様である。
13) 原文は"the persons protected"である。
14) 英国は、第24号条約を1931年に批准はしている。
15) 「医療及び疾病給付に関する条約（第130号）」も第31条に同様の規定を置いている。
16) 同項の「公の機関の規制を受ける団体」という文言は、条約案の第二次討議の結論で「公の機関によって規制される保険機関の管理には被保護者の直接参加が要求されないように変更がなされた」ものであり、保護対象者の管理・運営への参加を限定する意見があったことも事実である。高橋・前掲書（注9）463頁。
17) 2009年6月1日現在、我が国については、ドイツ（平成12年2月1日発効）、英国（平成13年2月1日発効）、韓国（平成17年4月1日発効）、アメリカ（平成17年10月1日発効）、ベルギー（平成19年1月1日発効）、フランス（平成19年6月1日発効）、カナダ（平成20年3月1日発効）、オーストラリア（平成21年1月1日発効）、オランダ（平成21年3月1日発効）及びチェコ（平成21年6月1日発効）との間で社会保障協定が発効している。

第14章 諸外国の社会保険改革の特徴

14-1 ドイツにおける年金保険改革

田中秀一郎

1 ドイツ年金保険の現状

ドイツ年金保険の被保険者は5214万人、年金受給者は2480万人である（2007年末）。年金の財源は、年金収入総額（2313億ユーロ）のうち、1738億ユーロ（75％）が保険料で賄われており、残りは連邦補助が大半を占め（381億ユーロ）、加えて追加的な連邦補助等によって賄われている。保険料率は19.9％（労使折半すると9.95％）である（2009年末）。一方、年金の支出総額は、2302億ユーロで、そのうち2007億ユーロ（約93％）が年金給付のために支出されている(2007年末)。年金受給権者の年金給付月額は、2007年現在、賦課（税・保険料）前で平均1179ユーロ（課税前では1066ユーロ）であり、従前賃金の47.2％（課税前の従前賃金に対する課税前の年金給付水準は51.4％）である。

2 ドイツ年金保険の特徴

第1に、ドイツの年金保険制度は被用者の職域年金をもとに作られ、自営業者等が任意加入する仕組みを採用しており、「国民皆年金」ではないことが挙げられる。被用者は、原則として各年金保険に強制加入するが、自営業者が任意加入する場合には事業主負担分も自ら支払うことで、被保険者資格を取得す

る。現在、年金受給者の80～90％は、年金を主たる原資として生活している[4]。

　第2に、年金受給権者は、所得に比例した年金給付を得ることである。年金保険の仕組みは、一階建の報酬比例制であり、年金受給権者は所得や保険料納付済期間に応じて年金を受け取る。そのため、被保険者が低所得であったり保険料納付済期間が短い場合には、自ずと年金給付水準も低くなる。つまり、年金保険自体は、最低生活保障制度ではない。なお、ドイツの年金の給付水準はこれまで社会扶助よりも高い給付で推移してきたため、社会扶助の水準との比較は、それほどなされてこなかった。しかし、2004年法改正に従って保険料を2020年までに20％を、2030年までに22％を超える場合には持続性要素を変更して、前述の保険料率を超えないようにする一方で、給付水準を次第に低下させていくことで、標準年金（年金加入歴45年）が社会扶助水準よりも低下することが懸念されている。

　第3に、社会保険になじまない給付（Versicherungsfremde Leistungen）[5]には国庫負担をあてていることである。例えば、育児期間中の年金保険料納付とみなす際の財源は国庫負担から捻出している。もちろん国庫負担は、財源に限界があり、すべての社会保険外在的な給付に支弁しているわけではない。

　第4に、年金給付の前にリハビリテーションを優先して行うことを原則としていることが挙げられる[6]。その理由は、健康面、雇用面の援助は、被保険者個人にとっても国民経済的にも、単に年金給付を支給するよりも合理的な結果をもたらすためと考えられているからである[7]。

3　ドイツ年金保険の最近の改革

　第1として、2004年改革によって年金スライド算定式に持続性要素（Nachhaltigkeitsfaktor）を組み込んだことが挙げられる。この持続性要素とは、人口の増減や（僅少労働者や失業者数等の）労働市場の影響によって、年金スライドを抑制する仕組みである[8]。

　第2に、2007年に導入された保険者の再編統合が挙げられる。ドイツの年金保険はこれまで大きくホワイトカラーの職員年金保険（保険者は連邦職員保険庁）

とブルーカラー、鉄道、海員を含む労働者年金保険（保険者は州保険庁、鉄道保険庁、海員金庫）、鉱山労働者年金保険に分かれていた。2007年の法改正では組織再編され、保険者としては新たな公法人（ドイツ年金保険連盟［Deutsche Rentenversicherung Bund］およびドイツ鉱山・鉄道・海運年金保険［DRV Knappschaft-Bahn-See］という連邦全体をカバーする公法人と地方保険庁［Regionalträger］という各地方ごとに設けられた公法人）が担うことになった。

第3に、2007年に導入された老齢年金の支給開始年齢の引き上げが挙げられる。老齢年金の支給開始年齢は、2012年から2029年にかけて65歳から67歳へと引き上げられる。そのため、1947年以前に生まれた者は65歳から支給されるが、1947年以降に生まれた者は1年経る毎に1ヶ月ずつ、1958年以降に生まれた者は1年経る毎に2ヶ月ずつ支給開始年齢を引き上げ、1964年以降に生まれた者は67歳から支給される。

4 ドイツ年金保険の今後の方向性

ドイツ年金保険の今後については、一般的な被保険者は、公的年金および民間保険を利用して、自助および共助によって生活していくことを前提としているのに対し、低所得者に対しては、基礎保障や僅少労働者への保険料減免により、生活設計を構築することを目指しているといえる。

第1は、民間保険の活用である。ドイツは、2001年法改正において、通称リースター年金と呼ばれる個人老齢保障制度を導入した。このリースター年金は、政府による助成つきの任意加入の個人積立年金である。この制度の導入によって、公的年金を縮小する一方で、その肩代わりとして完全積立の個人年金を所得の最大4％認めることにした。

第2は、低所得者対策として、2003年から社会扶助と年金保険とのつなぎとなる基礎保障を導入したことである。この制度は、2005年に社会法典編纂のため稼得能力のない者のための社会扶助（社会法典12編）と稼得能力のある者のための求職者保障（社会法典2編）に分割された。稼得能力のない者の社会扶助の給付内容は、①生活のための基礎的または一時的な需要、②住居および暖

房、③健康保険および介護保険の保険料、④特別な事態への生活扶助等である。この制度は、扶養義務者の所得が10万ユーロを超えない限り考慮されないため、十分な年金を受給できない者への支援となっている。

　第3は、僅少労働者の社会保険適用についてである。月額の賃金が400ユーロに満たない継続的な僅少労働者（ミニジョブ［Mini-job］）に対しては、事業主が健康保険および年金保険の保険料（年金保険は15％）を支払うことになっており、労働者本人の保険料負担義務はなく、免除される。ただし、労働者が保険料の免除を受けないことを申し出た場合には、残り（保険料率19.9％－15％）の保険料分（4.9％）を労働者自ら支払うことによって被保険者となる。一方、400ユーロから800ユーロの月額賃金を得ている労働者（ミディジョブ［Midi-job］またはGleitzoneともいう）は、原則として被保険者となる。ただし、保険料負担は、一般的な労働者（月額賃金800ユーロ以上）が支払う割合（労使折半）よりも軽減される。

1) *Deutsche Rentenversicherung Bund*, Rentenversicherung in Zeitreihen, 2009, S. 14.
2) *Deutsche Rentenversicherung Bund*, (Anm. 1), S. 222f.
3) *Deutsche Rentenversicherung Bund*, (Anm. 1), S. 232.
4) *Gerhard Igl, Felix Welti*, Sozialrecht, 8. Aufl., Neuwied 2007, S. 144f.
5) 津田小百合「ドイツ社会保険法制における財政負担に関する法的問題」社会システム研究4号（2001年）247頁、倉田聡『社会保険の構造分析』（北大出版会、2009年）76頁以下（初出：2006年）。
6) 詳しくは参照、福島豪「ドイツにおけるリハビリテーション法」法学雑誌55巻2号（2008年）82頁。
7) ドイツ連邦労働社会省編（ドイツ研究会訳）『ドイツ社会保障総覧』（ぎょうせい、1993年）164頁以下。
8) 田中秀一郎「ドイツ年金保険における持続可能性の模索」ドイツ研究39号（2005年）91頁、有森美木・Harald Conrad「ドイツの年金改革」清家篤・府川哲夫編『先進5カ国の年金改革と日本』（丸善プラネット、2005年）61頁以下。
9) 僅少労働者は、低賃金労働者としての僅少労働者（社会法典第4編8条1項1号）と短期間労働者としての僅少労働者（社会法典第4編8条1項2号）に分けられる。なお、後者の場合、事業主は、前者のような一方的な保険料負担義務を負うわけではない（松本勝明『ドイツ社会保障論Ⅱ　年金保険』（信山社、2004年）148頁）。

14-2　フランスの医療保険改革

原田啓一郎

1　普遍的医療給付（CMU）の創設と医療保険財源の租税代替化

　フランスの医療保険制度は、職域ごとに構築された複数の制度が交錯する構造となっている。このため、低所得者層を中心に医療保険制度から排除される者が存在していた。90年代には、非典型雇用の就労形態の拡大や若年失業者と長期失業者の増大による被用者層の縮減により、職域別の医療保険制度の体系の存立基盤である職域連帯が大きく揺らぎ、医療アクセスの普遍的保障は国レベルでの重要な政策課題となっていた。そこで、医療アクセスの保障を社会構成員全体の問題として認識し、フランスに定住している医療保険制度から排除されていた者を一般制度に加入させる普遍的医療給付（couverture maladie universelle: CMU）が1999年に創設された。これにより、制度制定当初は国民連帯を標榜していたにもかかわらず職域連帯による制度構築を余儀なくされていた医療保険制度は、国民連帯的部分を含む医療給付の普遍化を達成し、一般化が実現した。他方、医療保険財源については、1998年の社会保障財政法により、CMUの創設に伴う新たな保険料以外の財源として一般社会拠出金（contribution sociale généralisée: CSG）が投入され、医療保険財源の租税代替化（fiscalisation）が進展している。CMUの創設による一般制度の医療保険の人的適用範囲の拡大と租税代替化の促進により、医療保険の存立基盤であった職域連帯が相対的に縮小し、職域連帯と国民連帯の共存状態を生み出している[1]。

　一方、CMUの創設は、社会保険料の拠出と保険給付の受給権発生の法的関係に関する問題を提起する。CMUの創設により、一般制度の医療保険への加

入は、被用者の職業活動要件による強制加入（社会保障法典 L. 311-2条）に加え、居住要件のみによる強制加入（同 L. 380-1条）という入口が新たに設けられた。一般制度の医療保険で医療費等の現物給付を受給するためには、被用者の職業活動要件による強制加入の場合、一定期間内に一定の保険料額を納付していること又は一定時間の就労をしていることが必要である（同 R. 313-2条）。これに対し、CMU では、一定額以上の所得に対して保険料が賦課されるものの、保険料の納付実績等に関係なく居住要件の充足のみで自動的に直ちに現物給付を受給することができる。これまでの主要な学説・判例では、社会保険給付の受給権は、所定要件に基づき社会保険料の拠出による交換（échange）又は対価（contrepartie）として発生するものとして、保険料拠出と受給権の間に牽連性を認めてきた。[2] しかし、近時では、無拠出制の社会保険給付の出現や社会保険財源の租税代替化等によって社会保険と社会扶助の区分が曖昧になり、[3] 社会保険における保険料拠出と受給権との牽連性の希薄化が顕在化していることから、従来の枠組みに見直しを迫る議論が登場し、注目されている。[4]

2 2004年医療保険改革と責任化の進展

ジュペプランによる1996年医療保険改革では、保険者・政府等利害関係者の責任の明確化と契約主義の徹底により供給側からの医療費の抑制を図った。これに対し、2004年医療保険改革は、医療需要に対する規制を鮮明に打ち出している。そのひとつとして、治療の経路（parcours de soins）を定めて治療の質を高めるとともに、治療の提供の効率化を図るために、かかりつけ医制度（médecin traitant）が導入された。これは、16歳以上のすべての被保険者と被扶養者が一般医又は専門医の中からかかりつけ医を選定し、医療保険金庫に届け出ることを義務付けるものであるが、かかりつけ医への受診は強制されない。ただし、かかりつけ医の紹介状なしに専門医等の他の医師を直接受診する場合には、治療の経路からはずれた受診とみなされ、自己負担割合が通常より割増される。この他、国民一人ひとりに医療支出に対する責任感とコスト意識を持たせるために、医療費の一部負担金とは別に、外来受診ごとに1ユーロを患者が負担す

る定額負担金（participation forfaitaire）が2005年１月から導入されている。その後、2008年１月からは医療免責（franchise médicale）と呼ばれる定額負担金が新たに導入され、患者は医薬品処方１回につき0.5ユーロ、移送１回につき２ユーロを負担している（ただし、年間負担上限額が設定されている）。

　2004年改革によるかかりつけ医制度と定額負担金の導入以降、治療の行動変容を促すとともに、保険者の負担を軽減し、医療需要に対する責任を患者に負わせる責任化（responsabilisation）が進展している[5]。こうした動きは、90年代前半まで行われていた保険料や自己負担割合の引上げを行う医療需要側からの医療費の抑制とは一線を画し、医療制度の一当事者として医療保険財源の適正使用に寄与する責任（社会保障法典 L. 111-2-1条（2004年改革で挿入））に訴えるかたちによる患者負担の強化を志向しているものといえる。

1) 加藤智章「租税代替化に伴う自律性原則と連帯概念の変容」『欧州の医療保険制度に関する国際比較研究』（健康保険組合連合会、2007年）99頁以下を参照。
2) Durand P., *La politique contemporaine de Sécurité sociale*, Dalloz, 1953, réédit. Dalloz, 2005, p. 62; Dupeyroux J.-J., «L'évolution des systèmes et la théorie générale de la sécurité sociale», *Dr. soc.* 1966 p. 111. （Dupeyrouxは、保険給付は使用者及び労働者の拠出との交換により支給され、社会保険の受給権は双務契約（contrat synallagmatique）関係において拠出の対価として権利化しうるとしている。）
3) Borgetto M., «Le droit de la protection sociale dans tous ses états: la clarification nécessaire», *Dr. soc.* 2003, p. 636.
4) Camajiによると、社会保険における受給権と保険料拠出の関係はあたかも受給権と保険料拠出が直結した双務関係的な印象を与えるが、今日の社会保険では、保険給付の受給権は制度に加入していることに直接由来する法的に形成される性格の権利として認識され、保険料拠出義務は制度に加入していることにより発生しているとする。このため、今日の社会保険における保険料拠出は、被保険者の受給権の発生のためのものではなく、保険集団内の連帯に基づく給付を通した分配のためのものであり、制度の加入という媒介項を通して受給権の発生と保険料拠出が関連づけられるのみであるとして、保険料拠出と受給権の間の牽連性を否定している（Camaji L.-E., *La personne dans la protection sociale: Recherche sur la nature des droits des bénéficiaires de prestations sociales*, Dalloz, 2008. p. 227 et suiv.）。
5) Chauchard J.-P., «Les querelles de ménage de l'assurance maladie et de la solidarité», *RDSS* 2006, p. 288; Tabteau D., «Santé et devoirs sociaux», *RDSS* 2009, p. 42.

14-3 フランス年金改革と高齢者連帯手当

柴田　滋

1　2003年の退職年金改革

　職域別に一般制度、特別制度、自治制度、農業制度の４部門にわかれるフランスの年金制度は、それぞれ賦課方式・確定給付の基礎制度（le régime de base）と賦課方式・ポイント制の補足制度（le régime complémentaire）との２階建てになっている。いずれも所得比例の社会保険方式であり、民間商工業部門の一般制度の場合、基礎年金と補足年金をあわせた退職者の平均的生活水準は現役世代の平均の80％以上に達している。[1] しかし将来の高齢化の進行、保険料収入の減少により年金財政維持が喫緊の課題となっていて、2003年退職年金改革法は、財政維持を中心とし、その他、公平の増進、将来の年金改革の方向付[2]けを三本柱とした年金改革をおこなった。[3]

　この改革に先立って、社会保障の財政問題に関しては、1991年の一般社会拠出金の導入により保険料負担の高騰を抑制する政策が採られている。[4] また、年金制度再編に関しては、1991年年金白書では、基礎年金をポイント制にならって改組する案や保険原理を強化した年金制度と国民連帯に基づく最低保障年金制度に二分化する案が採りあげられていた。[5] こうした中で、2003年退職年金改革法は、確定給付型・賦課方式の年金で構成される従来の枠組みを継続しながら、満額年金を受給するのに必要な拠出期間を延長することによって、財政維持を図る改革を採用したものである。

　すなわち、平均受給期間の伸長に合わせて基礎制度の満額年金を受給するのに必要な拠出期間を段階的に延長していくとするもので、これによって基礎制

度の満額拠出期間は、2012年で164四半期に、2020年には167四半期に延長される見込みである（改革法第5条1項）。実質的には、保険料の高騰を抑制して、給付率を段階的に引き下げていく改革である。また、2020年以降は、国民連帯の精神に基づき1999年に設置された年金積立基金によって、一部の制度の財政補助が行われる予定であるが、制度間財政調整については、新たに財政調整委員会を設置し、その見直しを進めることとしている他、特別制度間の財政調整は2012年以降廃止することとしている（改革法第7条）。

しかし、年金財政調整の一部廃止や見直しを行いつつ、給付率を段階的に引き下げることによって年金収支の均衡を実現する方法を採用したことは、結果として職域年金における保険原理の強化となり、非正規労働の増加など就労形態の多様化、移民労働の増加など労働力流動化の進展、高齢者雇用の低迷など就労構造の転換を背景的要因として、将来、低額の年金受給者が増加することが予想される。これに伴って、高齢者を対象とする最低所得保障制度の整備の必要性が高まっていたが、2004年6月24日オルドナンス[6]による従来の高齢者最低所得制度の簡素化と整備は、この要請に答えるものであるといえる。

2 高齢者連帯手当の新設

2003年改革法では、満額拠出期間を充たす者に対する最低保障年金として、基礎制度と補足制度を合わせて、少なくとも最低賃金（SMIC）[7]の85％を保証することとしている（改革法第4条）。しかし、一般制度は、民間商工業部門のすべての被用者を対象とし、退職年金受給権の資格期間要件は3ヶ月であって、満額拠出期間を充たさない者も多数存在する。

このような満額拠出期間を充たさない低年金権者や年金制度非加入者については、フランスでは、従来から、高齢者最低所得（le minimum vieillesse; MV：2009年度年額、単身者8125.95ユーロ、約109万3000円、夫婦1万3765.30ユーロ、約185万2000円）を保障する高齢者最低所得制度が存在していた。

従来の高齢者最低所得制度は、退職年金非受給者に対する無拠出の基礎手当（l'allocation de base）または低額の退職年金受給者に対する退職年金加算（la majoration de retraite）を1段目とし、無拠出給付である老齢付加手当（l'allocation suplémentaire du minimum viellesse; ASV）を2段目とする2段の給付で構成され、2段の給付をあわせてデクレによって定められる所得限度額（2009年度年額は、単身者8309.27ユーロ、夫婦1万3765.73ユーロ）までを保障する仕組みであった。1段目の基礎手当および退職年金加算は、25年以上の就労期間や自営業期間を有する者とそれらの者の配偶者、5人以上の子を養育した母親、年金制度に加入したことがない者など、支給対象によって給付の種類が分かれていて、受給要件は、原則として65歳以上であることの他、保険料拠出の要否・期間等は、それぞれ対象者区分ごとにことなっていた。2段目のASVは、それらの給付の上乗せとして高齢者最低所得額（MV）までの差額を給付するものであった。[9]

このように複雑に分岐していた従来の高齢者最低所得制度を簡素化するため、2004年6月24日オルドナンスは、それらを1つの高齢者連帯手当（l'allocation de solidarité aux perssonnes âgées; ASPA）に集約する改定を行った。2007年1月12日デクレによって施行規則が定められ、新給付は、2007年1月13日以降の新規受給者から適用され、施行時に旧給付の受給者には、旧規定が継続適用されている。

ASPAの受給要件は、65歳以上（働けない場合は60歳以上）という年齢要件がある他、国内および海外県に居住していることという居住要件と所得要件がある（社会保障法典L815-1、L815-9）。正規の定住者であること以外の居住期間要件や国籍要件はなく、所得要件は、本人または夫婦の所得が最低保障額以下であることであって、この最低保障額は、高齢者最低所得（MV）に等しく、2009年度は年間所得で単身者の場合は8125.95ユーロ、夫婦1万3765.30ユーロである。日本円にして、単身者の場合、年間約109万3000円、夫婦の場合、年間約185万2000円に相当する。

支給額は、最低保障所得額と所得との差額である（社会保障法典L815-9）。先述のデクレによって、所得には、扶養義務の履行による所得、家族手当、退役軍人年金などは含まれないが、就労所得、事業所得などその他のほとんどすべての所得を含むこととされている（社会保障法典R815-22）。さらに、投資、主

たる住宅や農業用建造物などを除く不動産、動産、請求前5年内の贈与に対しては、その市場価格の3％が所得とみなされる（社会保障法典R815-25）。また、ASPAの受給者が死亡した場合には、給付を行った実施機関は、一定の限度でその遺産に対して、費用の償還請求が行えることとされている（社会保障法典L815-13）。

　ASPAの財源は、老齢連帯基金（le fonds de solidarité vieillesse; FSV、1993年設立）であり、FSVは給付業務を担当している20以上の関係金庫に対して財源負担を行う（社会保障法典L815-7）。そしてそのFSVの財源には、一般社会拠出金（le contribution sociale generalisé; CSG、1991年設立）等の数種の拠出金が当てられている。CSGは、すべての所得に対する課税であり、税率は、賃金等の稼働所得に対して7.5％で、そのうち1.03％がFSVに充当される。賃金等の稼働所得以外から徴収されたCSGは、それぞれの税率のうち1.05％がFSVに充当される。その他のFSVの財源は、社会保障法典に基づいて企業の退職前支給金に賦課される拠出金（社会保障法典L137-10）やキャリア完成支給金に賦課される拠出金（社会保障法典L137-11）などである。

　以上のことからASPAは、税を財源とし、扶養義務や一部の社会保障給付とは競合関係にあり、資産・能力活用要件がない点では、社会手当の性格を有する給付であるが、高齢者最低所得に達するまでの補足的な給付を行う点や不動産、贈与などの資産の一定割合を収入と看做す点、相続財産に対して償還請求が認められる点では、伝統的な社会手当に比べて、給付制限が厳しくなっている。ASPAの創設には、2003年に始まるフランス年金改革が、職域年金制度において、収支相当、給付反対給付比例という保険原理を維持、強化したことが背景にあり、ASPAは、それに伴って発生することが予想される低年金・無年金に対処する性格の給付であって、退職年金に対して補足的な役割をになった制度であるといえる。保険原理を強化した職域年金を扶助原理による給付によって補完するという改革の内容には、職域連帯を主柱としたフランスに伝統的な社会保障制度編成の手法に変容が見られるといえよう。また、保険原理の強化は、年金制度内における正規労働者と非正規労働者との二分化傾向を

促進する要因も秘めていて、職域年金を支える職域連帯自体の崩壊を招きかねない。フランス年金制度における職域連帯の将来の動向が注目される。

1) Conseil d'Orientation des Retraites, Cinquième rapport, Novembre 2007. Fiche4
2) Loi n° 2003/775 du 21 août 2003 portant réforme des retraites
3) J. Bichot, La Raison du plus fort-Analyse de la loi du 21 août 2003. Droit Social novembre 2003. p939.
4) 社会保障財源に占める企業の社会保険料負担割合は、1981年の55.2%から1998年には46.7%に減少している。これについてバービエとテレは、職域連帯から国民連帯への政策的移行を指摘している。(J. C. Barbier and B. Théret, The French system of social protection; Path dependency and social coherence. Changing patterns of social protection, ISSA, 2003. p131-133.)
5) L. ApRoberts, Réforme des retraites et évolution des pensions depuis le début des années 1990: Retraites: le rendez-vous de 2008, La documentation française, n° 344, 2008. p14-15
6) L'ordonnance n° 2004-605 du 24 juin 2004
7) 2008年7月以降、時給8.71ユーロである。
8) 高齢被用者手当（AVTS）、高齢非被用者手当（AVTNS）、終身扶助（le secour viager)、母親手当（l'allocation aux mère de famille)、高齢者特別手当（l'allocation spéciale de vieillesse) の5種類に分かれ、受給者が退職年金を受給しているか否かで、基礎手当または退職年金加算として区別して給付されていた。2009年度の支給限度額は3153.30ユーロである。
9) 一段目の無拠出給付と二段目のASVの2006年末現在の受給者数についてみると、無拠出給付で48万5700人、ASVの受給者数は59万8500人である。(Caisse des dépôts et consignations, Enquete DREES 参照)

14-4 オランダの2006年医療制度改革における「社会連帯」について[1]

井原　辰雄

1　オランダにおける医療制度

　オランダにおいては、社会保険方式の医療保障制度を採用しているが、大きく2つの制度に分類される。その1つが、1年以上の入院医療、精神保健、施設・在宅介護サービスなどを対象とする例外的医療費保障制度であり、もう1つが、1年未満の入院医療、外来医療などを対象とする短期医療保険制度である。前者については、制度の持続可能性を確保する観点から、介護サービスの一部を他の社会福祉サービスに統合する動きが見られるなど制度改正が行われるとともに、後者についても、2006年1月より、大きく3つに分立していた制度をひとつの制度にまとめるなどの抜本的な改正が行われている。ここでは、この2006年の短期医療保険制度改革に見られる「社会連帯」の考え方について考察することとする。

　ここでいう「社会連帯」であるが、一定の共同体において、「組織の構成員の生活を共同して保障する」[2]ことという意味で用いることとする。

2　2006年短期医療保険制度改革

1　2006年以前の制度[3]

　2006年以前の短期医療保険制度においては、被保険者の年収、職業などによって3つの制度に分かれていた。つまり、①年間の課税所得が一定額未満の65歳

未満の被用者及びその家族などが加入する疾病基金保険、②公務員とその家族が加入する公務員保険及び③これらの保険に加入できない、年間課税所得が一定額以上の被用者等、自営業者、退職者等が加入する私的保険である。なお、これらの者については、医療保険アクセス法1998により、保険会社は、疾病基金保険がカバーするサービスと同等の内容のサービスをパッケージにした保険を、保険加入希望者に販売しなければならないこととされていた。

このような制度の構成は、我が国の場合と同様に、基本的には、保険集団（疾病基金保険についてみれば、各疾病基金）単位の連帯という構成であると考えることができる。

疾病基金保険については、被保険者（通常、65歳まで）は、良心的拒否等の場合を除き、疾病基金に登録しなければならないが、疾病基金と被保険者の間に契約関係はなかった。また、我が国の場合と異なり、登録する疾病基金の選択は、基本的に自由であった。（船員、海外居住者を除く。）登録の有効期間は1年であり、更新、変更が可能であった。[4] 被保険者は、定額保険料の多寡などにより、登録する疾病基金を選択することとなっていた。したがって、「連帯」の範囲は、各疾病基金単位になると考えられるが、1年ごとに加入する疾病基金の変更が可能であるという制度において、そもそも、「連帯」という概念を持ち込むことが適当であるかどうか、被保険者に「連帯」の意識があるのかどうかは疑問である。

公務員保険については、公務員の雇用の特別の性格にかんがみ、公務員は疾病基金保険の適用外とされるものであり、国家公務員（一般、教育・研究職、防衛、司法に分立）、地方公務員（市町村、県の別）、警察などの制度に分立していた。[5]

私的保険については、民間保険契約に基づくものであり、基本的に政府がその内容に介入することはできないが、[6] 1998年の医療保険アクセス法により、前述のとおり、疾病基金保険がカバーするサービスと同等の内容のサービスをパッケージにした保険を、保険加入希望者に販売しなければならないこととされていた。被保険者は、定額保険料（最高額は、高齢者、学生などの別により異なる）を支払わなければならないが、それだけでは、コストのすべてをカバーすることができないので、保険会社は、その差分を配分基金から受けることでき、65

歳未満の被保険者は、配分基金に別途、拠出金を支払わなければならないこととされていた[7]。さらに、私的保険に比べ、疾病基金保険は、65歳以上の高齢者の割合が高いため（65歳到達時点において、公的保険によりカバーされていた者は、その制度に加入し続けることができることとなっていた）、私的保険から、疾病基金保険の運営のために、拠出金を拠出することとなっていた。また、政府も疾病基金保険の運営に対する助成を行っていた[8]。このような制度は、年齢リスクの調整を行っていると考えられるが、この点において、65歳以上の被保険者を支えるという「連帯」が見られるとも言える。

以上、見てきたように、2006年以前の短期医療保険制度は、公民の混合形態であるが、特に私的保険のカバーする人口の割合が高くなっている。そのような中で、年齢リスク調整を行い、制度全体としての「連帯」の性格が見られると言えるが、例外的医療費保障制度が、国を保険者（運営は、短期医療保険の保険者が行っているとしても）として、全国民を「連帯」の範囲としているのとは大きな違いである。例外的医療費保障制度のカバーするリスクは、その名称が示唆するとおり、例外的なものであり、オランダの医療保障制度においては、カバーすべきリスクの大きさから、財政の安定性のために「連帯」の範囲を規定しているとも言える。

2　2006年医療制度改革

2006年の医療制度改革は、①分立している制度の下で、所得水準により加入する制度が異なるなど制度運営の不透明さの解消、②被保険者のコスト意識の欠如とそれによる保険者間の競争の欠如を原因とする制度運営の非効率性の解消、③費用負担の公平性の確保、④過度の政府規制により民間の創意が阻害されていたことの解消をその理由とするものであると説明される[9]。具体的な改正内容は後述するが、特に本稿と関連する点は、私的保険と疾病基金保険、公務員保険の区別を撤廃し、全国民は、定額保険料の水準等を勘案して保険者を選択し、法定の保険給付を内容とする契約を締結しなければならないこととされた点である。

制度改革の議論においては、この点について、制度の分立を解消する場合、

私的保険と公的保険のいずれを基礎に制度を構築するかについての意見の相違が見られた。私的保険を基礎とすべきとする者は、過度の政府による規制が、効率的な保険運営を阻害するとしていたのに対し、公的保険を基礎とすべきとする者は、私的保険の変形は、社会保険の「連帯」を損なうとしていた。前述のとおり、2006年以前の制度において、「連帯」の概念はあまり強調されておらず、この点が議論となったことは、興味深い。結局、新制度については、疾病基金保険の「社会的」伝統と私的保険の「市場」の伝統の混合形態とすることとされた。(この点については、EUの損害保険に関する指令が、保険内容等についての私的保険に対する政府の法的規制を禁止していることに違反しないかが問題とされたが、欧州委員会は、政府の規制が、真に必要な範囲を超えず、また、保険市場に必要以上に介入しない限り、新医療保険制度は可能であるとの見解を示した。)

2006年1月からの新医療保険制度の概要は、次のとおりである。

①オランダに居住している者及びオランダにおいて給与税を支払っている者(例外的医療費保障制度の対象者(現役の軍人、良心的拒否者を除く。))は、法定の保険給付を内容とする保険契約を保険者と締結しなければならない。(配偶者、子どものために代わりに契約を結ぶこともできる。また、使用者が被用者のために代わりに契約を結ぶこともできる。)この義務に違反した者には、保険料のほかに、未加入期間中の定額保険料の130%(5年を限度)の支払い義務を課す。

②民間保険会社、既存の疾病基金が保険者となる。保険者は、全国を対象に運営しなければならない。ただし、被保険者数が85万人未満の保険者は、1以上の県の範囲で運営を行うことができる。

③被保険者は、定額保険料、保険運営状況、被保険者負担損害額などを勘案して保険者を選択することができる。契約期間は1年で、変更、更新が可能。

④保険者は、その運営地域に居住する者から契約の申し込みがあった場合、これを拒否することができない。

⑤保険者に契約申し込みに対する応諾義務が課せられており、被保険者の属性によるリスクの偏在が生じうることから、リスク調整システムを導入する。

⑥被保険者は、保険者と契約した医療機関等において医療を受けるか(現物給付)、かかった医療費の償還を求めることができる。

⑦18歳以上の被保険者は、定額保険料を支払わなければならない。定額保険料の額は、保険者ごとに異なるが、同一の保険会社においては、同一の保険給付内容については、同額の定額保険料としなければならない。

⑧被保険者は、所得比例保険料も支払わなければならない。所得比例保険料の総額は、保険料総額の50％になるように設定される。

使用者は、被用者の所得比例保険料を給与から天引きして税務当局に支払う。給与税の課税対象となる所得のないものは、税務当局において、所得比例保険料額の評価を受ける。

⑨使用者は、被用者のために、所得比例保険料の支払いの補填をしなければならない。

⑩18歳未満の被保険者は、定額保険料の支払い義務はなく、その分は政府において補填する。

⑪18歳以上の被保険者は、医療サービス（GP、助産師、産科ケアを除く。）の利用が少ない場合、定額保険料の一部の返還を受けることができる。[14]

⑫保険者は、100ユーロ単位で最高500ユーロまでの被保険者負担損害額を設定することができ、被保険者は保険料減額とともに選択することができる。

⑬保険者は、集団的な契約締結の場合に、最大10％の保険料の割引を行うことができる。

⑭定額保険料の支払いが困難な低所得者のために医療手当が支給される。医療手当の額は、暦月ごとに、資力調査に基づいて税務当局が決定する。

以上の制度の中で、制度改革の議論の際に論点となった社会保険の「連帯」の要素はどこに見出すことができるであろうか？

まず、オランダ国民は原則として、保険契約を締結しなければならないとしている点である。（①）この点は、強制的な保険契約の締結であり、かつ、保険者を選択することができることから、我が国の場合と異なり、ある特定の保険集団（健保組合、市町村など）における「連帯」と位置付けることは困難であるが、医療保険制度を支えるための「連帯」と位置付けることが適当ではないかと考える。つまり、「強制」されなければ、別の保険商品を購入し、あるいは無保険のままでいた者を制度に参加させる意味での「連帯」である。

次に2006年以前の私的保険と同様に、法定の保険給付を内容とする契約について、保険者はその申し込みの拒否をできないとしている点があげられる。(④、⑤) さらに、保険集団間のリスクの調整を行っている点も、我が国の高齢者医療制度等における「連帯」概念（高齢者の医療の確保に関する法律第2条第1項）と同様の位置付けを与えることができるであろう。

　また、所得比例保険料の使用者負担（⑧）も、その負担の根拠が雇用関係にあると説明されるが[15]、我が国の被用者保険における事業主負担と同様に「連帯」概念の現れと位置付けることができよう。この他、18歳未満の被保険者の定額保険料について政府が負担すること（⑩）、低所得者に対する医療手当の支給（⑭）もその費用を国民全体で負担するという意味において、「連帯」と位置付けることが可能である。

　このように見てくると、2006年のオランダの医療制度改革は、従来の保険制度の分立を排除した時点で、当然のことながら、もはや、保険集団内における「連帯」という概念を捨て、医療保険制度全体における「連帯」という概念に基づくものとなったと考えることができる[16]。しかし、それは社会保険における「連帯」と言えるのであろうか？　むしろ、それは、全国民が医療保障を享受できるよう、公的な制度を設け、その効率的な運営のために「社会保険」のシステムを取り入れていると考えるのが適当ではないか。

1) 本稿は、2009年2月末現在の情報を基に執筆している。
2) 堀勝洋『社会保障法総論〔第2版〕』（東京大学出版会、2004年）99頁。
3) 医療経済研究機構『オランダ医療関連データ集〔2004年版〕』43-54頁参照。
4) オランダ保健省 "Health Insurance in the Netherlands"（2004年）33頁。
5) オランダ保健省・前掲書（注4）61頁。
6) オランダ保健省・前掲書（注4）49頁。
7) オランダ保健省・前掲書（注4）57頁。
8) オランダ保健省・前掲書（注4）42頁。
9) オランダ保健大臣のスピーチ（2007年1月26日）"Health reform in the Netherlands: a model for Hungary?" 及びオランダ保健省 "The new care system in the Netherlands; durability, solidarity, choice, quality, efficiency"（2006年）7頁。
10) オランダ保健省 "Health Insurance in the Netherlands. The new health insurance system from 2006"（2005年）10頁。

11) オランダ保健省・前掲書（注10）12頁。
12) オランダ保健省・前掲書（注10）及びオランダ保健省"The new health insurance system in brief"（2004年）を参照。
13) 新医療保険制度における保険者は、民間会社として、保険監督法1993に基づく規制の対象となる。具体的には、保険者の財政の健全性や事業の継続性の観点から、オランダ中央銀行の監督を受ける。オランダ保健省・前掲書（注10）36頁。
14) この制度は、2008年に、強制的な年間150ユーロの被保険者負担額に代替された。
15) オランダ保健省・前掲書（注10）29頁。
16) オランダ保健省・前掲書（注9）10頁においても、「制度内における『連帯』」と説明されている。

14-5　イギリスの年金改革

平部　康子

1　国民保険の構造と社会保障体系の軋み

　イギリスの国民保険制度は、全国民を対象とし均一額の給付を行う国民保険給付（基礎国家年金）が中心となっているが、退職年金だけは2階建てとなっており、被用者を対象にした所得比例の給付（国家第2年金（state second pension: S2P））が設けられている。国民保険制度は、ドイツやフランスの社会保険に比較すると、5つの特徴が見出せる。第1に、国民保険給付に関して、所得に応じた拠出を求めつつ給付はほぼ定額で支給するという点で、保険の拠出対給付の対価関係を極めて弱く機能させていることである。第2に、要保障事故（リスク）の範囲について、稼得能力の低下や喪失につながるほぼすべて（老齢、障害、傷病、出産、失業、労働災害）を単一の保険制度でカバーし所得保障を行っており、雇用保険や労災保険を別立ての制度にしていない。第3に、被保険者について、被用者と非被用者とに制度を分立させることなく、すべての国民が一つの社会保険に加入する仕組みをとっている。ただし、これは全ての被保険者が同じ保険料（率）を課されることを意味するのではない。制度の内部では被保険者を、被用者、自営業者、高所得自営業者、低所得者（任意）という4つのカテゴリーに分け、被用者からは報酬から定率で、非被用者からは定額で、というように異なる方法で拠出を求めている。第4に、保険料の拠出について、使用者側に2つの点で重い拠出義務を課している。まず、保険料率は労使折半ではなく、使用者の保険料率が高く設定される2)のに加え、被用者は保険料拠出の基礎となる報酬に上限があるのに対し、使用者はこれを超えても保

険料率は下がるものの上限を設定されない。ちなみに、使用者の保険料率については、低賃金労働者を雇用する使用者に配慮した複雑な段階的保険料率が設定されていたが、1999年以降は、歳入の簡素化と雇用に中立的な保険料の負荷を目指して、統一保険料率が導入されている。また、被保険者が年金受給年齢になった場合、被保険者には拠出義務がないが、使用者は支払った報酬に応じて拠出が求められる。第5に、被扶養者自身に受給権を与えないドイツ・フランスと異なり、イギリスの国民保険制度では被用者・非被用者を分けることなく夫の拠出に基づいて妻に年金受給権を認めている。ただし、我が国の第3号被保険者は自身が65歳になれば老齢基礎年金の受給権を有するのに対して、イギリスの場合妻に受給権が発生するのは夫が受給権を獲得してからであり、その額は夫の基礎年金の60%である。

さらに、国民保険給付の水準が低いことも大きな特徴であろう。ベヴァレッジは国民保険給付が適切な水準（ナショナル・ミニマム）が維持できれば、公的扶助は残余的な役割しか担わないと考えていた。しかし、老齢年金の給付水準は当初からナショナル・ミニマムを達成できなかっただけでなく、完全な物価スライド制も導入されないまま、1979年には失業給付や疾病給付の報酬比例加算も廃止された。そのため、給付水準は下降し続け、公的扶助を下回るようになり、これに対応して公的扶助の役割が増大し、国民保険を柱としていたはずのイギリスの社会保障体系に軋みが生じるようになった。

2 労働党による積極的社会政策と社会保障制度改革

1997年から政権を担当する労働党は、「福祉から就労へ」を公約に掲げ、これに沿った社会保障制度・雇用制度・税制の再編に着手した。翌年公表した緑書では、従来の社会保障制度の問題点として、第1に、社会保障支出の増加にもかかわらず不平等と社会的排除が拡大しており、特に年金受給者と児童に関してそれが顕著であること、第2に、社会保障制度の中に有償労働への経済的バリアが存在すること、第3に、濫給によって、本来受給すべき人への支出が妨げられていること、を指摘した。そして、制度全体の構造改造を視野にいれ

て、「福祉から就労へ」、「就労が収入増に」、「就労できる者へ仕事を、できない者に保障を」という３つの指針を柱に、改革のパッケージが実施されている。[8]「福祉から就労へ」という指針からは、就労支援プログラム（ニューディール）が実施され、「就労が収入増に」という指針からは、低所得の就労世帯等に対する給付つき税額控除が導入され、改正を経て勤労税額控除（working tax credit）と児童税額控除（child tax credit）に再編されている。「就労できる者へ仕事を、就労できない者に保障を」という指針は、ワークフェアよりも社会的包摂を念頭に置いて、年金受給者、児童、障害による就労不能者、育児や介護の責任をもつ者といった人々への不平等是正に取り組むものであり、2007年年金法（Pension Act 2007）によりこの指針を取り入れた年金制度の構造改革が行われた。

　ブレアの後を引き継いだブラウン首相は、2008年12月に福祉改革に関する白書「将来への福祉改革」を発表した。[9]白書では「就労が報われる」政策を進めるとしており、給付に対する義務を強調するとともに、給付システムについては簡素化や一定時間の就労を条件にした給付（in-work benefit）を活用するとしている。ブラウン政権では、前政権時から続く年金改革の仕上げとして、2007年年金法で公的年金の２階部分である国家第２年金制度の拠出ルールの変更をし（後述）、私的年金制度を促進するため2008年年金法（Pension Act 2008）で「個人勘定制度（personal account）」を設けた。このほか、障害者を一律に「就労不能」にカテゴライズし給付を与える従来の障害者の所得保障体系を改めることにし、2007年福祉改革法（Welfare Reform Act 2007）により、就労不能給付に代わる雇用支援手当（Employment and Support Allowance）が設けられた。

3　2007年年金法および2008年年金法による老齢時所得保障の変更点

　ブレア政権の年金改革では、①就労を抑制しない、②低所得者に手厚い保障を実施する、③公から私へ年金の比重をより進める、といった目標をもって、安全性・経済性・柔軟性を強化した確定拠出型個人年金であるステークホルダー年金制度の創設、国家所得比例年金制度に変わる国家第２年金制度の創設、

所得補助制度を活用し低所得の年金受給者に上乗せを支給する最低所得保障（Minimum Income Guarantee: MIG　ただし2003年から年金クレジットに変更）の導入が行われた。労働党の年金改革は、国民保険制度だけでなく、企業年金や老齢に備える私的な積み立ての制度にまで及び、老齢時の所得保障体系を大きく変更するものとなっている。

1　拠出制制度を基礎とした年金改革

(1) **基礎国家年金（Basic State Pension）**　基礎国家年金の拠出要件について、満額受給のための拠出期間（有資格年）を男性44年、女性39年から30年に短縮したほか、少しでも拠出期間があれば少額であってもそれに対応する給付を支給することになった。また、従来の制度では家庭責任保護（Home Responsibility Protection: HRP）の措置を設け、子どもや要介護者の世話をするため一定の所得以上の有償労働に就けない者に対して、その状態にあった年数を有資格年から差し引くことによって短い期間で満額の受給を可能にし、一般の専業主婦より有利な給付が受けられるようにしていた。2007年年金法では、育児・介護を担う者にさらに公平で寛大な制度とするため、HRPを廃止し、代わって低所得者等に適用されるクレジットの範囲を育児・介護者にまで拡大することとした。クレジットが与えられると、保険料を納めていなくても被用者の保険料（クラス1）を納めたと見なされ、結果として育児・介護中も被保険者としてカバーされるほか、カラ期間扱いではなく保険料を納付した期間とされるため、退職基礎年金額がより有利に算定されることになる。

給付水準については、物価でなく賃金を考慮して増加させることとし、現実の経済状況により迅速に対応できるようにした。

年金の受給年齢について、2004年年金法では女性の受給年齢を男性とそろえる（60歳から65歳）ものの、年齢引き上げにはいたらなかったが、2007年改正では両者とも68歳までに引き上げられることとなった（2024年から段階的に引き上げ、2046年に完了させる）。

(2) **国家第2年金**　国家第2年金は、2002年に従来の国家報酬比例年金制度（SERPS）に代えて創設された制度である。所得に比例した給付を行うが、

収入が少ない者であっても一定額の所得があったものとして取り扱うことにより、低所得者に手厚い給付を支給できるようになった点が新しい。

また、育児・介護者への配慮措置であるHRPは国民保険給付に限定され、かつ1年単位で認めるというものであった。2007年年金法の改正では、社会的に必要な配慮措置がクレジットに統合されることによって、育児・介護者への配慮は社会保険の二階部分にも拡大することとなった。

(3) **個人勘定制度**　個人勘定制度とは、人々が私的年金を積み立てるのを促進することを目的にした仕組みであり、2008年年金法によって国家被用者貯蓄基金（National Employment Saving Trust: NEST）という名称で2012年から導入されることが決定された。報酬の一定率を個人勘定口座に払い込むことを義務付ける国もあるが、イギリスの制度はそのような強制貯蓄までは求めず、職域年金やステークホルダー年金などに加入していない中・低所得被用者を政府主導で新設する確定拠出年金制度に使用者を通じて自動的に登録させる（automatic enrolment）措置を設けている。この措置によって、22歳以上・公的年金受給開始年齢未満で年間所得5035ポンドを超す被用者は職域年金かNESTにいったん加入するが、自分に適さないと考えればNESTからの脱退を選択することもできる。私的年金について能動的な選択をすることを促す効果があるといえよう。NESTへは、使用者には最初に最低でも被用者の報酬の3％に当たる額を拠出するよう求め、被用者は4％、政府は1％の拠出を行う。

2　無拠出制制度を基礎にした年金改革

年金クレジット　失業者に対する給付は、1996年から所得補助から分離して資産調査付求職者手当（income-based jobseeker's allowance）が設けられたが、高齢者の最低所得保障にも同様の再編が見られる。高齢者は一般に就労可能な年齢ではなく、固定的な資産以外では年金の多寡によって所得保障のニーズの有無を判断でき、若年者のような詳細な所得調査を必要としないこと、高齢者の貧困は年金制度の構造の不備を背景としていることから、スティグマの強い一般的な公的扶助でなく、年金制度の補完という観点での制度再編が求められるようになった。このため、手続の簡素化、受給要件の緩和、給付水準の向上

を目指して、1999年には、所得補助制度の中に、60歳以上の高齢者向け給付を別扱いにする最低所得保障（MIG）が設けられた。さらに、2003年にはこれが所得補助制度から完全に分離する形で、年金クレジットという制度が創設された。同時に、手続の簡素化が進み、年金クレジットの支給は所得補助の窓口ではなく退職年金を取り扱う年金サービス（The Pension Service）となり、事務の効率性の向上と手続上のスティグマの払拭という役割を果たしている。

年金クレジットの給付は、2つの要素で構成されている。最低保障クレジットは、60歳以上の者を対象とし、世帯の年金等の所得が基準額（これに家賃と必要に応じて障害者や介護者の額を加算）を下回る場合、その額を支給する。貯蓄クレジットは、65歳以上の者を対象とし、所得が週87.30（夫婦139.60）ポンド以上ある場合、所得に応じて週19.05（夫婦25.26）ポンドを限度として支給される。世帯の収入を算定する際、私的年金などの自助努力による収入は全額が減額対象とはされず減額調整額は4割とされているため、総収入が増える仕組みとなっている。

4　老齢時所得保障における国民保険の役割の変化

年金改革の結果、老齢時の所得保障において国民保険給付の果たす役割は相対的に小さくなっている。基礎国家年金および国家第2年金といった国民保険制度内でも加入と保険料拠出を促す措置が設けられているが、個人勘定制度に見られるように、国民保険制度外の私的な積み立てに対するインセンティブの促進に重点が置かれている。その一方で、保険料を支払ったと見なすクレジットを拡大して、継続的な拠出によって受給権を確立するのが困難な人々（介護者、所得の少ない非正規労働者など）も国民保険制度に参入させようとしている点は、できるだけ選別性のない方法で人々に所得保障を行おうとする社会保険の理念を、現代の状況に合わせてルール化したと評価できよう。

他方、低所得の年金受給者については、基礎国家年金や国家第2年金の給付水準を大幅に引上げるのではなく、年金クレジットという無拠出制所得保障制度を導入することによって解決を図った。老齢時の所得喪失・減少という要保

障事由に対して、社会保険と社会扶助がつなぎ目なく機能する体系となったが、給付の不足という問題をたやすく別制度に任せてしまうことにもなるため、社会保険の適切な水準の確保を妨げる可能性も含んでいる。また、年金クレジットは手続が簡素化されたとはいえ、資産調査を伴い、「選別性」は残る。しかし、年金制度との連続性を見ると、年金クレジットは選別することよりも社会的包摂に主眼を置いた社会扶助の方法を提示しているともいえよう。

1) 国民保険制度の概要について以下の文献を参照した。Wikely, Ogus&Barendt, The Law of Social Security (5th ed), Butterworths, 2002, p89-p129, p587-651, 堀勝洋「国民保険」武川正吾・塩野谷祐一編『先進諸国の社会保障1　イギリス』（東京大学出版会、1999年）、嵩さやか『年金制度と国家の役割』（東京大学出版会、2006年）。
2) 2007年度の保険料率は、被用者（週87ポンドの最低稼得収入額を超える者）11％に対し、使用者は12.8％である。
3) 被用者の保険料拠出が求められる上限額（最高稼得上限額）は、2007年度で週670ポンドであり、これを超える報酬に対して使用者のみ１％の保険料を支払う義務がある。
4) 2010年６月からは、妻だけでなく夫にも拡大され、また被保険者が受給年齢に達したかに関わらず、被扶養者が受給権を得られるようになっている。
5) 公的年金の対GDP比（2000年）を見ると、ドイツ・フランスが12％に対して、イギリスは５％であり、イギリスの国民保険制度が低所得者向けに絞られてきた傾向が読み取れる。山本克也「イギリスの年金改革」清家篤・府川哲夫編『先進５か国の年金改革と日本』（丸善プラネット、2005年）119頁。
6) 公的扶助受給者数は、1948年で約100万人、1979年で約300万人、2001年で390万人と報告されている。Wikely, Ogus & Barendt, supra ,p269-p270.
7) Department of Social Security, New ambition for our country: A New Contract for Welfare (Cm3805) 1998.
8) 緑書に先立って労働党内の委員会は労働者の雇用可能性（employability）を高める職業訓練や保育サービスなどの再雇用サービスへの投資を提案しているが、ブレア政権の緑書は福祉契約主義を導入し、福祉給付の受給に際して国家が市民に義務の履行を強制できるようにした点で、ワーク・ファーストモデルの要素をより強く導入した内容となった。宮本太郎「ワークフェア改革とその対案──新しい連携へ？」海外社会保障研究147号（2004年）。
9) Department for Work and Pension, Raising expectations and increasing support: reforming welfare for the future (Cm7506), 2008.
10) Department of work and pension, Personal Accounts: a new way to save (Cm6975), 2006.
11) 岩名礼介「最低所得保障制度の給付水準に関する国際比較」栃本一三郎・連合総合生活開発研究所編『積極的な最低生活保障の確立──国際比較と展望』（第一法規出版、2006年）。

14-6　アメリカの年金改革

内柄　博信

1　OASDIと改革案

　アメリカの年金制度は、社会保険方式である連邦政府直轄のOASDI（Old Age, Survivors, and Disability Insurance）と呼ばれる公的年金保険を土台とし、それを補完する企業年金および個人退職勘定（IRA: Individual Retirement Account）等からなり、退職所得はこれに貯蓄を加え構成される。OASDIはベビーブーマーの引退による長期的な年金財政不足が問題となっており、現在は社会保障税（social security tax）による収入がOASDI給付を上回っているものの、2016年にはそれが逆転し、2037年にはOASDI信託基金の積立金が枯渇する見込みである。その後、社会保障税率を維持した場合、給付額は現在の76％になり、また給付額を維持した場合、社会保障税率を2.01％増額する必要があると推測されており、OASDI改革が喫緊の課題となっている。[1]

　OASDIは、被用者および自営業者の約96％が加入しており、パートタイム労働者も含むなど適用対象者が広範である。[2]主な財源は、課税上限額（2010年現在106800ドル）を超えない範囲で、被保険者給与の12.4％に課される社会保障税である。[3]受給資格についてはクレジット制で算定され、1年あたり1120ドル（2009年現在）の収入毎に1クレジットを取得し最高4クレジットまで取得できる。原則40クレジット取得すれば老齢給付の受給資格を得られるため、パートタイム等の低所得者であっても受給権を得られる可能性があることも特徴的である。給付額は所得比例であり、低所得者に有利な所得再分配性の強い累進的計算式で算定される。そのため、所得代替率が平均所得者は41.3％であるが、

低所得者(平均所得の45%)は55.7%と高く、高所得者(平均所得の160%)は34.3%と低い。OASDIは1935年に社会保障法(Social Security Act of 1935)成立以来、数々の改革が行われてきたが、1983年を最後に大改革は行われていない。財政危機が表面化した後、様々なOASDI改革案が公表されてきたが、注目されるのは、各方面から公表されてきた民営化ともいわれるOASDIへの個人勘定導入案である。

その中で、ブッシュは2005年一般教書演説において、いわゆるブッシュ案を公表した。ブッシュ案はOASDIの枠組みの一部に個人勘定を導入する案であり、現在の制度を抜本的に改革するものである。すなわち、55歳以上の者は除き、加入者は任意に個人勘定を設定し、社会保障税12.4%うち4%を限度に用意されたインデックスファンドに投資・運用でき、個人勘定における残余分も譲渡可能とする。個人勘定投資選択時には、確定給付型部分の給付が削減される。これまで、低所得者は高所得者と比較し平均余命が短く、現制度においても受給期間を勘案すれば必ずしも累進的ではないとの主張もあった。個人勘定を導入の場合、その範囲で相続も含めると受給期間に左右されず拠出に応じた受給が可能となり、給付と拠出の対価関係を重視する個人的衡平性(individual equity)をより重視することになる。また、株式投資が可能となり、人口変動に脆弱な現行の賦課方式よりも収益率の増加が望める。

しかし、ブッシュ案については、多方面からの批判が多く、とりわけ、個人勘定の導入により、最大2兆円を超える多額の移行コストが必要とされる等により長期財政不足問題を解決できないと問題視されてきた。結局、個人勘定導入論は、いわば「オーナーシップ社会」の理念に基づき提唱されているにすぎずOASDIの解体への第一歩にすぎないという批判も強い。

2 企業年金改革

ブッシュが強力に推進した個人勘定導入案は実現に至ることはなかったが、OASDIを補完する企業年金において、1974年に制定された従業員退職所得保障法(ERISA: Employee Retirement Income Security Act of 1974)以来の大改革が

2006年に行われた。

近年、確定給付型年金プランにおける積立不足のため、企業倒産等の際に受給者等に給付を保証する年金給付保証公社の財政が問題となり、また確定給付型年金プラン自体やその加入者が減少し、運用リスクを事業主から従業員に転嫁する401(k)プランを代表とする確定拠出型年金プランおよびその加入者が大幅に増加している。しかし、エンロン社を代表とする、401(k)プラン個人勘定への自社株過剰投資による企業倒産時の年金破綻が問題となり、401(k)プラン加入者には分散投資を行わないなど非常に稚拙な投資を行う者が多いことが露呈した。

事件後、様々な法案が審議されたが成立に至ったのは、年金保護法（Pension Protection Act of 2006）[14]であった。結果、401(k)プランにおける加入者の投資運用につき、確定給付型年金と同様の厳格な自社株投資制限は法制化されることはなく、労働省による適格標準投資プランによるデフォルト投資の認容、運用機関による投資アドバイスの拡大といった、加入者の自由な選択による投資をサポートし個人の自律性を重要視する内容となった。また、401(k)プランにおける大半の低所得者はプランへの投資を選択せず、キャッシュを受け取る傾向が高いため、プラン加入率を促進するため加入者の自動加入を一定の要件のもと認容した。そして、確定給付型年金については、年金基金の積立不足対策が行われたが、結果として積立不足が問われず運用・拠出コストの低い確定拠出型年金へのシフトがさらに加速することが予想される。

3　年金改革の行方

ブッシュの個人勘定案は成立に至ることはなく政権が共和党から民主党に移行した。民主党は公的年金を再構築するような個人勘定案については反対の議員が多いとされるが、現行制度を維持し付加的に個人勘定を設ける案[15]については賛成する議員も多いともいわれてきた。[16]企業年金における確定拠出型年金は、企業においては確定給付型年金に比較し管理・運用コストが低く、また加入者においてはポータビリティーも可能、運用も自由、現在高も把握可能といった

内容で支持が高いのも事実である。すなわち、企業年金における主要プランとしての確定給付型年金から確定拠出型年金への潮流は、これからなお一層進むと思われる。しかし、企業年金等の土台となる OASDI は、保険数理から離れる点を公正とみる社会的妥当性（social adequacy）を重視し累進性の高い、個人の投資内容に左右されない確定給付型が望ましいとの主張が多いのも事実である。

今回の企業年金改革において、デフォルト投資が採用されたように、投資について一般的なアメリカ国民はそれほど長けていない。確定拠出型である個人勘定の場合、運用リターンを確実には期待できず、金融危機等の場合は対処できない。ブッシュ案は、本来的にも高額とはいえない OASDI の確定給付型部分を削減したうえで、それに代わる個人勘定を導入するものであり、運用によっては給付額がさらに低くなる可能性がある。アメリカにおいて、OASDI を主たる収入とする者が64％、収入の9割以上を占める者が32％であり[17]、また企業年金にカバーされていない労働者は52％、老後に備えた貯蓄がない者は31％[18]と、公的年金に依存する者が多いことを鑑みると、個人勘定部分における運用の多寡が直接的に退職所得に影響することになる。そこで、民間セクターである企業年金同様に、公的年金制度である OASDI においても、社会的妥当性よりも個人的衡平性を過大視し、運用責任を国家から加入者へと転嫁するというコンセンサスを得られるのは容易ではないと思われる。

個人勘定による抜本的改革か、課税上限額の引上げや給付開始年齢の引上等、現在の枠組みを一応維持する漸進的な改革にとどまるのか、これからの改革の行方が注目される。

1) SOCIAL SECURITY ADMINISTRATION, THE 2009 ANNUAL REPORT OF THE BOARD OF TRUSTEES OF THE FEDERAL OLD-AGE AND SURVIVORS INSURANCE AND FEDERAL DISABILITY INSURANCE TRUST FUND 2-3, (2009), *available at* http://www.socialsecurity.gov/OACT/TR/2009/tr09.pdf [hereinafter 2009 BD. OF TRUSTEES' REPORT].
2) SOCIAL SECURITY ADMINISTRATION, ANNUAL STATISTICAL SUPPLEMENT TO THE SOCIAL SECURITY BULLETIN, 2008, 12 (2009), *available at* http://www.ssa.gov/policy/docs/statcomps/supplement/2008/supplement08.pdf [hereinafter 2008 SSA STAT. SUPP.].
3) 労使折半だが自営業者はその全額を負担する。

4) 2009 BD. OF TRUSTEES' REPORT, *supra* note 1, at 198 tbl.VI. F10.
5) Social Security Act of 1935, Pub. L. No. 74-271, 531 Stat. 620 (1935).
6) これまでのアメリカにおける年金保険改革についての詳細な考察については、菊池馨実『年金保険の基本構造』(北海道大学図書刊行会、1998年)。
7) President George W. Bush, President of the United States, State of the Union Address (Feb. 2, 2005) (transcript *available at* http://www.washingtonpost.com/wp-srv/politics/transcripts/bushtext_020205.html (last visited Apr. 1, 2009)).
8) ブッシュ案は、個人勘定導入を前提とするなどブッシュが指示した6つの原則をもとに公的年金強化諮問委員会 (The President's commission to Strengthen Social Security) が提示した3つのプランのうちプラン2に最も近いものであった。PRESIDENT'S COMMISSION TO STRENGTHEN SOCIAL SECURITY, STRENGTHENING SOCIAL SECURITY AND CREATING PERSONAL WEALTH FOR ALL AMERICANS 13-23 (2001), *available at* http://govinfo.library.unt.edu/csss/reports/Final_report.pdf.
9) 個人勘定部分につき政府ではなく個人が、一定の制限はあるものの、比較的自由に投資運用でき相続も可能であるということは法的にも所有権を認めることになろう。
10) GOVERNMENT ACCOUNTABILITY OFFICE, SOCIAL SECURITY REFORM: ANSWERS TO KEY QUESTIONS 45 (2005), *available at* http://www.gao.gov/new.items/d05193sp.pdf.
11) Kathryn L. Moore, *President Bush's Personal Retirement Accounts: Saving or Dismantling Social Security*, in 2005 N. Y. U. REV. OF EMP. BENEFITS & EXECUTIVE COMP. §5-5.
12) *Id* at §5-2.
13) Employee Retirement Income Security Act of 1974, Pub. L. No. 93-406, 88 Stat. 829 (1974).
14) Pension Protection Act of 2006, Pub. L. No. 109-280, 120 Stat. 780 (codified in scattered sections of 29 and 26 U. S. C.).
15) 個人勘定案は社会的妥当性という点でみれば、加入者の拠出に対して政府がなんらかのマッチング拠出を行わない限りは達成できない。
16) 佐藤隆行「社会保障年金改革をめぐる4つの対立軸」渋谷博史・中浜隆編『アメリカの年金と医療』(日本経済評論社、2006年) 139頁。
17) 2008 SSA STAT. SUPP., *supra* note 2, at 11.
18) Social Security Administration, Social Security Basic Facts, *available at* http://www.ssa.gov/pressoffice/basicfact.htm (last visited Jun. 8, 2009).

14-7　アメリカの医療

石田　道彦

アメリカの医療制度改革　アメリカには国民一般を対象とした公的医療保険が存在しない。このため、2008年の時点で国民の約15.4％に相当する約4630万人が無保険者という事態が生じている。[1] 深刻な無保険者問題を解決するため、2009年に発足したオバマ政権は連邦レベルでの医療制度改革を重要な政策課題と位置づけ、改革法案の成立に必要な作業を進めてきた。2010年3月23日に成立した医療制度改革法は、民間保険に対する規制、医療保険あっせん制度(Health Insurance Exchange)の創設、個人への加入義務づけ等の手段を通じて連邦レベルでの医療保障体制を確立しようとするものである。[2] 本節では、この歴史的な医療制度改革に至るまでの連邦政府と州政府による医療制度改革の状況について述べる。

1　連邦政府による医療制度改革

1　メディケア改革

(1) **メディケアの概要**　1965年に創設されたメディケアは、65歳以上の高齢者を対象とした公的医療保険制度である（65歳未満の一定の障害者及び終末期腎疾患患者を含む）。2008年の時点では約4500万人がメディケアの受給者となっている（65歳以上の受給者3800万人、65歳未満の障害者など700万人）。

メディケアはパートAからパートDまでの4つの制度から構成されている。パートAは入院医療サービスを提供する強制加入の制度である。パートBは、医師の診療、病院の外来診療、臨床検査、在宅医療などを給付対象とした任意

加入の制度である（所得に応じて保険料を負担する。標準的な保険料は月額96.40ドル）。メディケアは、当初、パートAとパートBからなる制度であった（このため、両者をあわせてオリジナル・メディケアと呼ばれる）。

(2) **メディケア・アドバンテージ・プラン**　1997年に創設されたパートCは、民間保険プランを通じてパートA及びパートBに相当する医療給付を提供する制度であり、メディケア・アドバンテージ・プラン（以下「MAプラン」）と呼ばれている。パートAとパートBの両方に加入するメディケア受給者はMAプランへの加入を選択することができる（追加の保険料負担によりパートD（後述）に相当する薬剤給付を受けることができる）。一般にMAプランの保険料や自己負担額はオリジナル・メディケアよりも低額であり、2003年のメディケア改革以降、パートCの加入者は増加している。2009年の時点ではMAプランの加入者は1020万人（メディケア受給者全体の22%）となっている。受給者は、保健福祉省の承認を受けた民間の医療保険プラン（HMO型、出来高払い型など）の中から自らが加入するMAプランを選択する。

パートC創設の目的は、MAプラン間の競争を通じてサービス提供の効率化を図る点にあった。ところが、2003年の改革以降、オリジナル・メディケアと比べて多額の診療報酬（オリジナル・メディケアの114%）がMAプランに支払われていることが明らかとなった。このため、パートCにおける診療報酬の支払方法などについての改革が検討されている。

(3) **メディケアによる外来薬剤給付**　従来のメディケア（パートAおよびパートB）では外来薬剤に関する保険給付は提供されておらず、これらの費用を自己負担できない高齢者への対応が長年の課題となっていた。2003年のメディケア改革法により創設されたパートDは、薬剤給付の提供を目的とした任意加入の制度である。パートDにおいても加入者が選択した民間保険プランを通じて保険給付を提供する仕組みが採用されている。

パートDの創設により、メディケア受給者の約90%が何らかの手段で薬剤給付の費用を賄うことが可能となった。しかし、パートDの財源の79%は連邦政府の一般歳入であり、今後、パートDのもたらす財政問題が懸念されている。

2　児童医療保険プログラム

　児童医療保険プログラムは、低所得世帯の児童に対する医療保障を目的として1997年に創設された制度である[4]。この制度では、連邦政府による州政府への補助金（費用の約70%）を主な財源として、メディケイドの受給資格がない低所得世帯の児童（19歳未満）に対して、民間保険への加入やメディケイドの受給資格の付与が図られている。

　児童医療保険プログラムを運営する州政府は、
（ⅰ）　民間医療保険を活用した制度運営
（ⅱ）　メディケイドの受給資格者の拡大
（ⅲ）　（ⅰ）と（ⅱ）の組み合わせ
の中からプログラムの実施形態を選択することができる。(ⅱ)方式の採用は一部の州にとどまっており、大半の州では何らかの形で民間保険を利用してこの制度を運営している。

　児童医療保険プログラムは2009年4月までの期限付きの制度であったが、2009年2月に同プログラムの実施を2013年まで延長する法律が成立した[5]。新たな法律の下で連邦貧困水準（Federal Poverty Level）の300%を下回る世帯の児童にまで対象が拡大されることとなった（従来は概ね200%）。2008年度の同プログラムの加入者は約737万人であったが、新たな立法により2013年までに新たに410万人の児童がメディケイドまたは児童医療保険プログラムに加入すると予測されている[6]。

2　州政府による医療制度改革

1　州政府による医療制度改革

　深刻化する無保険者問題に対応するために、近年、州レベルでの医療制度改革が進められてきた。2009年5月の段階では、マサチューセッツ州、バーモント州、メイン州において医療制度改革法が成立し、カリフォルニア州など14州において医療制度改革法案の制定が検討されていた。

　州医療制度改革におけるターゲットのひとつは、民間保険を自ら購入できな

い被用者である。アメリカでは、事業主の提供する医療保険（民間保険や自家保険など）が被用者とその家族のための医療保障制度として長らく機能していた。ところが、近年、こうした保険制度への被用者の加入率は低下しており、所得の低い被用者が保険料を自ら負担して民間保険に加入することは困難となっている[7]。州の医療制度改革では、民間保険に対する規制、保険料補助、メディケイドの適用拡大などの施策を併用することにより、住民に対する医療保障の拡大が図られてきた。

2 マサチューセッツ州の医療制度改革

マサチューセッツ州では2006年4月に医療アクセス法が成立し、住民に対する医療保障のための各種の施策が実施されてきた[8]。その主な内容は以下のようなものであり、連邦レベルでの医療制度改革にも大きな影響を与えたと考えられている。

（ⅰ）18歳以上の住民に対しては民間保険への加入が義務付けられている（Individual Mandate）。住民は所得税の申告時に医療保険の加入を証明しなければならず、未加入の場合、罰金（所得に応じて負担可能と判断された保険料の半額）を支払わなければならない。所得が連邦貧困水準の300％以下の者（メディケイド、メディケア受給者を除く）に対しては、州の制度（CommCare）から所得に応じて保険料補助が支給される。

（ⅱ）医療保険の未加入者に対して民間保険をあっせんするためにコネクター（Commonwealth Health Insurance Connector）と呼ばれる準公的組織が設立された。コネクターには、州内の民間保険が参加し、給付内容について一定の条件を満たした医療保険プランを提供する。

（ⅲ）被用者11人以上を雇用する事業主に対しては、被用者に対して医療保険プランを提供する、または被用者1人につき年間295ドルの拠出金を負担することが義務づけられた。

（ⅳ）マサチューセッツ州が運営するメディケイド（MassHealth）では受給資格者の範囲を拡大する措置がとられた。

医療アクセス法の施行前には、マサチューセッツ州には約65万人の無保険者

が存在していたが、2008年には無保険者は16万7300人（州の人口の2.6%）にまで減少した[9]。同州では全米平均よりも無保険者の割合が少なく、従来から民間保険に対する規制（給付内容の保障や保険料率の規制など）が行なわれていた。また、無保険者の緊急医療について州内の事業主が共同で費用負担する仕組みが存在していた。こうした諸事情は、新たな費用負担を伴う制度改革を進める上で有利に作用したと考えられている。

1) U. S. Census Bureau, Income, Poverty, and Health Insurance Coverage in the United States : 2008 (2009).
2) The Patient Protection and Affordable Care Act of 2009, H.R.3590.
3) The Medicare Modernization Act of 2003, Pub. L. No. 108-173, 117 Stat. 2066.
4) 児童医療保険プログラムは Balanced Budget Act of 1997, Pub. L. No. 105-33に基づき創設された。
5) The Children's Health Insurance Program Reauthorization Act of 2009, Pub. L. No. 111-3, 123 Stat. 8.
6) Congressional Budget Office, CBO's Estimate of Changes in SCHIP and Medicaid Enrollment in Fiscal Year 2013 under H.R.2 (Public Law 111-3), the Children's Health Insurance Program Reauthorization Act of 2009 (February 11, 2009).
7) 事業主提供医療保険の平均的な保険料は、単身世帯で年間4800ドル、4人世帯で1万3300ドルとされている。収入が連邦貧困水準の200%の被用者の場合（4人世帯で年間約4万4100ドル）、保険料は年収の22%から30%に相当するため、負担可能であるとはいいがたい。Linda J. Blumberg & John Holahan, The Individual Mandate: An Affordable and Fair Approach to Achieving Universal Coverage, 36 New Eng. J. Med. 6, 7 (2009).
8) An Act Providing Access to Affordable, Quality, Accountable Health Care, 2006 Mass. Acts ch. 58.
9) Sharon K. Long et al., Health Insurance Coverage in Massachusetts: Estimates from the 2008 Massachusetts Health Insurance Survey, Massachusetts Division of Health Care Finance and Policy (Mar. 2009).

14-8 スウェーデン年金における保険原理の強化と最低保障年金

柴田　滋

1 所得比例年金における保険原理の強化

　1998年年金法改革前のスウェーデンの年金制度は、1960年改定の国民保険法に基づき、現行のわが国の年金体系と同じように基礎年金と所得比例の付加年金の2階建ての体系をとっていた。いずれも賦課方式・確定給付型の社会保険方式であったが、その枠内でのマイナーな改革では不十分であるとの認識から、1998年改革は、従来の所得比例年金を概念上の確定拠出方式（notional defined contribution; NDC）の所得年金と積立方式の積立年金から構成される二階建ての所得比例年金に改編し、また、従来の社会保険方式の基礎年金を国民連帯の精神に基づく税方式の保証年金へ改編している。

　所得比例年金は、概念上の確定拠出型・賦課方式の所得年金部分（income pension）と確定拠出・積立方式の積立年金部分（premium pension）の二階建てに再編され、そのいずれにおいても個々の被保険者ごとに給付と負担の対応関係が明瞭で、その意味で保険原理が強化されたといえる。

　①被保険者資格および受給要件

　所得比例年金の被保険者資格は、物価基準額（2007年度年額4万0300クローネ）の42.3%以上の年収（約30万1700円）がある公私両部門の被用者および自営業者である。受給要件は、物価基準額の42.3%以上の所得の年があり、引退したことである。引退時期は61歳以上であれば任意に選択できる。

　②保険料

保険料賦課対象所得は、賃金、個人事業所得など被保険者個人の生涯の稼働所得である。被保険者個人が受給する一定の社会保障給付や育児など被保険者個人の一定の社会的活動期間における看做し所得も保険料賦課対象所得となる。保険料の負担者は、被保険者、被保険者を雇用する事業主、国であり、それぞれが負担す保険料は以下のとおりである。すなわち、被用者である被保険者が負担する保険料は、所得基準額（2007年度年額4万5900クローネ）の7.5倍（約609万3200円）までの保険料賦課対象所得の7％である。事業主の負担する保険料は、賃金支給総額の10.21％である。従来被保険者負担はなかったが、1995年に1％とされ、その割合は今後とも引き上げられ、将来労使折半とされ、それぞれ9.25％とされる予定である。労使合わせた保険料率は、保険料賦課対象所得から被保険者の負担する保険料を控除した額に対して、その18.5％（17.21％÷93％）ということになり、この率は将来にわたって固定される。自営業である被保険者の負担する保険料は、保険料賦課対象所得の17.21％である。国庫の負担は保険料拠出時の負担に集中され、国庫の保険料負担は、被保険者が受給する失業給付などの社会保障給付に関する事業主負担保険料相当、公務員についての事業主負担保険料および育児期間などについての看做し所得にかかる保険料である。

③年金権

各被保険者の保険料賦課対象所得は、その被保険者の年金権（pension rights）につながる年金基礎所得であり、拠出された保険料額が当該被保険者の年金権を構成する。特定の個人の年金権に直接つながらない保険料負担は、被保険者の保険料賦課対象所得を超える賃金について事業主が負担する部分に限られる。この部分は、年金財源として国の税収となる。被保険者の年金権を形成する保険料のうちの16％は、当該被保険者の所得年金の年金権として、看做し個人勘定に記録される。残りの2.5％は積立年金の年金権として強制的個人勘定に実際に積み立てられる。

④年金額

所得年金は賦課方式をとっていて、所得年金保険料が実際に積み立てられることはない。しかし毎年、社会保険庁の管理する個人年金勘定に、看做し運用

利回り（notional rate of return）を加えて、被保険者個人の年金権として記録される。看做し運用利回りは、現役世代の1人当たり名目賃金の伸び率に設定されていて、人口構成が一定である限り、給付と負担の均衡が保たれる。所得年金の年金額は、被保険者の選択した受給開始時における年金権総額を除数で除して確定される。ここで除数は、同一生年の平均余命を基本とし、将来の実質賃金の想定上昇分を加算するように調整するものである。既裁定所得年金は、裁定年金額に経済調整率を掛けることによってスライドする。裁定時の除数による調整とあわせると、年金権の1人当たり名目賃金スライドを行うことに等しくなる。

　一方、積立年金は完全積立方式をとっていて、積立年金保険料は積立年金機構（PPM）に登録された600を超える民間運用機関のファンドに投資され、積立金保有者自身によって実際に市場で運用される。この点では、年金権の管理運用が民営化されたといえる。管理費用は勘定から控除され、受給開始時の積立年金権総額が保険数理にしたがって年金に転換される。

⑤財政均衡

　所得年金は、看做し運用利回りや年金スライド率に1人当たり名目賃金上昇率を用いているために、高齢化の進行、就業率の変動、平均余命の大幅な伸長など人口構成が変動する場合には、賦課方式を維持できない危険性を秘めている。このため毎年度、長期的な資産と負債のバランスを示す均衡数値を算定し、看做し運用利回りおよび年金額のスライド率を自動調整する仕組みを導入している。

　この自動均衡メカニズム（automatic balancing mechanism）によって、所得年金では賦課方式の抱えるすべての財政リスクが自動的に受給世代の年金で吸収されることになる。一方、完全積み立て方式をとる積立年金の年金権は、積立年金個人勘定の現実の積立金に基礎を置いているので、賦課方式のように人口構成の変動による財政リスクは生じないが、経済変動と運用にともなう年金額低下のリスクは常に受給者の年金で負う。

　スウェーデン社会省の1999年の見込みでは、新所得比例年金は、実質経済成長率が2％で推移した場合には旧制度と同水準となるが、実質経済成長率0.5％

では2050年時点で旧制度の約2分の1となると見込まれていた[4]。これに対して、1996年以降2007年までの「みなし運用利回り」は、年平均名目3.1%で推移しており、2007年度の所得比例年金の給付総額は1900億クローネに達し、財政状況は比較的安定していたといえよう。一方、以下に述べる補完的な保証年金の同年の給付総額は、約200億クローネであるが、2008年1月時点での年金受給者のうち保証年金の受給者は46%（男性の20%、女性の67%）となっている[5]。

2　保証年金の創設

　従来の社会保険方式の基礎年金に代わって、あらたに導入された税方式の保証年金の概要は以下のとおりである。
　①受給要件
　保証年金（guaranteed pension）は、所得比例年金の年金額が単身者の場合は物価基準額（2007年度年額4万0300クローネ）の3.07倍（約218万9800円）（夫婦世帯の場合は2.27倍）に満たないこと、および3年以上の居住期間があることを要件として支給される。支給開始年齢は、65歳である。ミーンズテストや所得制限はない。
　②年金額
　満額保証年金額は、単身者の場合、所得比例年金の年金額が物価基準額の1.26倍未満（約89万8700円）であれば物価基準額の2.13倍（約151万9300円）に達するまでの差額であり、所得比例年金の年金額が物価基準額の1.26倍以上3.07倍未満であれば、所得比例年金の年金額が物価基準額の1.26倍の時点での満額保証年金額から逓減して、所得比例年金の年金額が物価基準額の3.07倍の時点でゼロとなる。年金を受給する配偶者がいる場合には、別に同様の基準が定められている。これによって、満額の保証年金を受給することのできる夫婦の場合、総計で15万3000クローネ（約270万8000円）までの年金が保証される。
　③支給調整
　受給額については、25歳以降の居住期間（EU域内の居住期間も含む）が40年以上の場合に満額の保証年金が支給され、40年に満たない場合は不足期間に比

例して減額される。その他、所得や資産などによる年金額の減額調整はないが、所得比例年金がある場合はその額が減額される。所得比例年金に対して最低年金額までの補完的な給付を行う年金であるといえる。

④財源

保証年金は、全額税を財源とする。また、保証年金の財源である税については、1991年から92年にかけて「世紀の改革」といわれる税制改革が行われ、法人税を引き下げるとともに、所得税については所得を資本所得と労働所得に二分する二元的所得税制が採用された。二元的所得税制は、資本所得に対しては低税率を設定し、労働所得の限界税率を平準化するなど、税の賦課が企業や家計の自然な市場活動を阻害するのを回避する目的をもつものである。また、年金についても労働所得として課税が強化されている[6]。したがって財源調達の面から見れば、保証年金は、企業の国際競争力維持のために企業の負担抑制に配慮しつつ、広く国民に負担をもとめることによって維持される国民連帯に基づく年金であるといえよう。

3　所得比例年金と保証年金の連携

従来のスウェーデンモデルの福祉政策の特徴は、資本主義経済の発達を前提として、再配分政策などにより国民福祉の向上を実現するという基本方針[7]、1930年代にさかのぼる社会民主党の指導[8]、労使協調路線と経済民主主義など[9]であり、スウェーデンの高福祉は経済成長の恩恵を受ける者など、負担能力のある者の負担に支えられていたといえよう。しかし、国内総生産の約40％が輸出産業に頼っているスウェーデンでは、1980年代以降のグローバリゼーションの直接的な影響を受けて従来のスウェーデン・モデルにも変革の兆しが現れることとなる[10]。

今回の年金改革もこのような時期に着手されたものであり、所得比例年金において保険原理を強化する改革は、企業の国際競争力[11]を維持しながら年金財政の均衡を図る目的に基づくものであり、そのため年金財政リスクを年金受給者の負担で吸収する仕組みを採用したものであるといえよう。保険料と給付の牽

連関係を明瞭にしたことには、被保険者の保険料負担の目的を明確にするとともに、年金財政の現状と将来の年金権の現時の内容を明瞭にすることによって、年金で財政リスクを負担することについての国民の理解を得る目的があるといえよう。

しかし、労働力の流動化、就労形態の多様化などの労働事情の転換が進行する中で、所得比例年金において保険原理を強化することは、低額の所得比例年金の増大の可能性を高めるものである。保証年金の導入は、これに対応するため、税方式の最低保障年金を採用したものであるといえよう。

保証年金は、税を財源とすることから居住期間による給付額の調整が行われるが、すべての住民を保障対象者とし、資産調査や所得制限がない点は社会手当的な性格を有している。ただし、所得比例年金による給付調整が行われる点で、所比例年金に対して補完的な年金制度であるといえる。したがって、所得年金の財政が良好で、その機能が充実していれば、必ずしも保証年金の支給総額が巨額化するものではない。保障水準も相当なものであり、高齢者の最低保障において大きな役割を果たしている。[12] 世界的にセーフティーネットとしての最低保障が重要視されている中で、社会保険方式の所得比例年金に対して国民連帯に基づく税方式の補完的最低保障年金を創設したものであり、税方式の年金のあり方として、新たな理念型の一つを示すものといえよう。

1) World Bank, Averting the Old Age Crisis.1994. 参照。
2) 1998年6月年金改革2法（所得比例老齢年金法、保証年金法）が可決成立し、新法は1999年1月から施行されている。
3) 財団法人年金シニアプラン総合研究機構の調査によると、均衡数値は2002年度から2006年度の間は、1.0014から1.0149の間で推移している。
4) 賃金上昇率が1.6%であれば旧制度と変わらないという推計もある。高山憲之「最近の年金論争と世界の年金動向」経済研究53巻3号（2002年）参照。
5) 高山憲之「スウェーデンにおける税と社会保険料の一体徴収および個人番号制度」（一橋大学機関リポジトリ、2008年）参照。
6) 内閣府「世界経済の潮流　世界に学ぶ　日本経済が直面する課題への教訓」（2002年）、S, E. Hort. Back on Track— To the Future? The Making and Remaking of the Swedish Welfare State in the 1990s, Changing Patterns of Social Protection. 2003. p246-247. 参照。

7) 世界の社会民主主義政党による1951年「民主的社会主義の目的と任務」(フランクフルト宣言)によると、社会民主主義は全生産手段の公有化を予想せず、高度な生産、生活水準の向上、完全雇用の実現ならびに社会保障の充実と財産の公正な分配を目的とするとしている。
8) スウェーデン社会民主党は、1932年 P.A.ハンソンが「人民の家」構想を掲げて政権を獲得した。戦後一貫して比較第一党であるが、1991年から1994年まで、および2006年以降政権を離れている。
9) 平和的労使協調路線は、1938年労働組合と使用者団体で結ばれた労働協約「サルチオバーデン協約」に始まる長い歴史をもっている。
10) 1985年には金融自由化の改革を行い、その後1991年から1992年の税制改革、1992年の金融システム改革など、右派連立政権によって新自由主義の影響の強い多くの改革が行われた。1983年マイドナープランによる賃金生活者基金も廃止された。
11) 世界経済フォーラム「2008年-2009年度の世界競争力レポート」ではスウェーデンの経済競争力は第4位にランクされ、欧州委員会「2007年度ヨーロッパ・イノベーション・スコアボード」では第1にランクされている。
12) 2001年度における生活保護の受給者数約46万人のうち高齢者は7％にとどまっている(有森美木「先進各国の公的年金制度と高齢低所得者対策」海外社会保障研究158号(2007年)参照)が、この要因には保証年金の存在が考えられる。

索　引

あ　行

新しい社会的リスク　51
アメリカの医療制度改革　326
ERISA　322
医学モデル　202
育児休業給付　182
意見表明権　152
一般社会拠出金（contribution sociale
　　généralisée: CSG）　279, 299
一本化方式　216
医療（医師）誘発需要説　67
医療安全支援センター　156
医療計画　67, 85
医療提供体制　220
医療費適正化計画　84-87
医療保険金庫　300
医療保険の展開と被保険者　35
Welfare to Work　270
運営適正化委員会　160, 164
エンパワメント　165
エンプロイアビリティ　109
OASDI　321, 322, 324

か　行

介　護　51
　──休業給付　182
　──給付費　76
　──給付費交付金　128
外国人の被保険者資格　38
介護サービス　90
　──の基準　93
　──の基盤整備　95
　──の社会保険化　26
介護保険事業計画　67
介護保険制度　128
介護保険と財政調整　27

介護保険の課題　223
介護補償給付　120
概念上の確定拠出方式　331
皆保険・皆年金体制　19
家族介護手当の導入　228
合算対象期間　145
危険の分散　2
擬似自営業者　268
規制改革　78
基礎国家年金（Basic State Pension）　317
基礎年金拠出金　128
　──と財政調整　25
基礎年金制度　127
基礎保障　270
逆選択　46
求職者基礎保障　186
　──制度　211
給付の罠　196
給付反対給付均等の原則　3
強制加入　167
　──原則　20
行政処分　149
行政不服審査　159
業務災害　50
均一拠出・均一給付　6
金銭給付の役割　228
偶発性　46
苦　情　159
　──解決　159
　──解決機関　160
　──処理委員会　161
　──手続　160
経済的、社会的及び文化的権利に関する国際
　　規約　243
現物給付と金銭給付　91
権利擁護の概念　154
権利擁護のサービス　261
後期高齢者医療制度　129, 135, 176
後期高齢者支援金　35

339

公的年金の展開と被保険者　36
公的扶助への転落防止策　210
公費負担　135
高齢者医療制度と財政調整　28
高齢者連帯手当　304
国際人権条約　289
国保連　155
国民皆年金の実現　17
国民皆保険の実現　17
国民年金　18
　　──の空洞化　36
　　──の第3号被保険者問題　37
国民保険制度　314
個人勘定制度　318
個人単位化　256
子育て支援　53
国家責任　56
国家第2年金　317
雇用調整助成金　109
雇用保険　108
混合介護　65
混合診療　218

　　　　さ　行

サービス選択　71
再審査請求　153
財政調整　130
最低所得保証　269
最低保障年金　104, 206
支援金　129
自己決定権　251
自己都合退職　111
自己評価　69
失　業　49
疾病予防　219
指定基準　68
指定拒否事由　68
指定の法的性質　64
支払方法変更の記載　171
死　亡　48
社会的統合　246
社会的排除　113, 202, 266
社会的包摂（ソーシャル・インクルージョン）　11
社会的リスク　244
社会扶助の権利　238
社会保険　2
　　──改革の方向性　42
　　──政策の諸原則　20
　　──中心主義　16
　　──の給付事由　45
　　──の形成　14
社会保障　16
　　──の管理運営　235
　　──の権利　238
　　──の最低基準に関する102号条約　246
　　──分野のILO条約・勧告　290
社会連帯　307
従業員退職所得保障法　322
就業困難給付（unemployability benefit）　243
受給者保護規定　155
ジュペプラン　300
障　害　48
障害者権利条約　226
障害年金給付の範囲とその水準　101
使用者負担　131
消費者法　157
情報開示の標準化　70
職域保険　8
所得再分配　2
所得比例年金　331
審査委員会　75
審査支払機関　75
人的適用範囲　32
　　──の問題点　34
診療報酬　74
　　──点数表　217
セーフティネット　110
世帯単位　145
　　──から個人単位へ　274
積極化（activation）　283
積極的な福祉国家　201
折　半　21
前期高齢者医療制度　176
戦前の社会保険の特徴　15
選別主義　281

租税代替化 279, 299

た 行

第3号被保険者 207
対価性 3, 131
第三者性の確保 151
第三者評価 69
第三の道 280
退職者医療制度と財政調整 24
第2ハルツ法 268
代理受領方式 65
ダイレクトペイメント（direct payment） 91
　──の活用 228
単身低所得高齢者等加算 206
　──制度 174
地域支援事業 227
地域保険 8
長期的失業 200
通勤災害 50
積立年金 331
適職選択権 112
適用除外 143
ドイツ年金保険の現状 295
ドイツ年金保険の最近の改革 296
ドイツ年金保険の特徴 295
同一労働同一賃金 26
都道府県 84, 86-88
　──単位の保険者 224
届出義務 168

な 行

内外人平等待遇原則 42
ナショナル・ミニマム 6
難民条約 38
二次健康診断等給付 121
二重指定制 66
二審制 153
2006年医療制度改革 309
日本型社会保険 19
　──の転換期 28
年金給付の範囲と水準 99

年金記録確認第三者委員会 156
年金クレジット 318
年金保護法 323
ノーマルな生活を営む権利 252

は 行

パーソナル・アシスタンス 253
ハイブリッド型 10
ハルツ改革 186
ビスマルク 231
　──型社会保険 231
　──モデル 4
非正規雇用労働者 267
被扶養配偶者 271
被保険者資格証明書 40, 171
被保険者資格とジェンダー 37
被保険者資格と社会的排除 39
病院機能評価 69
被用者保険の被保険者資格 33
貧困線 251
負傷および疾病 47
付随義務 169
不服審査機関 150
不服申立て前置 149
普遍主義 281
普遍的医療給付（couveture maladie universelle: CMU） 299
普遍的介護保険構想 225
扶養原理 285
　──の拡大 209
ベヴァリッジモデル 4
ベーシック・インカム 187, 203
包括介護 227
報酬比例制 99
保険医登録 66
保険原理の強化 210
保険事故の包括性 21
保険者 84, 87, 88
　──間の財政調整 215
　──機能の強化 72
　──拠出金制度 127
　──支援金 138
　──自治 56

──負担　137
保険集団の規模　224
保険になじまない医療　277
保険料　21, 131, 139
　　──軽減支援制度　191, 206
　　──の使用者負担　133
保証年金　334

ま 行

みなし指定　66
「民営化」イデオロギー　254
民主党年金改革案　207
無過失責任　240
メディケア　327
免除基準　143, 144
免除事由　143, 144
モラルハザード　113

や 行

ヨーロッパ社会憲章　245
予　防　52
　　──給付　227

ら 行

履行強制　170
離婚時の年金分割　273
リスク構造調整　278
リハビリテーション　97
　　──プログラム　260
累進制　233
労災保険給付　116
　　──の新しい変容　119
　　──の発展　116
労使拠出制　198
老人医療　126
　　──制度　126
　　──費支給制度　23
老人保健医療の財政調整　23
労働市場への統合　257
労働能力の減退・喪失　46
老　齢　49

わ 行

ワークフェア　187, 202

執筆者紹介（＊は編者。数字は担当章）

＊河野 正輝（かわの まさてる）	熊本学園大学社会福祉学部教授	1、10-1、12
＊阿部 和光（あべ かずみつ）	久留米大学法学部教授	2、3、10-4
石田 道彦（いしだ みちひこ）	金沢大学人間社会学域法学類教授	4、5-3、10-3、14-7
井原 辰雄（いはら たつお）	内閣法制局第一部参事官	5-1、13、14-4
西田 和弘（にしだ かずひろ）	岡山大学大学院法務研究科教授	5-2、8-1
笠木 映里（かさぎ えり）	九州大学大学院法学研究院准教授	6-1
＊石橋 敏郎（いしばし としろう）	熊本県立大学総合管理学部教授	6-2、9、10-2
田中 秀一郎（たなか しゅういちろう）	岩手県立大学社会福祉学部講師	6-3、14-1
丸谷 浩介（まるたに こうすけ）	佐賀大学経済学部准教授	6-4、8-3
＊良永 彌太郎（よしなが やたろう）	熊本学園大学社会福祉学部教授	6-5、7-1
星野 秀治（ほしの ひではる）	帝京平成大学現代ライフ学部助教	7-2
高倉 統一（たかくら とういち）	熊本学園大学社会福祉学部准教授	8-2
ジェフ・ファンランゲンドンク（Jef VanLangendonck）	ルーヴァン・カトリック大学（ベルギー）社会法研究所教授	11
原田 啓一郎（はらだ けいいちろう）	駒澤大学法学部准教授	14-2
柴田 滋（しばた しげる）	元国際医療福祉大学福岡リハビリテーション学部准教授	14-3、14-8
平部 康子（ひらべ やすこ）	福岡県立大学人間社会学部准教授	14-5
内梓 博信（うちがき ひろのぶ）	志學館大学法学部准教授	14-6

Horitsu Bunka Sha

2010年5月25日　初版第1刷発行

社会保険改革の法理と将来像

編　者　　河野正輝・良永彌太郎
　　　　　阿部和光・石橋敏郎

発行者　　秋　山　　　泰

発行所　株式会社　法律文化社

〒603-8053　京都市北区上賀茂岩ヶ垣内町71
電話 075 (791) 7131　FAX 075 (721) 8400
URL:http://www.hou-bun.co.jp/

©2010 M. Kawano, Y. Yoshinaga, K. Abe, T. Ishibashi
Printed in Japan
印刷：㈱冨山房インターナショナル／製本：㈱藤沢製本
装幀　奥野　章
ISBN 978-4-589-03266-9

河野正輝・江口隆裕編〔αブックス〕
レクチャー社会保障法
A5判・300頁・2940円

多数の図表やわかりやすい叙述で社会保障法の全体像がつかめる教科書。基本的な理念としくみをふまえ、各法制度の意義や法解釈上の論点、課題などを解説。社会保障構造改革の国際的な動向にも言及する。

河野正輝・中島誠・西田和弘編
社 会 保 障 論
四六判・348頁・2625円

社会保障の基本を学ぶための入門書。現行制度のしくみを単純に概説するだけではなく、制度の基礎にある考え方や論理を解き明かすことにより、初学者が基本原則をしっかり学習できるよう工夫。国家試験受験者にも役立つ書。

増田雅暢編著
世 界 の 介 護 保 障
A5判・230頁・2730円

世界10カ国の介護保障制度について高齢化の現状や歴史をふまえて概説。最新のデータから現行施策の概要を明らかにし、今後の課題と方向性を探る。欧米諸国のみならず経済発展が進むアジア諸国も重点的に取りあげる。

江口隆裕著
変貌する世界と日本の年金
——年金の基本原理から考える——
A5判・258頁・3360円

高齢社会のもとで進む世界の年金改革の動向をふまえるとともに、わが国の制度を基本原理から根源的に考察し、その全体像と課題を提示する。国家財政にもかかわる広がりと深さをもった複雑な年金制度への疑問をすべて明らかにする。

久本憲夫・玉井金五編〔社会政策Ⅰ〕
ワーク・ライフ・バランスと社会政策
A5判・318頁・3360円

現代の企業社会の諸問題──長期安定雇用、賃金処遇、査定と昇進、労働時間、男女共同参画、職業能力開発──と最賃について、歴史をふまえたうえで今日の到達点と課題を提示。精緻な労働運動史から社会政策の動態を知る。

玉井金五・久本憲夫編〔社会政策Ⅱ〕
少子高齢化と社会政策
A5判・286頁・3150円

社会政策の全体像をバランスよく扱う基本書。社会保障の長い歩みを捉え、その経過を検証、危機的状況を打開する針路を示す。平等な社会がゆらぐなかで、大きな分岐に立たされる社会政策の現在を把握するのに最適。

―― 法律文化社 ――

表示価格は定価（税込価格）です